JN021608

デジタルケイパビリティ

DXを成功に導く組織能力

野村総合研究所 著

Digital
Capability

日経BP

はじめに

「ビジネスモデルの見直しの必要性が高まった」と88%が回答

　ビジネスパーソンであれば、どのような職業であっても「デジタル」という言葉を見聞きしない日はないだろう。新型コロナウイルスの感染拡大を受け、2020年5月に野村総合研究所（本書では「NRI」と記す）が実施したCIO（Chief Information Officer：最高情報責任者）に対するアンケート結果によると、新型コロナウイルスの売上高への影響について、58%の企業が5%以上の減少になる見通しだと回答している。にもかかわらず、「IT・デジタル投資を削減する意向」を示した企業は約20%にとどまり、同投資を「増やす意向」の企業は約16%に上った。加えて、新型コロナウイルスによって「ITやデジタルを活用したビジネスモデルの見直しや新事業検討の必要性が高まった」と回答した企業は約88%となっており、企業におけるデジタル化の動きは活発化すると思われる。また、リモートワークが一気に広まったことから、「コロナ禍を受けて日本のデジタル化は一気に進む」と考える方も多いのではないだろうか。

日本のデジタル化の遅れは顕著

　一方で、2018年に経済産業省が作成した「DX（デジタルトランスフォーメーション）レポート」では、既存システムの問題を解決しなければ、DXが実現できないと指摘するだけでなく、2025年以降、最大12兆円／年の経済損失が生じる可能性があるという（「2025年の崖」問題と呼ばれている）。また、ビジネススクールのIMD（国際経営開発研究所）が実施した「世界デジタル競争力ランキング2019」では、日本は63カ国中23位に低迷している。調査項目の中にある「デジタル技術スキル」は60位、将来の備えにおける「機会と脅威（の対応）」「企業の機敏性」「ビッグデータの活用と分析」は最下位に甘んじている。

　このような日本のデジタル化の遅れは、我々が日々お客様への様々なご支

援を通じて感じていることと一致している。我々の元にお客様企業から来る相談の多くは、デジタル技術やデータ分析を生かした「新たなデジタルビジネスの創発」などにおいて、「コンサルティングだけではなく、実際のデータ分析や技術の実装を含めて伴走してもらいたい」というものが多い。さらには、「経営層のDXに関する認識が弱いので、啓発や教育をしてもらいたい」「社内でデジタル化を推進できる要員を増やしたいので教育を手伝ってもらいたい」というニーズも大きい。

デジタル化は社内のすべてに影響する

デジタル化とは、「AI（Artificial Intelligence：人工知能）を中心としたデジタル技術を駆使し、データを知に変え、人々に対する価値に転換すること」だと言えよう。デジタル化では、米国企業や中国企業の事例や考え方を参考にすることが多いが、こうした企業はデジタルを前提につくった企業といっても言い過ぎではない。ここから学べることは、デジタル化の対象領域は企業内のすべての業務にわたるということだ。新たなビジネスモデルを創発するには、企業全体でデジタル化を実現する組織としての能力獲得が急務である。にもかかわらず、多くの日本企業は、デジタル化を外部企業や社内の一握りのデジタル化推進部門に依存しているのではないだろうか。

IT化とデジタル化の違い

留意しなくてはならないのは、デジタル化と従来のIT化との違いである。従来のIT化は、事業・業務部門側が業務要件をCIOとIT部門に伝え、それを整理して外部ベンダーへ委託すればよかった。どちらかと言えば社内業務、社内ユーザーを対象にしたコスト削減や品質向上を目的にした時限的プロジェクト活動であったからだ。それに対してデジタル化は、社外（顧客・取引先）も含めた事業創発や業務変革を通じて企業成長を目指すものである。要件の不確実性が高い創造や変革を目指し、仮説検証を永続的に繰り返すことを前提とした「自律分散的かつ迅速に行動する小規模チーム」を数多く作り、それぞれのメンバーが専門性を生かしつつも、チームの全員が当事者意

識を強く持ち活動を進めならなくてはならない。

とはいえ、デジタル化実現のための組織能力を構築するに当たり、Googleや Amazon.com といったデジタルネイティブ企業の事例や考え方をそのまま参考にすることはできない。こういった企業は、デジタルネイティブの名の通り、ゼロから組織能力を構築している。既存事業における確立された組織能力が完成している企業において、デジタルネイティブ企業の事例や考え方を取り入れる際には、様々な化学反応が起こることを考慮しなくてはならない。また、既存事業がデジタル化によってすべてなくなるわけでもないため、既存の組織能力との二刀流も必要となる。

「デジタルケイパビリティ」は既存企業を対象にしたデジタル化組織能力

本書のタイトルでもある「デジタルケイパビリティ」とは、これらを踏まえたうえで、既存企業がデジタル化の実現において求められる組織能力を、以下の5つとして定義したものである。

「デジタルビジョン構想力」（第1章）

デジタル化によって自社がどのような価値を、誰に対して提供するのか、というデジタルビジョンを構想・共有するとともに、これを組織大で具現化するための戦略を策定する力。

「デジタル事業創発力」（第2章）

デジタル技術やデータを活用した新たな事業（デジタルビジネス）を創発する力。またこれらの各事業構想を組織大でマネジメントする力。

「デジタル実践力」（第3章）

データを起点とした業務改革を実践し、AIを活用する力。また、データを組織大で最大限活用できるようマネジメントする力。デジタル化におけるシステムの開発や運用において、信頼性を確保しながら、迅速かつ継続的な改善を永続的に実施する力。

「デジタルアーキテクチャー・デザイン力」（第4章）

データ分析やAI活用、新規デジタルビジネスの迅速な立ち上げなどのために、全社横断でのデータ活用や、クラウドの活用、マイクロサービス化（リリースを迅速に行うために数多くの小さな単位で構成される、疎結合なシステム）といったシステム構造（アーキテクチャー）を全社大で実現する力。

「デジタル組織マネジメント力」（第5章）

デジタル化を推進し、支えるための組織や人材、文化をつくり上げる力。

デジタル化に関わるすべてのビジネスパーソンに読んでほしい

本書は、企業においてデジタル化を実践する方々、および、経営層や管理職の立場でデジタル化をマネジメントする方々を対象としている。先述の通り、デジタル化の実現に際して、事業側、IT側、もしくはデータ分析やデザインといった新たな役割のメンバーも含めた全員が当事者意識を持って、自律的かつ迅速に活動するには、これら5つのケイパビリティを全員が一定程度のレベルで理解しておく必要がある。もちろん、デジタル実践力の一部や、デジタルアーキテクチャー・デザイン力は技術的な内容が中心となるため、すべてのメンバーが自らの手を動かしてできるようになる必要はない。それぞれのメンバーが何をしているのかを理解することで、チームとして自律的かつ迅速な仮説検証を行うことが可能となるため、やや難しいと感じる箇所があるかもしれないが、勘所をつかむためにも、ぜひ通して読んでほしい。

一方で、経営層や管理職層の人間にとってみると、デジタルケイパビリティの獲得とは、既存のマネジメントとは大きく異なるやり方・考え方を受け入れることにほかならない。「自律分散的かつ迅速に行動する小規模チーム」のマネジメントというのは、従来のような階層的かつ綿密に役割分担された組織における統制的なマネジメントとは180度異なり、権限委譲を行い各チームの自律性に任せることが基本となる。そして、組織が大きく、既存事業が強いほど発生する様々な衝突やあつれきをどのように超えていくのかという難題について、「デジタルビジョン構想力」や「デジタル組織マネジメ

ント力」の章を中心にお読みいただくことで、その必要性や方向性についての理解を深めることができるだろう。

デジタルケイパビリティを自己診断

なお本書では、「デジタル化」と「デジタル変革」という言葉を使い分けている。「デジタル化」は既に述べた通り、「AIを中心としたデジタル技術を駆使し、データを知に変え、人々に対する価値に転換すること」である。「デジタル変革」とは、「デジタル化によって既存事業の業務の生産性や品質を高めるだけでなく、新たなビジネスモデル（稼ぎ方）を創出・拡大すること」と、「デジタルケイパビリティを組織全体の能力として獲得すること」を意味する。「DX（デジタルトランスフォーメーション）」は「デジタル変革」と同じ意味で用いる。

本書は、各章の冒頭で、それぞれのデジタルケイパビリティの概要を解説したうえで、各ケイパビリティを構成する要素を解説し、最後に簡易的に自社のケイパビリティを評価するための問診を記載している。巻末には問診票を集めて掲載しているので自己評価に使ってほしい。なお、自社がどのくらいデジタルケイパビリティを獲得できているのか、さらに深く評価できるWebサイトを用意したので、そのサイトのURL（QRコード）を掲載している。サイトの問診に回答すれば、他企業とのベンチマークを行うことが可能である。ぜひ活用してほしい。

■自己診断サイト　http://event.nri.com/questionnaire/scs/202011

システムコンサルティング事業本部　戦略IT研究室長　松延智彦

目 次

第**2**章 デジタル事業創発力

第3章 デジタル実践力

第**4**章 デジタルアーキテクチャー・デザイン力

第5章 デジタル組織マネジメント力

注：本書の内容は執筆時点の情報に基づいています。内容には十分注意を払いましたが、本書に記載している内容に基づいた結果生じたことについて、著者・出版社とも、一切の責任を負いませんのでご了承ください。本書に掲載している製品名などは各社の商標および登録名で、本書では©、®、TMなどは省略しています。

第1章

デジタルビジョン構想力

企業がデジタル化を推進する際、目まぐるしく変化する社会や市場に迅速に対応することが求められる。そのため、「小さく始め、試行錯誤しながら柔軟に進める」という考え方が広まっているのはいいが、一部では「戦略や計画は作っても役に立たない」という風潮があるように感じる。「先は見通せないうえに、変化もする。戦略や計画を立てる時間がもったいない」ということだろう。

　だが、「戦略や計画は役に立たない」ということはない。関係者同士が互いに考え方を共有できている小規模組織であれば、わざわざ戦略を立てなくてもいいかもしれないが、組織規模が大きくなり、ステークホルダー（関係者・部署）が増え、必要となる経営資源も増えると、何か新たなことを実施する場合、ステークホルダーを動かさねばならない。分かりやすく伝える必要があり、そこで語られるのが戦略だ。株式上場している企業であれば投資家への説明責任が伴うし、スタートアップ企業であっても初期に資金調達するためには投資家に対して自分たちが成し遂げようとしていることを明快に説明できなければならない。

　デジタル化の中核にあるのは、「なぜデジタル化するのか」「なぜデジタルビジネスを行うのか」という問いに答えられる「デジタルビジョン」である。デジタルビジョンは分厚い文書である必要はない。Amazon.comの創業者であるジェフ・ベゾス氏は、初期Amazon.comのビジネスモデルを紙ナプキン1枚に描いた。また、建機メーカーのコマツは、当時は存在しなかった「スマートコンストラクション」というデジタル化した建設現場の姿を伝えるために、コンセプト動画を作って伝えた。肝心なのは、意図が関係者へ明確に伝わり、賛同を得られることだ。伝統企業であれば、経営層の承認だけでなく社会の共感を得ることも大事だ。スタートアップ企業であれば、ベンチャーキャピタルや投資家の賛同を得られると、それが資金調達をもたらす。

　1-1節は「デジタルビジョン」を説明する。デジタルビジョンとは何か、なぜ必要なのか、そのつくり方や使い方も含めて紹介する。

　1-2節は「デジタル戦略」を説明する。デジタル戦略とは、デジタルビジョンを実現するために実施することのほか、投資金額、人員、時間など必要な

経営資源を取りまとめたものである。既存事業のデジタル化であれ、新規デジタルビジネスの創発であれ、デジタル技術を用いることで顧客（もしくは従業員）に提供できる価値（デジタルバリュー）が必要不可欠である。デジタルバリューとはどのようなものか、理解すべきビジネスモデルと共に、戦略策定の進め方を紹介する。

　1-3節では、戦略を遂行する際に頓挫しないための「実行マネジメント」について解説する。多くの企業がデジタル化で苦戦しているのが現状である。陥りやすい事例を示し、そうならないためのポイントを紹介する。

1-1 デジタルビジョン

1-1-1 なぜデジタルビジョンが必要か

世界規模のパラダイムシフトが進行中

2020年初頭から世界を襲った新型コロナウイルスだけでなく、近年の大規模な自然災害、世界各地における地政学的なリスクなど、世の中は今まで以上に見通すのが難しくなり、不確実性が増している。そうした中で起きている近年のデジタル化は、一過性のトレンドではなく、「第4次産業革命」や「Socity5.0」といわれるように、世界規模の大きなパラダイムシフト（社会や価値観が非連続、劇的に変化すること）である。

多くの企業は、厳しい競争を強いられている。「デジタル」という新たな武器を手にした競合他社だけでなく、業界の外からやってくる「ディスラプター」（創造的破壊者）もいる。不確実性が大きく高まり、ビジネス環境や競争の前提条件が大きく変化する中においては、これまでの延長線上で考えられる対応策では既存ビジネスの延命にはなっても、新たな時代で勝ち残っていくことは難しい。だからこそ「デジタル化」を進めねばならないのだ。

建設業A社の例を示そう。一般に建設業は最もデジタル化と縁遠い業界の一つといわれており、A社も長年同じビジネスモデルで事業を営んできた。しかし、日々進化するデジタル技術によって、労働集約的な仕事があっという間に取って代わられ、業界ごとディスラプトされている状況を目の当たりにすると、「このままの延長線上でビジネスを続けていても未来はない」という危機感を抱かざるを得なかった。ただ、各事業縦割りでいくつかのデジタル化施策がバラバラに行われているだけであった。

A社は、創業100年以上の伝統企業である。これまでもいくつかのパラダイムシフトを経験しており、昨今のデジタル化の波はそれらに匹敵する、もしくはそれ以上のものであると捉えて動き出した。不確実性の高い状況のもとで2040〜2050年という長期の未来を見据え、デジタル技術を用いて社内外を変

革し、より良い価値を創出するためのビジョンの策定を決めた。このビジョンには社会や政治といった要素が含まれているが、その中心には「デジタル化された未来の姿」が織り込まれている。デジタル化された未来の姿に対する危機感を踏まえ、自社が提供する価値を見つめ直し、デジタル化も含めてどのような価値を顧客や生活者、社会に提供していくかを明文化したのである。さらにA社は、各事業が縦割りでバラバラに実施していたデジタル化施策を、明文化された未来の価値提供の姿に沿って、一つの方向性に整えた。

　本書ではこのようなビジョンを「デジタルビジョン」と呼ぶ。

デジタルビジョンを掲げる企業の広がり

　デジタルビジョンを掲げる企業は増えつつある。ドイツに本社を置き、160年以上の歴史を持つ総合テクノロジー企業のSiemensは、2014年に発表した「Vision 2020」を計画より早く達成したことで、改めて2018年に「Vision 2020+」を発表した（**図表1-1**）。CEO自身が危機感を言葉にし、顧客や株主、社会、従業員に対して、自らが変革していくメッセージを打ち出している。

ジョー・ケーザーは、多くの企業が危機に直面するまで変革を起こそうとしないとし「現在の業績に満足するというのは無責任だと思います。世界情勢の変化のスピードとパワーは増大しており、それを予測するのも私達の責任です。持続的に未来を形作るためには、今が好機だと判断したのです。」と述べています。シーメンスの社長兼CEOにとって、第4次産業革命と言われるデジタル化は、産業の歴史における最大の変革でもあります。

「最も大きな企業ではなく、最も適応できる企業が生き残るのです。だからこそオーナーシップカルチャーをさらに推し進め、各事業の独立性を大幅に高めることとしました。」とケーザーは続けます。加えて、電動モビリティ、分散型エネルギー管理などのメガトレンドによって、市場に大きなパラダイムシフトが起こっています。シーメンスは、これらの変化の波をとらえ、変革を起こしていきます。

「Vision 2020+が、全てのステークホルダーを満足させるものだと確信しています。我々は、お客様がデジタル化やその他の分野で各々の目標を達成されるために、より迅速に、より専門性の高いサポートやアドバイスを提供してまいります。従業員は、個人の能力や創造力を一層発揮し、責任を果たす機会が増える事になります。投資家の皆様には、特定の市場環境において最善の結果を出すためのツールを各事業に提供する事で、利益を還元してまいります。そして今まで以上に、シーメンスは社会的な責任を果たしていきます。」とケーザーは付け加えました。

図表1-1　Siemens「Vision 2020+」
出所：シーメンス「プレスリリース文（https://new.siemens.com/jp/ja/kigyou-jouhou/press/pr-20180801.html）」より一部抜粋

Vision 2020+では、シンプルで無駄のない企業構造のもと、成長の加速と収益性の強化を通じた長期的な価値創造への道筋を示しています。主な目的は、強力なシーメンスブランドの下で、シーメンスの各事業に起業家としての自由を大幅に与え、それぞれの市場への集中力を高めることにあります。

私たちの方針

私たちは社会に貢献します	すべてのステークホルダーのために価値を創造します	私たちは、重要なことを実現します

170年以上も前に、シーメンスは強力なアイデアに基づいて設立されました。
… 企業は利益の最大化だけに焦点を当てるべきではありません。それはまた、社会に奉仕しなければなりません。
-技術や製品、雇用慣行、あらゆることを含めて…
… その考えは今日も生きています…
… 成功と持続可能なビジネスを行いながら社会に奉仕することは、シーメンスの戦略の中心にあります。
それがシーメンスの究極の目的です。　　　　　　　　　　ーシーメンスAG社長兼CEO ジョー・ケーザーー

私たちのポジショニング

グローバルなメガトレンドが世界を変えようとしています。デジタルトランスフォーメーション、グローバル化、都市化、人口動態の変化、気候変動は、現代の大きな課題です。卓越したエンジニアリング、イノベーション、品質、信頼性、国際性を誇るグローバルテクノロジーのリーディングカンパニーとして、電化、自動化、デジタル化の分野で答えを提供しています。

私たちの文化

シーメンスの戦略の根底にあるのは、シーメンスの文化、価値観、そして私たちが目指すものです。言い換えれば、どのようにして持続可能な成功を達成するかということです。

私たちの目標

ビジョン2020+の実施に向けて、7つの目標を設定しました。成功を測るために、明確で測定可能な主要業績評価指標(KPI)が定義されています。私たちは定期的に進捗状況を報告します。2014年にスタートした「ビジョン2020」の戦略プログラムを、計画よりも早く、そして成功し、完成させました。私たちは今、シーメンスを次のレベルに引き上げるための道を歩んでいます。ビジョン2020+の実施に向けて、明確なマイルストーンを設定しました。

図表1-2　Siemens「Vision 2020+」の概要
出所：Siemens「Vision 2020+特設サイト（https://www.dc.siemens.com/vision2020plus/）」よりNRI作成

「Vision 2020+」の内容は同社の特設サイトで公開されている（**図表1-2**）。

　Vision 2020+では次のように語られている。

「*Siemensは、すべてのビジネスに変革的な影響を与える急成長市場であるデジタル化を推進しています。Siemensは、バリューチェーン全体に沿ったソフトウエア、プラットフォーム、サービスを通じて、産業用デジタル化における世界をリードする地位を強化していきます*」

　前述したA社と同様に長い歴史を持つSiemensは、自社が大事にしてきた

考えを尊重しつつ、デジタル化というパラダイムシフトに対する危機感と期待を強調し、どのように変革していくかを明文化している。

　日本企業はこれまで3年スパンの中期経営計画（以下、中計）を掲げ、社内外に発信することが多かったが、この中計とは別に、デジタル要素を含む長期ビジョン（＝デジタルビジョン）を掲げる企業が増えている。

1-1-2　良いデジタルビジョン

　では、どのようなデジタルビジョンがいいのだろうか。結論を書けば、「社会や顧客、生活者の目線で、自社が誰に対してどのような価値を提供したいのか」が示されていることである。

供給者目線ではなく、社会・顧客目線に

　まずは、良いとは言えない例を示そう。

「私たちは、AI（Artificial Intelligence：人工知能）／IoT（Internet of Things）をはじめとするデジタル技術を活用し、業界ナンバーワンのイノベーション企業になります」

　これは特定の企業のデジタルビジョンではないが、よく似たビジョンを見かけることがある。このデジタルビジョンからは、「デジタル技術を活用し、何か新しい価値を生み出していこう」という意志は感じられるが、社会や顧客の目線ではなく、供給者目線である。ほかにも、「業界ナンバーワンになる」「デジタル技術を用いて利益を最大化する」「AI／IoTを用いて技術革新を図る」なども同じだ。供給者目線に陥っているので、良いデジタルビジョンとは言えない。

　これだけ不確実性の高い環境では、「正解」をビジョンとして描くことはできない。ビジョンを示すには、未来を想像し、これから発生すると考えられる本質的な課題に対して「問い」を立てることが必要である。言葉を裏返

すと、社会や生活者、業界（取引先企業）の視点で、自社が誰に対してどのような価値を提供したいのかという「想い」が重要である。

味の素のデジタルビジョン

　例を見てみよう。味の素グループ（以降、味の素）は2020年、「味の素グループASV経営〜2030年の目指す姿と2020-2025中期経営計画〜」を発表した。同社はそれより以前、創業100周年に当たる2009年に、社会課題を解決し、社会と共有する価値を創造する「ASV」（Ajinomoto Group Shared Value）を掲げている。これは、「持続可能な開発目標」（SDGs）の前身である「国連ミレニアム開発目標」（MDGs）や社内外ステークホルダーとの対話などを踏まえ、事業を通じて解決を目指すべき「21世紀の人類社会の課題」として発表したものである。味の素はこれらの中で、2000年から2019年の過去20年を振り返り、「事業構造を変革し成長してきたものの、10年単位で起きる環境変化に素早く対応できなかったことが課題」であったとしている。

　そこで、10〜20年後の姿として「食と健康」の将来像を掲げ、その将来像からバックキャストして事業開発し、イノベーションの仕組みを変革するとうたっている。ここで、「バックキャスト」とは、目標となる未来を定めたうえで、現在を振り返り、そこから何をすべきかを考える思考法のことである。深刻化する健康課題として、過剰な塩分摂取や加齢に伴う機能低下を挙げ、「あらゆる年代の毎日の食習慣を改善し、健康寿命を延伸することに貢献する」としている。こうして、自社の目指す姿を「食と健康の課題解決企業」と定め、その姿になるために全社横断で「SCM」「マーケティング」「コーポレート」「R＆D」「DX人財育成」という5つの領域のDX（デジタルトランスフォーメーション）を推進することを宣言している。このような考え方は、食料品の製造・販売といった今までのモノ売りから、顧客、つまり「課題を抱え、価値を享受するヒト」の視点を入れたサービス提供への転換である。顧客に寄り添い、顧客の生活や健康を支える企業へと昇華しようとしている。

　味の素は「デジタルビジョン」とは言っていないが、デジタル化を含む社会や生活者、企業の変化や今後の未来を捉えつつ、自社の理念を見つめ直し、

明確なビジョンとして打ち出している好例と言える。

企業が示す「世界観」

　良いデジタルビジョンには、顧客や生活者、社会の本質課題を踏まえ、「デジタルによってどのような価値を提供するか」という視点と思いが込められている。それは「世界観」と呼べるものであり、その企業ならではの言葉になっている。こうした良いデジタルビジョンは、社内外のステークホルダーに明確な方向性を指し示す羅針盤となる。

1-1-3　デジタルビジョン策定のアプローチ

　ここからは、建設業A社の事例を参考に、デジタルビジョンのつくり方を順に説明しよう。

STEP1　未来を描き、そこからバックキャストする

　まずは、「未来」を描くことである。そして、描いた未来からバックキャストし、潜在的なニーズや課題に対して自社がどのような価値を提供できるかを考え、ビジョンに落とし込んでいく。A社はデジタルビジョンのターゲットとなる2040 〜 2050年の世の中について理解を深めてから未来を描いた。その際、「(1) 社会の視点」「(2) 生活者の視点」「(3) 企業の視点」の３つの視点を持った。ここでのポイントは、技術以外の要素も含めて考えることである。

(1) 社会の視点

　政治、経済、技術動向、人口統計、地球環境といった視点である。政府の戦略や目標、マイルストーン (設定された中間目標)、イベントスケジュール、研究機関・シンクタンクなどが発表している年表などを参考にして、未来年表を作成する。例えば、次のようなことである。

- 政治：環境規制の強化や社会負担の増加など、持続可能な社会・経済への規制・制度再構築
- 経済：新興国の自立といった経済圏の再編
- 人口統計：世界的な人口増加や高齢化、先進国の人口減少
- 地球環境：自然災害の増加、地球温暖化、自然資源不足
- 技術動向：AI／IoTなどのデジタル技術の発展、EV（電気自動車）やドローンなどの技術革新

(2) 生活者の視点

　人々の価値観や生活の変化といった生活者の視点である。A社は法人向けビジネスなので生活者との直接の接点はないが、デジタル化によって生活者との接点を持ちやすくなったのに加え、A社が提供するものは、最終的には生活者の生活を豊かにしているものだと考えた。A社経営企画部門の担当者は、「生活者との距離が遠くても、生活者の価値観や生活の変化を捉えることは必要不可欠である」とこだわった。生活者視点の例を挙げる。

- 衣食住：代替食品の普及、居住形態の変化、居住領域の拡大
- 労働：働き方の変化、テレワークの浸透、熟練技術者の不足
- 教育：高齢化による学び直しの普及
- 購買：Eコマース化の加速、所有から利用への変化（サブスクリプション化）

(3) 企業の視点

　競合他社の変化といった企業の視点である。A社は、他社のデジタルビジョンや中計などを参考にして動向を分析した。その際、ライバル企業だけでなく、発注先や調達先などの周辺企業や、デジタル先進企業の動向も入念に調べた。

STEP2　自社の「思い」からデジタルビジョンを描く

　描いた未来からバックキャストして作成したビジョンは、「どんな価値を

与えられるかを愚直に考えたもの」である。これが悪いわけではないが、「ワクワク感がない」「自社らしさがない」ものになりがちである。ビジョンには、「これをやりたい、やるべきという『思い』」が入っていてほしい。

　建設業A社は「自社らしさ」を出すために、自社の歴史を見つめ直すことにした。A社は創業時から現在まで、経済の発展や国民の生活向上を支える社会資本を構築する担い手として、その役割を果たしてきた。そこにはいつも「全社一体となって人々が安全・安心で快適に暮らすことができる社会に貢献する」という理念があったが、最近はその理念が薄れてしまったと感じていた。

　A社の理念は、直接の発注者だけでなく、最終消費者である生活者にも選ばれる企業であることを表している。それは、デジタル時代に合ったものである。デジタル技術の進歩によって、生活者と直接つながりやすくなり、その反応が見えやすくなった。A社は今こそ理念に立ち返るべきだと考え、自社が提供している価値を見つめ直した。そうして見えてきたことは、単に高品質な建物や橋、トンネルなどを構築して管理するのではなく、「街自体やその景観をつくっている」「生活を豊かにしている」「文化をつくっている」といった発想である。これが自社の「想い」であり、この想いを込めてデジタルビジョンをつくった。

　A社が実践したことは、「自社が本当にやりたいことは何か」「自社が提供している本当の価値は何か」「どんな未来を描き、どんな世界を創り上げたいのか」といった問いに対して、Why？（なぜ？）を突き詰めたことである。

STEP3　2つのアプローチの組み合わせでデジタルビジョンを描く

　STEP1とSTEP2によって2つのデジタルビジョンができている。一つは未来を描いてそこから描いたビジョン、もう一つは創業の理念に立ち返って「思い」を言葉にしたビジョンである。この2つのビジョンのどちらかを選ぶのではなく、つなぎ合わせることで、初めて良いビジョンが出来上がる（**図表1-3**）。

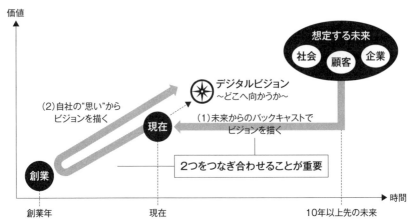

図表1-3　デジタルビジョン策定のアプローチ
出所：NRI

　本質的な自社の価値観を改めて問い直したうえで、両者をつなぎ合わせる。

　ここで重要なのは、「自社の存在意義は何か」という創業の精神まで掘り下げることである。これは、近年の事業が成功している理由（先進的である、最後までやり遂げる姿勢など）とは異なることに注意したい。

1-1-4　デジタルビジョンに立ちはだかる壁

策定してからが本当の勝負

　デジタルビジョンはつくって終わりではなく、皆で共有してこそ意味がある。

　グローバルに事業を展開する日本の製造業B社の事例を見てみよう。B社は、デジタルビジョンを掲げてから約半年が経過し、具体的な施策案がいくつか出ている状態であった。B社は、生活者や社会、地球の視点を盛り込んだデジタルビジョンを掲げていた。そこには、「脱炭素といった環境負荷の削減」「循環型社会の実現」といった長期的かつ社会的意義の視点に加え、デジタル技術の進歩によって業界がディスラプトされるかもしれないという

危機感、自社のビジネスのデジタル化・ソリューション化の可能性などを盛り込んでいた。このようなデジタルビジョンから、事業部門ごとにデジタル戦略およびデジタル化施策を立てていった。

　ここまでは順調だったが、具体的にデジタル施策を進めると、2つの大きな課題に直面した。一つは、既存事業や取引先（例えば、実績が長く関係も深い販売会社など）の事業機会を奪うこと。もう一つは、デジタル施策の進め方がこれまでの成功の方程式を否定しかねないことだった。これまでは、厳格に計画を定めて承認を得て、計画にのっとって着実に実行するという方法がよいとされてきたが、デジタル化施策ではそうした方法を採用せず、試行錯誤を繰り返す仮説検証型アプローチを採用した。その効果は不透明な部分が多く、リスクもそれなりに大きかった。そうした動きに対して、社内からは「今までのやり方が否定された」と受け取られ、「本当にこの方法で前に進めてよいのか」という空気がデジタル化推進メンバー内で漂っていた。

　そうした空気を変えるべく、デジタル化推進メンバーが一堂に会する場で、リーダーである部長が次のように発言した。

「今までのやり方に縛られていたら、デジタル化は進められない。目先の利益に惑わされてはいけないと肝に銘じるべきだ。今一度、デジタルビジョンに立ち返ろう。これからは、言われたことを着実に実行するだけでなく、自ら手を挙げない人たちが淘汰されていく」

　この言葉が皆の心を動かした。デジタルビジョンは長期的な視野に基づいており、自社の社会的意義、ディスラプトの可能性、デジタル化・ソリューション化の可能性などにも踏み込んでいる。改めてデジタルビジョンを見つめ直したことで、短期的な目線に陥ることなく、既存事業と競合する施策であっても推進することを決めた。B社のデジタル事業の売上高はまだ小さいが、着実に成果を上げることを信じて施策を進めている。

デジタルビジョンを航海の羅針盤にするために

　企業がデジタル化を進めると、既存事業や過去の成功体験と相反するという壁に直面する。このようなときは、デジタルビジョンを思い出してほしい。そうすれば、「何のためにデジタル化施策をやろうとしているのか」を見失うことはない。「その戦略や施策は、デジタルビジョンに沿っているのか」「本当に必要なことが抜け落ちようとしていないか」「短期的な利益を追い求めようとしていないか」といった視点が重要だ。皆が同じビジョンを共有し、動き出さなければならない。

　デジタルビジョンを思い出せば皆の意識は統一されていく。これはデジタル戦略や各デジタル化施策だけでなく、デジタル人材獲得・育成、組織運営など、あらゆるところに影響する。デジタルビジョンが共有されるとは、以下のような状態である。

- ビジョンに沿って「正しくない」ことをやらない
- 社員がビジョンと整合した基準で評価される
- それらによって、目に見える成果が表れる

　デジタルビジョンを皆の共通認識にするのは一朝一夕でできるものではない。デジタル化施策を含む企業活動を進めていく中で醸成されていくものである。ただ、デジタルビジョンがあるのとないのとでは、デジタル化の進展度合い、社員の士気、顧客や社会からの見られ方などにおいて、広範囲にわたって大きな差になる。

1-2 デジタル戦略

1-2-1　デジタル戦略の必要性

　経営者がデジタルビジョンを掲げ、目指す姿や考えを社員へ伝えても、具体的に何をしたらいいのか、社員は悩んでしまうだろう。多くの企業がデジタル化やDXに対しての取り組みを模索している状況にあるからこそ、デジタルビジョンの実現に向けて、何を、どうやって、いつまでにすべきかを取りまとめた「デジタル戦略」が必要になる。

　明確なデジタル戦略を持たずに、現場主体でデジタル化に取り組んでいる企業は多い。そうした取り組みが特定の組織内で完結し、大規模な変革を要しない活動であれば、大きな問題になることはない。だが、「デジタル技術を駆使したビジネスモデルに変える」「大規模なデジタル投資を行う」「デジタル化を進めるための新しいケイパビリティを獲得する」など、企業内の複数組織に影響する変革活動として進めるためには、関係者を束ねる指針としてのデジタル戦略が必要である。

　デジタル戦略は、策定段階で確実な成果を見込むのは難しいことが多い。例えば製造業では、「モノ売りからコト売りへ」という世の中の流れを受け、製品販売からソリューション提供を掲げる企業が増加しているが、「デジタルサービスの提供で社会や顧客に満足してもらえるか」「そのようなデジタルサービスが提供できるか」などは、戦略策定段階では不確実な要素が多いのが一般的である。「不確実だが、デジタルビジョンを信じてデジタル戦略を進める」という経営者の覚悟が求められる。

　また、不確実性が高いが故に、初期に策定した戦略にこだわらず、短期間で見直すことも必要である。例えば、想定した顧客セグメントの規模が想定よりはるかに小さいことが分かったり、想定していた顧客の課題が顧客にとってはさほど重要ではないことが分かったりすることがある。そうなると、別のデジタルサービスを考えなくてはならず、ターゲット顧客やサービス内容も見直す必要に迫られる。

1-2-2 デジタル戦略の位置付けと定義

デジタル戦略の位置付け

　従来のIT戦略と、この本で議論しているデジタル戦略は異なる。IT戦略は事業部門の要望を踏まえて作成することが多いが、デジタル戦略は経営戦略や全社の事業戦略と密接に結び付いている（**図表1-4**）。そのため、デジタル戦略の策定で中心的な役割を果たすのは、全社レベルで経営の方向性を定める組織か、会社の中核となる事業部門となることが多い。事業部ごとに戦略を立てる企業であれば、デジタル戦略は組織横断的な内容と、事業部ごとの特性に合わせた内容が混在することになる。

　ただし、IT戦略でもデジタル戦略でも、実行に当たり必要となる情報システムやインフラ、データなどは共用することが多く、それらを担当するのはIT部門である。両方の戦略をにらみながら、人やインフラのリソース配分を行う必要がある。

デジタル戦略とは

　デジタル戦略とは、デジタルビジョンを実現するに当たって、「何を？（テー

デジタル戦略の位置付け

経営戦略もしくは事業戦略

（従来の）IT戦略	デジタル戦略
●IT投資配分方針 ●システム化方針 ●IT整備方針（共通化・集約、クラウド移行など）	●競争力強化方針 ●価値提供方針 ●変革方針 （ビジネスモデル、業務、情報システム、制度・仕組み、組織、人材など）

図表1-4　デジタル戦略の位置付け
出所：NRI

カテゴリー			例
何を？（テーマ）	競争力強化方針		●最終顧客との接点を拡大する ●モノ売りからコト売りへ転換する ●新規事業を創出する、中核事業の利益率を高める ●これまでとは異なる市場へ進出する
	デジタルバリュー （提供価値）		●①消費・利用体験価値の向上 ●②消費・利用ハードルの低減 ●③安心・信頼感の創出
どうやって？（施策）	ビジネスモデル		●プラットフォームビジネス （マッチング／モジュール／コミュニケーション）
		サービス／製品	●サブスクリプションサービス
		フロント業務	●小売店舗の無人化
		バック業務	●ロボットやAIを前提とした業務プロセス ●アジャイル開発の適用
ケイパビリティ	情報システム		●モバイルアプリケーション開発 ●データ活用基盤構築 ●レガシーシステム刷新
		提供方法	●アジャイル開発の適用 ●クラウドサービスの利用
	制度／仕組み／プロセス		●デジタル投資に関する評価制度 ●デジタル人材獲得に向けた人事制度改定 ●経営管理指標の自動収集
	推進体制／組織		●CDO設置、プロダクト型組織編成 ●外部とのパートナーシップ
	人材		●AIエンジニア、データサイエンティストの育成
いつまでに？ どれくらい？	ロードマップ		●マイルストーン、スケジュール
	経営目標		●数値目標、KPI、効果、責任者
	投資金額		●テーマ、施策ごとの投資額

図表1-5　デジタル戦略の主な構成
出所：NRI

マ）」「どうやって？（施策）」「いつまでに？　どれくらい？」という道筋を
示すものである（**図表1-5**）。

「何を？」

　「何を？」では、デジタルビジョンの実現に向けた競争力強化の方針や、デ
ジタル技術を活用することで提供する価値（デジタルバリュー）を定める。
既存事業の規模を大きくしたり利益率を高めたりする場合もあれば、新規事
業を始める場合もあるだろう。この際のポイントは「デジタルバリューとし

て何を提供するか」である。これまでなかったような「顧客体験」でもいいし、これまで煩わしかったことが手軽にできるようになる「利便性の提供」でもいい。自社が提供する価値として何を目指すかを定める。既存事業であればある程度見込みを立てやすいが、新規事業やサービスの場合は実施してみないと分からないことも多く、この段階では仮説にならざるを得ない。

「どうやって?」

「どうやって?」では、デジタルバリューを実現するための施策や、既存の何か(業務プロセス、制度、仕組みなど)を変革する施策を定める。既存の業務をデジタル化し、顧客体験価値の向上や業務効率の向上、品質向上の改善を図る場合があれば、ビジネスモデル自体を変える場合もある。新規事業やサービスの場合、デジタルバリューをつくり込む過程で当初の仮説が成り立たないことも多く、その場合は方針転換も必要である。デジタルバリューとビジネスモデルは、事業やサービスが成立するための中核となるため、戦略策定段階においても反復的に検証すべきである。

また、変革を実現するための自社のデジタルケイパビリティ向上に関する取り組みも忘れてはならない。デジタルケイパビリティの短期的な向上は難しく、ディスラプターが現れてから準備していたのでは到底太刀打ちできない。デジタル技術の活用は今後も進んでいく。現時点でデジタルビジネスを考えていない企業であっても、将来の事業の拡張性を高める方策として、デジタルケイパビリティの向上は不可欠であり、経営者が主導しなくてならない責務である。

「いつまでに? どれくらい?」

「いつまでに? どれくらい?」では、デジタル戦略を実行した結果、目指す目標や効果、そのために必要な経営資源(投資金額、推進体制、時間)を定め、施策実施のマイルストーン(中間目標)やスケジュールを示す。既存事業のデジタル化であれば、現状を踏まえた具体的な試算が可能であろう。

一方で、新規事業では、計画の緻密さや効果、施策の具体性にはあまりこだわらず、まずは取り組みを前に進められるかどうかを重視する方がよい。

試行錯誤しながら軌道修正することを前提にし、スケジュールにチェックポイントを設けておく。どのような領域・課題に取り組むのか、いつまでを目安に考えているのか、誰が取り組むのかなどを最低限戦略策定段階で決めておく必要がある。具体的には以下のようなことである。

- 取り組むべき顧客の重要な課題は何か
- 顧客へ提供するデジタルバリューは何か
- デジタルバリューを提供するサービスの仮説はあるか（自社の保有資産にとらわれていないか？　詳細な検証は後続フェーズで実施）
- デジタル化のステップと状態目標、クリアすべき基準・条件は明らかか
- デジタル化の推進体制（実務を推進するリーダーレベル）とスケジュールは明らかか

1-2-3　デジタルバリューの実現方法

　デジタルバリューとは、デジタル技術を活用することで提供できる価値である。顧客の課題に対してどのようなデジタルバリューを提供し、それをどのように実現するか、「筋の良い仮説」であることが求められる。様々な先進事例を見ると、デジタルバリューは「(1) 消費・利用体験価値の向上」「(2) コスト・利用ハードルの低減」「(3) 安心・信頼感の創出」の3つに分類できる。順に事例と共に紹介しよう。

(1) 消費・利用体験価値の向上

　商品やサービスを改良・開発することで、顧客がいつでも好きなときにサービスを利用でき、時間を節約できるようになる。つまり、消費・利用体験価値の向上とは、利便性や効率性を高めることである（**図表1-6**）。
　米国の大手小売企業Walmartは、オンラインとオフラインの垣根をなくし、顧客がいつでも商品を注文し、どこでも受け取れる環境を整備した。オンラインで注文と決済を行い、受け取りは店舗の専用機械、ドライブスルー、自

#	デジタルバリュー	実現方法（ビジネスモデル、情報システムなど）	サービス例
1	商品・個人の好みに合わせる	マスカスタマイゼーション	NIKE By You
2	いつでも、どこでも利用できる	モバイルアプリ	「Japan Taxi」（タクシー配車アプリ）
3	待たずに利用できる	プロセスオートメーション/セルフサービス　オンデマンドでの提供	Moblie Order & Pay（スターバックス事前注文・店舗受取）
4	何度でも、好きなときに利用できる	コンテンツ課金	日経テレコン
5	早く、確実にできる	AI/IoT ソリューション	画像診断サービス（医療等）

図表1-6　「消費・利用体験価値の向上」につながるデジタルバリューと実現方法
出所：NRI

宅への配送など、顧客の好みに応じて選べる。顧客を待たせずに商品を受け渡すことで、顧客の利用体験を高めている。

（2）コスト・利用ハードルの低減

　コスト・利用ハードルの低減は、オペレーションの改善やサプライチェーンを変更することで、商品やサービスの利用コストを下げたり、定額とすることで初期の支払額を抑制したりして、商品やサービスの利用ハードルを低減することである（**図表1-7**）。

　米国の老舗ギターメーカー Fender社は、売り上げの減少に直面し、約1年の時間をかけて顧客を分析した。その結果、売り上げのほぼ半分が初心者によってもたらされているが、初心者のうち90％が1年以内にギターの習得を挫折してしまうことを突き止めた。ギターを弾くことがつまらなくなってやめてしまう人が多いことを見抜いたFender社は、挫折させないことを重視したサービス「Fender Play」（月額19.99ドルを払えば空いた時間でカリキュラムを進められるサービス）をリリースした。さらに「Fender Tune」という無料でチューニングできるモバイルアプリケーションも提供し、顧客と継続的に付き合える関係性を築くことに成功している。

（3）安心・信頼感の創出（新たな価値を発見し、安心して利用する）

　安心・信頼感の創出は、デジタル化により、ヒト、モノ、カネ、情報をつな

#	デジタルバリュー	実現方法（ビジネスモデル、情報システムなど）	サービス例
1	定価で販売されている商品やサービスを無料もしくは低価格で利用できる	フリーミアム サービス提供プロセスの自動化	BOX
2	必要なものを、使った分だけ利用できる	従量課金	Car2go（分単位で課金される会員制カーシェアリングサービス）
3	安い販売先を探す手間が省ける	価格比較情報提示 原価提示	EVERLANE（洋服の原価を表示）
4	支払ってもよいと思える金額で商品やサービスを購入できる	オークション	イーベイ
5	単体だと高額な商品やサービスを安く購入出来る	ボリュームディスカウント	ドリパス（一定数以上のチケットが売れた場合に映画館で上映）
6	支払いの手間や時間を削減できる	サブスクリプション、自動課金	Adobe Creative Cloud（画像編集ソフト等の定額利用）
7	中間マージンのコストを支払わなくて済む	直販モデル（EC/D2C）	WarbyParker（オンライン販売に特化したアイウエアブランド）
8	作業や業務にかかるコストが減る	オペレーション自動化	Butler（自動搬送ロボット）

図表1-7　「コスト・利用ハードルの低減」につながるデジタルバリューと実現方法
出所：NRI

#	デジタルバリュー	実現方法(ビジネスモデル、情報システムなど)	サービス例
1	今まで見つからなかった、知らない商品やサービスを安心して利用できる	マーケットプレイス	Amazon
2	データにもとづく客観的な意思決定ができる	データ分析プラットフォーム（IoT、AIなど）	MindSphere（産業用データの分析・活用するためのシステム）
3	自分だけではできないスピードや品質で作業や業務ができる	開発プラットフォーム サービスプラットフォーム（決済など）	PayPay
4	今まで関わりのない人とつながり、認められる	SNS	LinkedIn

図表1-8　「安心・信頼感の創出」につながるデジタルバリューと実現方法
出所：NRI

がりやすくし、今までにない新たな価値の発見を手伝うとともに、安心してサービスを利用できる環境を提供することである（**図表1-8**）。

　積水ハウスは「人生100年時代の幸せをアシストする家」というビジョンを掲げ、新しいライフスタイルの基盤となる健康、つながり、学びという無形資産を生み出し続け、「『我が家』を世界一幸せな場所にする」という理念

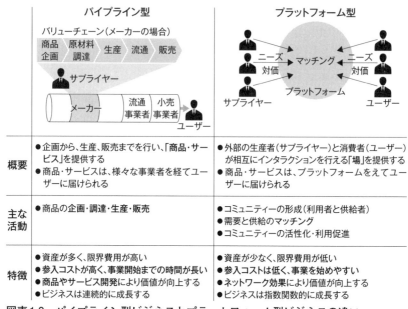

	パイプライン型	プラットフォーム型
概要	●企画から、生産、販売までを行い、「商品・サービス」を提供する ●商品・サービスは、様々な事業者を経てユーザーに届けられる	●外部の生産者（サプライヤー）と消費者（ユーザー）が相互にインタラクションを行える「場」を提供する ●商品・サービスは、プラットフォームをえてユーザーに届けられる
主な活動	●商品の企画・調達・生産・販売	●コミュニティーの形成（利用者と供給者） ●需要と供給のマッチング ●コミュニティーの活性化・利用促進
特徴	●資産が多く、限界費用が高い ●参入コストが高く、事業開始までの時間が長い ●商品やサービス開発により価値が向上する ●ビジネスは連続的に成長する	●資産が少なく、限界費用が低い ●参入コストは低く、事業を始めやすい ●ネットワーク効果により価値が向上する ●ビジネスは指数関数的に成長する

図表1-9 パイプライン型ビジネスとプラットフォーム型ビジネスの違い
出所：NRI

を実現する「プラットフォームハウス」を提供している。IoTを用いた住環境データやライフスタイルデータを獲得し、安全・安心、快適性、幸せを提供することを目指している。具体的なサービスとして、在宅時急性疾患早期対応ネットワークHED-Netを構築し、住む人のバイタルデータ（心拍数や血圧などの生体情報）を非接触で検知・解析し、急性疾患の可能性のある異常を検知して適切に対応する。自宅という物理的な接点を活用し、データを収集・分析することで、安否確認に役立つサービスを提供している。

「パイプライン型ビジネス」と「プラットフォーム型ビジネス」

　ビジネスモデルを検討するに当たり、「パイプライン型ビジネス」と「プラットフォーム型ビジネス」というビジネスモデルの違いを理解しておく必要がある（**図表1-9**）。

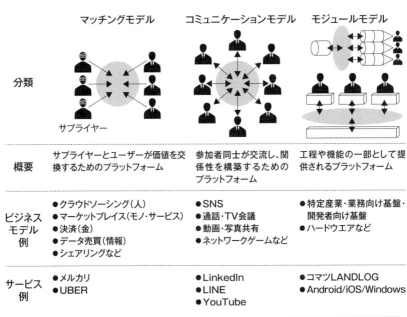

	マッチングモデル	コミュニケーションモデル	モジュールモデル
分類	サプライヤー		
概要	サプライヤーとユーザーが価値を交換するためのプラットフォーム	参加者同士が交流し、関係性を構築するためのプラットフォーム	工程や機能の一部として提供されるプラットフォーム
ビジネスモデル例	●クラウドソーシング(人) ●マーケットプレイス(モノ・サービス) ●決済(金) ●データ売買(情報) ●シェアリングなど	●SNS ●通話・TV会議 ●動画・写真共有 ●ネットワークゲームなど	●特定産業・業務向け基盤・開発者向け基盤 ●ハードウエアなど
サービス例	●メルカリ ●UBER	●LinkedIn ●LINE ●YouTube	●コマツLANDLOG ●Android/iOS/Windows

図表1-10　プラットフォーム型ビジネスのモデル
出所：NRI

　パイプライン型ビジネスとは、従来の多くの企業が採用しているビジネスモデルである。材料を調達し、商品を生産し、流通網にのせ、販売するといった、企業から顧客へ直線的に価値を提供するモデルである。物理的なモノだけでなく、金融商品やソフトウエア、経営コンサルティングなど、サービスを提供する場合も同様である。一般的に自社で商品やサービスを供給するための資産（設備、人材、部材など）を保有するため、固定費用が発生することが多い。ビジネスの拡大は、物理的な資産の拡大と比例し、直線的な成長となる（ただし、最近では製造を外部委託し、生産設備を持たないファブレス経営の企業も存在する）。

　一方のプラットフォーム型ビジネスとは、商品やサービスと利用者を引き合わせる（マッチングする）ことで、サービス利用料や、利用者向けの広告

料などを得るモデルである。一般的には、物理的な保有資産が少なく限界費用が低いため、利用者が増加するほど、指数関数的にビジネスは成長する。

プラットフォーム型ビジネスは、プラットフォーム上で提供する機能により、「マッチングモデル」「コミュニケーションモデル」「モジュールモデル」に分類される（**図表1-10**）。コミュニケーションモデルとして示したLinkedInは、ビジネス特化型SNSといわれ、利用者同士がコミュニケーションを交わす場となっているのと同時に、求人している企業と求職している人のマッチングの場にもなっている。なお、ITベンダーがクラウドサービスをプラットフォームとして喧伝することは多いが、ビジネスモデルとしてはパイプライン型であり、プラットフォーム型ビジネスとしての特徴を持たない。

パイプライン型とプラットフォーム型のどちらが優れているかは一概には言えないが、昨今ディスラプターとして取り上げられる企業の多くは、プラットフォーム型ビジネスを展開している。プラットフォーム型ビジネスのモデルは、対象顧客にデジタルバリューをどのように提供するのか試行錯誤した後に決まるので、最初から「このモデルでサービス提供しよう」と検討するものではない。ただし、代表的なモデルを知っておけば、効果的に検討を進められるので、知っておいて損はない。

1-2-4　デジタル戦略策定の進め方

デジタル戦略は**図1-11**に示した6ステップで検討する。基本的には①〜⑥の順に検討するが、テーマによっては①〜④を同時並行で進めたり、行ったり来たりする。課題を特定したつもりでもソリューションを検討すると真の課題ではないと気付いたり、ソリューションの市場規模を追加で分析する必要が生じたりすることがあるからだ。

①〜⑥のステップを柔軟かつ反復的に進めることが必要である。なお、新しいデジタルビジネスでは、「戦略策定」と（第2章で取り上げる）「事業創発」に明確な境目はなく、反復的な検証を進める場合が多い。本書では、当該事業を進める意思決定を行うまでを「戦略策定」として捉えている。従って、

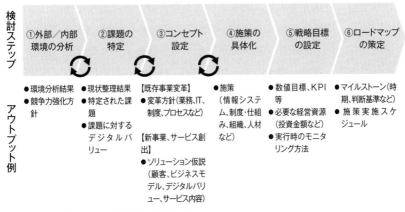

図表1-11　デジタル戦略策定の進め方
出所：NRI

戦略策定段階では事業やサービスは仮説でしかない。以降、検討ステップ①〜⑥の具体的な中身とポイントを説明する。

検討ステップ①外部／内部環境の分析

　自社を取り巻く外部環境と内部環境を分析し、動向としてつかんでおく。外部環境には、社会や経済、技術などのマクロ環境と、自社が展開している事業の市場、顧客、競合、取引先などに関わるミクロ環境がある。内部環境には、自社のバリューチェーンや経営資源、財務などがある。こうした環境を様々なフレームワーク（例えば、外部環境は「PEST」（Politics、Economy、Society、Technology）分析、内部環境は5フォース分析など）を用いて分析する。デジタルビジョンを策定した際の分析結果も参考になるだろう。

　外部環境の分析で重要なのは、新規参入もしくは新たに築く市場の魅力度である。新規事業やサービスはやってみないと分からないのは確かであるが、仮にサービスが成り立ち、市場シェアの過半を超えるほどに成長したとして自社にもたらすメリット（事業収入、顧客との接点、ブランド、社会貢献、ケイパビリティ獲得など）がわずかしかないなら、事業の意義が問われる。新

規事業を行う目的が事業収入の拡大であるならば、市場規模を確認しなくてはならない。IBMが2000年ごろ、新規事業を探索するためにEBO（Emerging Business Opportunity）プロジェクトを立ち上げたときは売り上げ成長を目的としており、新たな事業は3〜5年以内に10億ドル市場に成長する見込みがある分野に限った（結果、EBOが2000年から2005年にかけて生み出した売り上げは152億ドルだった）。また、既存の事業では、古くからある非効率な慣習や業界構造など、「分かっているがどうにもできない」と考えがちな業界課題がポイントとなる。ディスラプターはそうした点に着目し、参入してくることが多い。

内部環境の分析では、「VRIO」（Value、Rarity、Imitability、Organization）分析などを用いて、強みと弱みを把握する。こうした内部環境の分析から新規事業のアイデアが生まれることはあまりないが、スタートアップ企業に対する伝統企業の強みは、資金力に加え、長年蓄積されてきた資産である。研究開発力、顧客基盤（および顧客課題の認識）、ブランド、店舗や物流などの設備、業界や業務知識、販売や生産のエコシステム、規制に対する知識や官公庁とのネットワーク、優秀なビジネスパーソンの厚みなどが挙げられる。

既に述べたように、「企業として誰にどのような価値を提供したいのか、という想い」と併せて、自社の強みを認識しておくことが重要である。伝統企業は顧客基盤、技術、全国に展開されている拠点などの価値をあまり意識しないが、新規事業やサービスを展開する際に活用できる資産であることは間違いない。

外部環境や内部環境を分析し、「デジタル技術を用いて現在の中核事業を強化するのか」、それとも「新たなデジタルビジネスモデルを構築するのか」、あるいは両方かなど、どのように競争力を強化するのか、その方針をこの時点で立てておくと無駄な戦略検討をせずに済む。日ごろから内外の変化を感度よく察知し、環境分析は軽く済むようにしておきたい。

検討ステップ②課題の特定

競争力強化の方針を踏まえ、検討を深めるべき領域の現状を把握し、解決

すべき課題を特定する。既存事業が対象で課題が分かっている場合（例えば、販売力の強化やサプライチェーンの効率化、レガシーシステムの刷新など）、その課題を解決するための現状分析を行う。デジタル化を進めるうえで必要となるデジタルケイパビリティについても、現状を明らかにする。デジタルサービスの創出を狙うのであれば、「誰の」（想定顧客）、「どんな悩み」（課題）を解決するかを特定する。曖昧な顧客像ではなく、具体的に想像できる人や企業を定義することが大切である。また、その顧客が感じている不便や不都合は何か、それはお金を払ってでも解決したいことか、悩みの深さや大きさを明らかにする。

　いずれのケースにおいても、課題を特定できれば、どのようなデジタルバリューを提供できるかが見えてくる。

検討ステップ③コンセプト設定

　特定した課題に対して何を行うのかを決め、「コンセプト」を設定する。既存事業のデジタル化であれば、商品やサービスの改善、業務プロセスやルールの見直し、要員の配置変えなど、何かを変えるのが一般だ。何に対し、どの程度、どのように変えるのかを変革コンセプトとしてまとめる。デジタルサービスの創出であれば、どのようなデジタルバリューをどのように提供するか（ビジネスモデル）、以下の要素を検討し、ソリューションのコンセプトを設定する。

- 顧客像は具体的か、多くの顧客が存在するか
- 顧客の課題は具体的か、解決されるとどれくらいうれしいか
- デジタルバリューは何か、どのようにデジタルバリューを提供するのか
- サービスの内容は何か
- サービスを提供する意義は何か
- 自社の優位性や生かせる強みは何か

など

検討ステップ④施策の具体化

　コンセプトに沿ってやるべき施策を定める。既存事業のデジタル化の場合、業務プロセスの抜本的な見直しや、新たな情報システム・プラットフォームの構築、制度・ルールの改定など、変革自体の内容を具体化する。デジタルサービスを創出する場合、ソリューションコンセプトの実現性を検証するための施策を具体化する。いずれの場合も、推進体制の整備、人材育成など、デジタルケイパビリティ向上に向けた施策も忘れずに具体化する。

検討ステップ⑤戦略目標の設定

　デジタル戦略の施策ごとに達成すべき数値目標の「KGI」（Key Goal Indicator：重要目標達成指標）や「KPI」（Key Performance Indicator：重要業績評価指標）と「効果」を設定し、必要な経営資源（予算、推進体制など）を示すとともに、誰が達成責任を負うかを定める。責任を明確にするため、経営層の特定個人が負うことが望ましい。また、戦略実行時における、モニタリング方法（誰が、いつ、何を、どこで、どのように）も定める。

　なお、デジタルサービスの新規事業では、この段階で具体な数値目標を求めるのは現実的ではない。一般的には、期間を区切って段階的に評価する。ただし、「検討ステップ①外部／内部環境の分析」で言及したように、事業やサービスが成長したときにどの程度の規模を見込むのか、目標を設定した方がよい。成功している新規事業でも、当初は赤字を許容しながら規模拡大を優先し、投資を続けている例がある。

　例えば、サイバーエージェントが2016年から展開しているインターネット上の動画配信サービスAbemaTVは、毎年赤字を出し続け、2019年9月期決算では赤字額が203億円にも上る。だが、同社がAbemaTVをやめる気配はない。インターネット上の広告市場（2兆円超）が拡大し続け、2019年にはテレビ広告市場（約1.9兆）を上回った。この傾向は今後も変わらないと思われ、広告と親和性の高い動画配信サービスへの投資を続けていると思われる。赤字を出し続けている状況で投資を続けるのは容易ではない。デジタルビジョ

ンの実現に対する経営者の信念や覚悟が必要だ。

検討ステップ⑥ロードマップの策定

　一般的には、戦略目標の達成に向けて段階的なマイルストーン（中間目標）を設定し、マイルストーンごとに施策実施のスケジュールを作成する。だが、デジタルサービスの創出は不確実性が高いので、方針転換することもある。個別の施策スケジュールを緻密に定める必要はないが、予算や期間には限りがあるため、マイルストーンを変えてはならない。事前に定めた基準や条件をクリアできない場合は、そのデジタルサービスの事業化について断念することになる（第2章参照）。

　なお、新規事業のデジタル化戦略を進めるには、いくつかの段階を踏んだ検証が必要となるので、施策ごとに、いつ検証するのかを設定しておく。

1-2-5　デジタル戦略（プラットフォーム型ビジネス）の事例

　パイプライン型ビジネスが主流の伝統企業にとっては、デジタルビジネスの典型とも言えるプラットフォーム型ビジネスは容易ではないが、成功しているケースがあるので、いくつか紹介しよう。

既存事業の一部機能を発展・拡張し、新規事業のプラットフォームを構築

　鉄鋼および非鉄金属の販売・流通サービスを展開するドイツKloecknerは、自社のDXを行い、プラットフォームビジネスを展開するに至っている（**図表1-12**）。

　鉄鋼業界は参入企業が多く独占的な地位を築いている企業がいない。参入企業が多すぎるが故に、安く、安心して、取引できる企業を探すのに苦労する。また、業界の取引慣習上、紙でのやりとりが中心であり、事務作業が非効率であった。そこでKloecknerは、デジタル化を専門に推進するKloeckner.iという子会社をつくり、中核事業のデジタル化から着手する。数年かけてオン

図表1-12　プラットフォーム構築までの進め方 (Kloeckner)

出 所：Kloeckner & Co「Leading the digital transformation of metal distribution」(https://www.kloeckner-i.com/wp-content/uploads/2017/09/Kloeckner_Digitalization_September_2017.pdf) よりNRI作成

ライン上で注文可能なECサイトを構築し、顧客向けのサービス提供機能や補完品も注文可能とするなど、徐々に機能を充実させていった。次のステップとして、そうした機能を同業他社に提供することで、業界横断型の鉄鋼販売・流通するB2Bマーケットプレイス「XOMプラットフォーム」へと成長させている。

　Kloecknerは、業界が抱えていた非効率な取引を解消し、商品の購入価格低減や適切な調達先を探索するコストの低減、調達先としての選択肢の増加などをデジタルバリューとして顧客に提供した。Kloeckner自身にも、新規顧客獲得やサードパーティ商品の販売拡大による売り上げ増と、デジタルチャネルを通じた取引の拡大（デジタルチャネル比率：2018年21%→2020年40%以上）により、事務費などのコスト低減をもたらした。

　国内の事例としては、日本交通やアスクル、寺田倉庫が現業の一部機能を発展・拡張させ、プラットフォームを構築している。

既存事業とは別に新規事業のプラットフォームを構築

　リクルートは無料でカンタンに使えるPOSレジアプリ「Airレジ」や、オンラインで質の高い授業を受けられる「スタディサプリ」など、既存事業とは異なるプラットフォーム型ビジネスを展開している。同社は新規事業提案制度として、1982年より「Ring」をスタートさせ、事業創造を推進し続けてきた。リクルートのビジネスの特徴は、マッチングプラットフォームをつくって世の中の「不」を解消することである。また、新たにプラットフォーム型ビジネスモデルを構築しようとすると、既存事業とのカニバリゼーション（社内競合）が問題となるケースが多いが、同社には「価値があればやるべき」という考え方が浸透している。

パートナーと共に新規事業のプラットフォームを構築

　自社の力だけでは実現が難しい場合、他社と協業し、プラットフォームをつくるアプローチもある。国内では、コマツ、NTTドコモ、SAPジャパン、オプティムの4社が共同で、建設業務の生産プロセスに関わる土・機械・材料などの「モノ」の情報をつなぐ新プラットフォーム「LANDLOG（ランドログ）」を提供している。

　コマツは、スマートコンストラクションなどの取り組みにおいて、建設生産プロセスの一部業務の自動化やデータ可視化に成功している。だが、建設業界全体の生産性向上はこれからであり、それを目的にプラットフォーム型ビジネスに進出している。コマツが建設生産プロセスやデータに関わるノウハウを提供し、パートナー企業がプラットフォームを支える仕組みや技術を提供している。サードパーティのソフトウエア企業が提供するアプリケーションは、プラットフォームに蓄積されるデータをAPI経由で利用できる。業界課題の解決には、コマツだけでなく、同業他社やソフトウエア企業の協力も不可欠なため、コンソーシアムへの参加を呼びかけている（2020年8月時点で60社以上参加）。

企業買収により新規事業のプラットフォームを構築

　業界自体が大幅に縮小することを危惧し、事業を抜本的に変革することで成長している事例もある。南アフリカの新聞会社だったNaspersである。新聞業界はオンライン化の影響により、2000年をピークに広告売り上げが激減、業界全体に危機感が強まっていた。Naspersは2000年前後より新規テクノロジーへの投資を重点的に実施し、設立間もない企業への投資を加速して投資ノウハウを高め、結果的にプラットフォーム型ビジネス（Eコマース、オンラインフードデリバリーサービス、決済サービスなど）がグループ事業の大半を占めるようになった。今では南アフリカを代表する世界的なインターネット企業を有する投資会社に変貌している。

　いずれの事例においても、伝統企業が新たにデジタルビジネスを創出することに成功している。共通しているのは、経営トップ層がデジタル戦略を策定し、既存の中核事業とは異なる責任体制で事業を推進（もしくは新規事業を推進するプロセスや風土が存在）していることだ。不確実な中でトライ＆エラーを繰り返し、中長期に取り組むことで成果に結び付けている。

1-3 実行マネジメント

1-3-1　多くの企業がデジタル化に苦戦中

　デジタル戦略には、中核事業のデジタル化と、デジタルによる新規事業創発がある。特に後者は実行してみないと分からないことが多く、従来のIT戦略のように、綿密に計画を立てて実行するアプローチはうまく機能しない。

　2020年5月に日本情報システム・ユーザー協会（以下JUAS）とNRIが発表した「デジタル化の取り組みに関する調査2020」によると、デジタルビジネスやデジタル化の進展に向けた戦略を策定、もしくは策定中である企業は70%以上に上る。一方で、「デジタル化推進において、実施済み・試行中の課題についての成果の有無」という設問では、「成果が出ている」と回答した企業は「生産性向上につながる画期的なプロセス改革」や「勤務形態の多様化など働き方の改革」を除いた課題に関してはすべて50%を下回っており、国内企業のデジタル化推進はまだ途上であることを示している（**図表1-13**）。特に、「新しい事業、ビジネスモデルの創出」では、「成果が出ている」と回答した企業の割合は11.1%と最も低く、難易度が高いことが分かる。

　以降では、「デジタルによる新規事業創発」にフォーカスを当て、デジタル戦略の実行がうまくいかない理由と、実行に当たってのポイントを紹介する。

1-3-2　デジタル戦略の実行時に押さえるべき点

　デジタル化がうまくいかない理由には「未成熟な技術」なども挙げられるが、デジタル化やDXが企業全体にわたる変革活動であることを踏まえると、主な原因は「マネジメント」にあると考えられる。そこで本項では、マネジメントシステムを分析する際に有用な「VSPRO」モデルで、うまくいかない理由を考えてみたい。VSPROとは「ビジョン（Vision）」「戦略（Strategy）」「プロセス（Process）」「リソース（Resource）」「組織（Organization）」の5つの

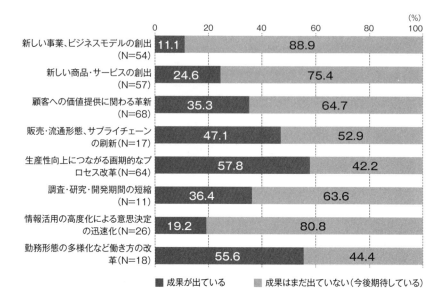

図表1-13　デジタル化推進において、実施済み・試行中の課題についての成果の有無

出所：JUASとNRI

観点で考えるモデルである。

ビジョン（Vision）を経営層から現場社員まで浸透させる

　デジタルビジョンがどんなに魅力的な内容であっても、経営層や社員に届いていなければ意味がない。2019年11月にダイヤモンド社が発表した、「"2025年の崖"問題への対策」に関するアンケート調査結果（**図表1-14**）によると、立場にかかわらず、経営戦略やデジタルビジョンが「全く提示されていない」との回答が約20%存在する。「デジタル化を承認する役割」である管理職や経営層においても同様の割合なのは驚きであるが、そもそもビジョンがつくられていないか、ビジョンはあっても限られた人だけにしか共有されていないと思われる。

　ビジョンが提示されていない、提示されていても浸透していない状態では、

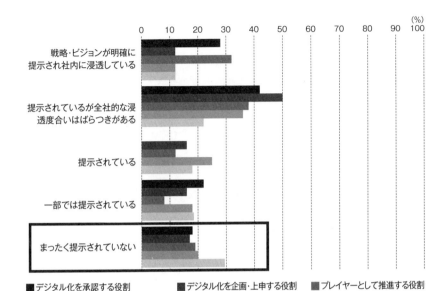

図表1-14　経営戦略・ビジョンの提示・浸透状況
出所：ダイヤモンド社「"2025年の崖"問題への対策」に関するアンケート調査結果よりNRI作成

　役員にも社員にも「現状に問題はないのに、なぜデジタル化に取り組む必要があるのか？」といった疑念を抱かれやすく、デジタル化やDXの取り組みに対して後ろ向きになってしまう。デジタルビジョンは策定して終わりではなく、役員や社員に浸透して、ようやくデジタル戦略の実行の下地が整う。デジタルビジョンを浸透させるには、ビジョンそのものが魅力的で、納得感があることが前提となるが、トップ自らが各現場に赴き丁寧に伝える泥臭い社内広報活動も重要である。

　住友商事はDXを推進するに当たり、社内に危機感を醸成するためCDO（Chief Digital Officer：最高デジタル責任者）が各現場を回り、デジタル戦略の説明会やセミナーを実施している。戦略説明は計3000人、DXとは何かを説明したセミナーは計2000人が参加した。CDO自らの言葉で本気度を伝えることで、DXへの取り組みに消極的であった事業部門の意識も徐々に変化したという。

戦略（Strategy）は不変でなく、適宜見直す

　新規のデジタルビジネスは実行してから分かることが多く、試行錯誤を覚悟しなければならない。だが、永遠に試行錯誤を続けるわけにもいかないため、あらかじめ定められた期間や予算内で達成できない場合や目標をクリアできない場合は、戦略自体の見直しが必要である。伝統企業にありがちな「一度決めた戦略や計画は順守すべき」という考え方が蔓延していると、戦略を見直すという発想にならず、計画は大幅に遅れ、最悪頓挫してしまうこともあり得る。

　なお、デジタル戦略には、「データ活用のためのプラットフォームを構築する」「生産的な働き方をするためのデジタルツールを導入する」といった、デジタルビジネスの創出と比べると"硬いテーマ"も含まれる。そうした"硬いテーマ"は従来のITプロジェクトと同様のマネジメントで問題ないが、デジタルビジネスの創出のような"柔らかいテーマ"と"硬いテーマ"を区別してマネジメントしないと、不幸な結果をもたらす。

　"柔らかいテーマ"が行き詰まったときは、ピボット（方向転換や路線変更）を検討した方がいい。ピボットを素早く行うことが、スタートアップ企業が成功するポイントの一つといわれており、Amazon.comやGoogleといった巨大なプラットフォーマー企業も初期にはピボットを繰り返している。ピボットには様々な種類があるので、主な観点をまとめた（**図表1-15**）。

　ピボットを実施する際は、デジタル戦略の上位概念に当たるデジタルビジョンの内容を守り抜く必要がある。デジタルビジョンは、変革活動のゴールであるため変更してはならない。ゴールにたどり着くためのやり方（戦略）を変えるだけである。また、安易なピボットは建設的ではなく、目前の障壁から逃避するだけになってしまうのでやるべきではない。①考え得るすべてをやり切った（リソースが足りないなどは理由にならない）、②定性・定量データも含む客観性に基づいている、③関係者にピボットすることの納得感があり合意している。こうした条件が全部そろえば、逃避でない建設的なピボットと言えるだろう。

　Netflixはピボットで成功した企業である。今では1億人以上の会員を抱え

観点	内容	事例
顧客	●想定していた顧客セグメントを変更する	● Facebook は創業時学生のみを利用者と考えていたが、企業、そして一般へ拡大した ● YouTube は動画アップロード機能を持つデート相手を見付けるためのサービスだったが、面白い動画を共有するためのプラットフォームへ切り替えた
課題	●解決しようとしていた課題が顧客にとって重要ではないと分かったとき、解決する課題を変更する	● Airbnb は、ホテルを予約しにくい地域における短期的に宿泊環境を提供するサービスから始まったが、多目的なスペースの貸し借りを行うサービスとなった
サービス・プロダクト	●サービス・プロダクトの一部として捉えていた機能にフォーカスし、サービス・プロダクトそのものとする ●サービス・プロダクトとして考えていたものを、より大きなサービス・プロダクトの一部機能として捉えなおす	● Instagram は SNS 上に自分が訪れた場所や今いる場所を共有できるサービスを提供していたが、その中の写真共有機能だけに絞って強化した ● Amazon は販売業者と買い手を結びつけるオークション事業を失敗した後、Amazon.com の仕組みを利用して販売できる Amazon マーケットプレイスを生み出した
チャネル	●販売チャネルや流通チャネルなどを変更する	● Netflix はレンタルサービスのために DVD を配送していたが、インターネット上で映像を配信する事業へ転身した

図表1-15　主なピボットの観点と事例
出所：NRI

る世界最大規模の映像ストリーミングサービスを提供する同社だが、創業した1997年当時はオンラインDVDレンタルサービスであった。同社は2度ピボットしている。最初のピボットは2007年で、DVDの配達からインターネットでのビデオ・オン・デマンド方式へ切り替えた（チャネルピボット）。2度目のピボットは2013年で、それまでは他社が制作したコンテンツを買い付けて配信していたが、オリジナルの作品を制作するようになった（サービスに関するピボット）。同社はビジョンの一つに「世界最高のエンターテイメント配信サービスになる（Becoming the best global entertainment distribution service）」を掲げており、顧客にとってより良い体験を追求した結果、いつでも見たいときに映像を見られるストリーミング方式に切り替え、面白い作品を自ら制作することにしたのだ。

プロセス（Process）を定め、状況をモニタリングする

　デジタル戦略の実行フェーズでは、戦略から施策へと具体化された複数のデジタル化プロジェクトが同時並行で進むことになる。全社レベルで掲げていた戦略テーマについて、担当となった事業部門内でさらに戦略の具体化が図られ、プロジェクトが細分化していくのが一般的だ。また、昨今のデジタル化プロジェクトは複数の組織が関連して進められることが大半である。戦略策定段階よりも圧倒的に関係者が増え、戦略テーマとプロジェクトの関係も複雑化するため、全体像が分かりにくくなってしまう。その結果、「デジタル戦略の進捗状況を問われても即答できない」「類似したプロジェクトが複数動いている」「重複投資が行われている」といった事態が起こってしまう。こうした事態はデジタル化でなくても大規模な変革活動では生じることだが、新規事業のような"柔らかいテーマ"はやってみないと分からない。ピボットすることもあり得るため、事態をいっそう難しくしている。

　プロジェクトを推進している現場では、デジタル化の取り組みに関するノウハウ（例えば、デジタルマーケティングといった業務のデジタル化ノウハウや、クラウドサービス・製品に関する情報など）が既に別部署にあることを知らずに取り組んでしまったり、社外人脈（例えば、スタートアップ企業とのコネクション、ビジネスパートナーとして想定している企業との人脈など）を有している人物が社内にいることに気付かないまま取り組んでしまったりすることもある。

　こうした事態に対応するには、デジタル戦略において設定した目標ごとに責任者を明確にしておくことと、それらを定期的にモニタリングするプロセスを確立することが重要になる。責任者は経営層が望ましく、特定の1人に定めると、より実行責任を自覚してもらえる。責任が組織となっていたり、複数人の関係組織の長が共同責任になっていたりすると、責任感が希薄になり、「何が何でも達成しなくてはならない」という気持ちがそがれ、実行推進力の低下につながる。実行状況をモニタリングする際も不明確な報告に対する追求がおろそかになり、それらのごまかしが蓄積するとプロジェクトが頓挫しかねない。経営層も、自分だけが明確に責任を負うテーマに対して真

剣にならざるを得ない。

　モニタリングプロセスの第一歩は、デジタル戦略に関連するプロジェクトを全社横断で洗い出すことである。どのようなプロジェクトが存在しているか、関係者は誰か、実行状況のステータス、スケジュールなどの共有を行うとともに、場合によっては課題解決や軌道修正を実施していく。「戦略は適宜見直す」でも述べたが、"硬いテーマ"と"柔らかいテーマ"は明確に区別して扱うのがよい。"硬いテーマ"はWBS（Work Breakdown Structure：プロジェクトに必要な作業を分解し構造化したもの）を作成し、進捗を追いかけることが一般的であるが、"柔らかいテーマ"は作業が日々変わることも珍しくないため、細かい作業管理は現場に大きな負荷を強いることになる。モニタリングはプロジェクトを支援することが目的であり、推進を阻害するものではないことに留意する。

　ドイツの総合化学メーカー BASFでは、コストや予想される利益を含め、すべてのデジタルプロジェクトを記録する「共同デジタル・コックピット」を構築している。プロジェクトへの投資を検討しているマネジャーはこの共同デジタル・コックピットを使って、関係する一連の作業や優先事項、プロジェクトの状況やその管理者などを確認している。また、こうした情報を全社で共有していれば、誰がノウハウを保有しているのか分かるようになる。

リソース（Resource）を適切に割り当てられるよう仕組みを作る
(1) 人材

　デジタル化プロジェクトを「誰に任せるか」は重要である。だが、「自社に適した人材がいるだろうか」と、どの企業も人選に頭を悩ましている。1-3-1で取り上げた「デジタル化の取り組みに関する調査2020」によると、「デジタル化を推進するうえで、重要と考えている要因は何であると考えていますか」という問いに対して、「検討体制・リソース確保」が2位、「これまでとは異なるデジタル人材の確保」が3位と上位に位置付けられており、人材リソースの確保が課題であることが分かる（**図表1-16**）。

　デジタル化に際してどのような人材が必要かは第5章で触れるが、人選す

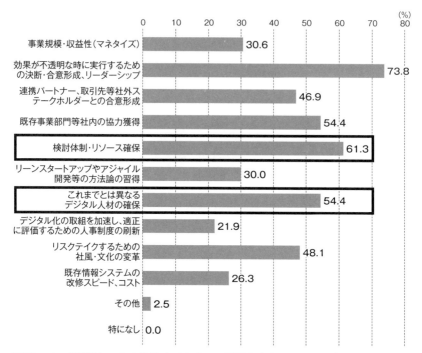

図表1-16 「デジタル化を推進するうえで、重要と考えている要因」への回答
出所：JUASとNRI

るに当たり、社員のスキルや経験、コンピテンシー（ハイパフォーマーの行動特性）の有無などを把握しておくと適した人材を発見しやすい。担当業務や専門分野だけではなく、今まで携わってきたプロジェクトや取得資格の情報に加え、新規事業に適した人材かどうかを判断する要素として、「関係者を巻き込みながら活動を進める」「前例や常識にとらわれず挑戦する」といったコンピテンシーの有無を可視化しておくことが望ましい。

　具体的な施策としては、タレントマネジメントやノウフー（Know Who）のなどの仕組みを整備することが考えられる。タレントマネジメントは、従業員が持つタレント（能力、資質、才能など）やスキル、経験などの情報を一元管理することによって組織横断的に戦略的な人材配置や人材開発を行うこ

とである。また、ノウフーとは、「誰が何を知っているのか」「どこにどんな業務の経験者やエキスパートがいるのか」といった組織内の人的資源情報を蓄積し、検索できる仕組みであり、社員自身が担当業務や得意分野などの情報を登録・更新できる仕組みが主流である。グループウエアや社内SNSなどと連携し、社員同士の自発的なコミュニケーションを促すことでノウフーを構築する企業が増えている。

(2) 予算

　あらゆる事業、R&D、広報といった様々な部署が投資のための予算獲得を狙っている。新規事業のようなリターンが不透明でリスクが高い取り組みより、現在の中核事業や業務を強化する施策に優先的に予算が割り当てられることも多い。特定の期間で成果を求められる組織にとっては、その方が、リターンが大きいからである。その結果、新しい事業やサービス開発への投資が後回しになってしまう。このような合理的な判断を行うが故にイノベーションを起こせなくなることを、「イノベーションのジレンマ」と呼ぶ（ハーバード・ビジネススクールのクレイトン・クリステンセン教授が提唱）。

　こうした状況に陥らないようにするには、全社横断でデジタル予算を確保して進める方法も有効である。デジタル予算には、デジタル案件を担うコアメンバーの人件費や、PoC（Proof of Concept：概念実証）環境の構築・維持・運用費などを含む。デジタル予算の配分は、デジタル戦略との整合性、施策の効果（市場の魅力度、収益性、優位性など）、実現可能性（技術面、業務面など）といった基準を設定し、多面的に判断する。また、一度に一気に予算を割り当てるより、施策を実施しながら多段階に評価（ステージゲート方式）し、都度割り当てる方が適切な判断が可能だ。初期段階では収益性に重きを置かず、「想定する顧客が確かに存在するか」や「課題を解決するソリューション仮説があるか」など、何を満たせば次のステージへ進めるかといった基準を明確にしておく。実施した結果、それらを順守できなかった場合は、潔く中断することが大切である。

　例えば、Cisco Systemsは、「部署や部門をまたいで変革プロジェクトを実

践するためには、これまでとは異なるアプローチが必要だ」という認識のもと、年間予算1億ドルの一元的なファンド「シスコ・トランスフォーメーション・ポートフォリオ（CTP）」を設立した。経営層による支援のもと、様々な職務や業務、ITを担当する上級リーダーの中からCTP意思決定委員会のメンバーが選出され、四半期ごとに会合し、ファンドに関する意思決定を行っている。

組織（Organization）的に取り組み、関係者を巻き込む

　新規のデジタルビジネスの検討初期段階は熱量の多い有志で進むが、サービス化や事業展開を目指す段階になると、営業部門や法務部門など、企業内の関係部門を巻き込み、組織的な取り組みへと発展させないと立ち行かなくなってしまう。それまでの有志の活動から、デジタル化推進チームなどの組織的な取り組みへとモードを変える必要がある。その組織形態は、「全社的な変革推進チーム」「特定部門内のチーム」「サービスに特化したチーム」など様々である。デジタル戦略の狙いや実施内容に応じ、企業ごとに望ましい形態が異なる。同業他社を安易にまねず、自社の状況に合わせて選択するべきである（第5章参照）。

1-3-3　必要なデジタルガバナンス

　前項で述べたマネジメント要素ごとの取り組みの前提として、それらを統治する活動、すなわち全社としてのガバナンスが必要となる。ガバナンスと聞くと、コンプライアンスなどの「守り」のイメージを持つかもしれないが、ガバナンスの本来の目的は長期的な企業価値の増大であり、不正行為などを防止する「守り」の面と、競争力や収益力の向上を図る「攻め」の面がある。デジタル化やDXも企業価値増大への取り組みとして、正しい方向に向かわせるためのガバナンスが必要になる。本書ではそうしたガバナンスを「デジタルガバナンス」と呼ぶ（**図表1-17**）。

対象	調整・共有事項
ヒト（組織・人材）	●全社デジタル化推進組織が存在する場合は、各組織との役割分担を決定する ●プロジェクトで必要なリソースや人の稼働状況を共有し、プロジェクトへのアサインを決定する
モノ（プラットフォーム、情報システム）	●プラットフォームに関する方針（セキュリティーやクラウドサービス利用に関する事項など）を提示する ●プラットフォームを共通化あるいは集約し、サービスを提供する
カネ（投資）	●デジタル投資に関する方針を提示する ●テーマやプロジェクトの特性を共有し、優先順位付けや実行状況の管理を行う ●個別プロジェクトであっても予算を一部全社負担する ●上記の枠組みとは別に、トップ判断により割当可能な予算を準備する
データ	●データの取り扱い・管理に関する方針を提示する ●組織を超えて共有可能なデータを提供する

図表1-17　デジタルガバナンスの概要
出所：NRI

デジタルガバナンスを機能させる仕組み

　スタートアップ企業のように組織の規模が小さい場合や、単一の事業やサービスを提供している企業であれば、社員は同じ目標に向かって進むため、協調しやすい。しかし、多くの伝統企業のように複数の事業を持つ場合、事業ごとに顧客や競争環境が異なるため、状況は複雑であり、同じ目標に向かって進むことがそもそも難しい。全社のデジタル戦略の重要性は認識しているものの、所属組織の目標達成の方が優先されてしまう。場合によっては抵抗勢力になってしまう。デジタルガバナンスの役割は、全社の活動として一体感を持たせるための「調整」や「共有」である。調整は、活動の優先順位付けや意思決定を行って企業全体の活動を整合させることを目的とする。共有は、企業全体で経営資源（ヒト・モノ・カネ・データ）を有効活用することを目的とする。

　こうしたデジタルガバナンスを機能させるための仕組みとして、「会議体・委員会の設置」と、「デジタル化やDXをミッションとする全社デジタル組織の設置」がある。そうした組織がデジタルガバナンス機能を実質的に担うことになる。

会議体・委員会

　上級幹部で構成されることが多く、方針や基準の策定・承認、投資の意思決定、資源配分などに関する調整を行う。立場によって利益が異なるプロジェクトに対して、全社観点から優先順位付けや、場合によっては中止などの決定を行う。資源配分の権限を持つことで、企業全体の活動が全社のデジタルビジョン・戦略と整合するよう努める。

　各組織のキーパーソン（役員クラスもしくは現場が強い企業では部長クラス）を会議体・委員会のメンバーとすることで、各組織の取り組みをモニタリングし、組織横断的な課題への対応を議論し、取り組みが遅れている組織へ刺激を与え、全社の考え方とのずれを指摘することで、デジタル化推進・DXに向けた一体感を増す。ただし、個別プロジェクトの推進には関与しないため、変革を進めるには別の仕組みで補完する必要がある。

全社デジタル組織

　デジタルに特化したリソース（人材、予算、ツール、プラットフォーム、データなど）を集め、全社的な取り組みを推進したり、各組織へのリソース共有や個々のプロジェクトを支援したりする。全社デジタル組織は経営トップの支援がないとそうしたリソースを集められずに活動が中途半端になりがちである。

　変革に対して推進力を持つ一方、個別にデジタル化を推進する組織（事業部門、IT部門など）との位置付けや役割分担などの調整が必要となる。また、全社における個別プロジェクトの調整力は持たないため、別の仕組みを用意する必要がある。

Volvo Cars のケース

　コネクティッドカーによる新たなビジネスモデルへ取り組むVolvo Carsは、100カ国以上に事業展開している。同社は最終顧客である車の利用者に関する知見をあまり持っていなかったので、新たなビジネスモデルを構築するに当たって、既存のディーラーとの関係性を壊さずに、どうすれば車の利

用者と直接つながることができるかを探った。そこで中核事業における伝統的なガバナンスとは別に、コネクティッドカービジネス用のデジタルガバナンスを確立した。

Volvo Carsのケース／会議体・委員会

全社レベルでのConnectivity HubとConnectivity Committeeを立ち上げた。Connectivity Hubは2週間に1度、シニアマネジャーが集まって実務的な意思決定を行った。Connectivity Committeeは四半期に1度、シニアエグゼクティブが集まり、戦略的なトピックについて議論して方向性を定めた。

Volvo Carsのケース／全社デジタル組織

新たにデジタル組織を設置し、組織横断的な顧客情報の共有・分析を可能とするデジタル活用基盤を構築した。

Volvo Carsのケース／デジタルリーダー

ディーラーとの関係性を中心としていたB2Bビジネスから、最終顧客である生活者の体験を重視するビジネスへの転換を図った。マーケティング、生産、R＆D、営業、アフターサービスなどの縦割り構造を打破するために、組織間の連携に責任を持つシニアエグゼクティブを新たに雇用した。

Volvo Carsはこうした取り組みを経て、「最終顧客のデータを集め、マスマーケティングから顧客セグメントの特性に応じたマーケティングができるようになった」と、当時シニアマネジャーであった Timo Paulson氏は語っている。

自社に適したデジタルガバナンスを作り込む

経営層は、デジタルガバナンスの設計・構築に積極的に関与しなくてはらない。なぜなら、効果のないガバナンスは時間を浪費するとともに現場に負担を強いるし、新たな取り組みの機会喪失ももたらして、変革のリスクと費用を当初の想定より大きくしてしまうからだ。望ましいデジタルガバナンス

は企業によって異なるため、自社に合った調整・共有機能を作り込む必要がある。個別性の高い事業を複数抱える企業であれば、組織横断的な共有と調整を強力に行う一方で、個別プロジェクトへの関与はそれほど厳しくなくていいかもしれない。また、以前から中央集権的に情報共有や連携が図られている組織であれば、個別プロジェクトへの支援を強化した方が全社のデジタル化を進める観点からは望ましいかもしれない。組織形態が変化し、自社のデジタルケイパビリティが向上するように、デジタルガバナンスのモデルも不変であってはならない。デジタルガバナンスの目的に照らし、役割や機能を変えていく必要がある。

「デジタルビジョン構想力」の自己診断

問①　デジタル技術を用いてどのような価値を顧客や生活者、社会に提供するかを、デジタルビジョンとして明文化しているか。

□ 明文化していない

□ 明文化しているが、顧客や生活者、社会に対し、どのような価値を提供するか読み取れない

□ 明文化しており、顧客や生活者、社会の本質課題を踏まえ、デジタル技術を用いてどのような価値を提供するか、自社ならではの言葉になっている

問②　デジタルビジョンを実現するために実施すべきことと、必要な経営資源をデジタル戦略として策定しているか（名称はデジタル戦略でなくとも構わない）。

□ デジタル戦略に相当するものは存在しない、もしくは経営戦略でも言及されていない

□ デジタル戦略に相当するものは存在するが、情報システムなどの手段の話が中心、もしくは具体性の欠けるスローガンレベルにとどまっている

□ デジタル戦略に相当するものが存在し、競争力強化の方針や顧客や社会への提供価値、具体的な施策、ロードマップが明示されている

問③　デジタル戦略を実行する際に必要となるマネジメントの仕組み（実行状況のモニタリングプロセスやリソース調整の仕組み、会議体など）を構築しているか。

□ マネジメントの仕組みは存在しない

□ マネジメントの仕組みは存在するが、形式的、もしくは、問題解決やリソース調整などは個別に実施する必要がある

□ マネジメントの仕組みが存在し、デジタル戦略の実行にあたって生じる問題の解決やリソース調整等ができている

第2章

デジタル事業創発力

NRIが実施した「新型コロナウイルス影響に関するCIO調査」（2020年5月実施）では、大企業に在籍するCIO（Chief Information Officer：最高情報責任者）の実に88.4%が「新規事業の必要性が高まった」と回答している。一方で、日本の企業内での新規事業創発は欧米と比べても実績が少ないのが現状である。各国の起業家調査を行っているGlobal Entrepreneurship Monitorのリポートによると、日本の社内起業活動は国際比較をしても小さいという結果が出ている。

　ただ、日本の社内起業が少ない原因として、人材が他国に比べて劣っているとは考えづらい。むしろ日本の長期雇用制度を背景に、他国であれば独立して起業しているような優秀な人材が企業内にとどまっている可能性が高い。ではなぜ、優秀な人材がいるのに、社内起業が進まないのだろうか。

　新規事業創発を実現するには、対象となる「新規事業の領域・内容」が重要となる。対象領域の自社の強み（例えば、顧客接点や保有技術、パートナー企業との提携・協力関係など）を生かせなければ、機動力で優位にあるベンチャー企業に勝つことは難しい。また、事業を創発していくための「プロセス」や「マネジメント」が未成熟だと、その新事業が成功することはない。

　社内にいれば自社の強みを生かすことはできるはずで、だとすれば、日本の社内起業活動が進まない理由は「プロセス」と「マネジメント」にあると考えるのが自然である。そこで本章では、日本の企業がデジタル新規事業を創発するためのケイパビリティとして、「プロセス」と「マネジメント」について解説する。2-1節では、企業内でデジタル新規事業を創発する際の「プロセス」とその留意点について解説する。2-2節では、企業内でデジタル新規事業を創発する際の「マネジメント」の仕組みや留意点を解説する。

2-1 新規事業創発特有の 「高速学習型」プロセスと行動原則

　既存事業の維持・改善では、過去の経験やルールに照らし合わせながら課題やリスクを排除し、「失敗しないように安全に進める」ことが求められる。例えば、次のようなことだ。

- 精緻なロジックで資料を作り込み、認識合わせのための説明をする
- 様々な有識者や関係者に意見を聞き、過去事例を調べ、課題を潰す
- 進め方を都度上長に確認し、入念なシミュレーションを経て計画を策定する

　しかし、新規事業の創発では、「既存事業の維持・改善とは全く異なる仕事に取り組むことになる」という意識を持つことが大事である。今は企業内に存在しない新たな価値を探索し、事業という形につくり上げていく活動である。何も分からない状態の中で多くの試行と失敗を重ねながら、新たな「学び」を得て、事業内容に反映させていく。新規事業創発では、この学習の量と質が仕事の成果に直結するのである。当然、失敗しないように安全に進める方法は「存在しない」。既存事業の維持・改善と同じように取り組むと、学習機会を失い、いつまでたっても事業仮説が改善されなくなる。新規事業創発活動には、既存事業の維持・改善と異なる、適したプロセスや原則が存在するのである。

　加えて、このデジタル時代の新規事業創発では「事前に入念に検討・計画する」ことの価値が限りなく低い。激しい環境変化に対応するためにスピードが求められるのは言うまでもないが、デジタル時代特有の理由として「アイデアを形にする」ために必要な労力や費用、時間が従来とは比べ物にならないほど小さくなっていることが挙げられる。システムやデータといった純デジタル資産はもちろん、近年は設備やスペース、労働力といった「物理的

な資産」さえもAPIとして公開され、誰でも、いつでも、簡単に利用できるようになってきている。こうした資産をうまくつなぎ合わせれば、ものによっては数時間でアイデアを形にすることができる。考えるより試した方が、速くて正しい評価が得られる、という前提で進めるべきである。

　本節では、実例を紹介しつつ、デジタル時代の新規事業創発プロセスについて説明した後、新規事業創発活動を成功に導くための行動原則を示す。

2-1-1　新規事業創発の「高速学習型」プロセス

　新規事業創発プロセスには様々な方法論があるが、ここでは、"顧客"を起点に事業検討を始め、仮説検証を繰り返しながら事業仮説を更新していく「リーンスタートアップ型プロセス」の一例を説明する。本プロセスでは、事業インパクトが大きく不確定要素の多い「顧客、課題」から検討を始めることで、事業立ち上げ後の「売れない」リスクを最小限に抑えられる。また、仮説検証を細かく行うため軌道修正しやすく、環境変化への対応力も高い。こうした利点から、国内企業にも徐々に浸透しつつある。

　新規事業創発の過程には、既存事業と同等の規模になるまでに、いくつもの事業ステージが存在する。以下、事業ステージを大きく5つに分けて説明する。

事業ステージ1　チーム編成
事業ステージ2　初期検討
事業ステージ3　サービスデザイン
事業ステージ4　本格検証
事業ステージ5　市場投入

　事業ステージごとに「考えるべきこと」「取り組むべきこと」が大きく異なるので、それぞれのステージでやるべきことに集中しなければならない。先のステージの検討内容を意識してしまうと、そのステージでの検討が不十

分になり、本来は小さく済むはずの失敗に多大な投資を伴う、などの不都合が生じる。

　また、それぞれの事業ステージは一度実施すればよい、というわけではない。ステージ内の活動結果を踏まえて、前のステージに戻る判断も必要となることがある。各ステージのゴールとタスクについて解説する。

事業ステージ1　チーム編成

　本ステージでは、新規事業創発を進めるチームを編成し、新規事業の検討を始める。チーム編成は、これから取り組む新規事業創発プロセスの出発点であり、取り組み成果に最も大きく影響する。良いチームであれば、進め方自体に問題があったとしても失敗を通じて学習・軌道修正し、最終的に良い事業を生み出せる可能性が高い。逆に、チーム編成を間違えると、素晴らしい事業コンセプトや理想的なプロセスであっても事業が立ち上がることはないだろう。望ましいチーム像は、取り組もうとする事業領域に応じて異なるが、共通して満たすべき要素は以下の3つである。

成功するチーム①人数が少なく、多くのパワーを割けること

　チームの人数は少数精鋭が望ましい。人数が多くなればなるほど、チームメンバー内の認識合わせに時間をとられ、新規事業の検討スピードが極端に遅くなってしまう。特に、新規事業創発プロセスでは「チームメンバーそれぞれが納得できる仮説」を高スピードで合意し、素早く検証に移ることが求められる。

　加えて、それぞれのメンバーが新規事業創発に労力と時間をそれなりに割けることが望ましい。最低限、日次で進捗し、チーム内で意思決定できる程度の活動スピードを維持する必要がある。例えば、「仮説立案・絞り込み→検証設計→検証準備→検証→仮説見直し」という一連のサイクルを回すことを考えた場合、日次で活動していれば1週間で1サイクル回すことが可能であるが、週次となってしまうと1カ月で1サイクルとなり、4～5倍の時間を要することになる。

成功するチーム②最低限の視点やスキルを漏れなく保持していること

　新規事業は、「利益が得られること」「顧客に受け入れられること」「実現可能であること」の3つの条件をすべて満たして初めて事業として成立する。新規事業プロセスにおいては、これらの視点を互いにぶつけながら、あるいは状況に応じて切り替えながら検討を進めていくことになる。特定の視点に偏ってしまったり、特定の視点がないまま検討を進めてしまったりすると、事業としては成立しない。そのため、それぞれの視点で考えられるメンバー、あるいは状況に応じて視点を切り替えられるメンバーを参画させることが求められる。

　また、新規事業創出には、利益構造を考え、ステークホルダー（関係者・部署）との交渉を進められる「ビジネス力」、ユーザーに先入観を与えずに意見を引き出し、ユーザーに共感しつつ体験を設計できる「デザイン力」、実現方法を考え、アイデアを素早く形にしていく「エンジニアリング力」のすべてのスキルが必要である。チーム編成の時点ですべてのスキルをそろえることが難しい場合は、必要になったスキルを自ら短期間で身に付けられるような学習能力の高いメンバーを参画させる必要がある。

　特に専門性を必要とするイメージのあるエンジニアリング力を例に挙げる。デジタル時代の新規事業創発ではシステム構築やデータの取り扱いが必須スキルとなりつつある一方、それらをノンコード（自らコードを書かずに）で実行できるツールが多く登場している。こうしたツールを場面に応じて素早く探し、使い方を習得すれば、エンジニアがいなくともチームのエンジニアリング力を確保することができるようになる。

成功するチーム③メンバーそれぞれの「思い」に共感し、回復力が高いこと

　メンバー選定前に必ずやらなければならないことは、各人が「何を求め、何がしたいのか」を共有することである。こうした思いに共感し「一緒に新規事業創発に取り組みたいと思うかどうか」。これはメンバーを選定する際の必須要件である。

　新規事業創発は、確たる正攻法もなく、難度が高い仕事である。短期的に

成果が見えるような仕事でもないため、社内で評価されにくい。加えて、関係者や外部の人間から活動を全否定されるような場面も少なくない。そのため、メンバーの誰かの心が折れてしまい、諦めてかけてしまう状況にたびたび陥る。そのようなときでもメンバーそれぞれが思いに共感していれば、チーム内で励まし合い、奮い立たせ合いながら活動を前に進めていくことができる。逆に、メンバー間が「他人事」ではいつか誰かの心が折れてしまい、活動継続が困難な事態に陥る。

　高スピードで仮説立案と検証を繰り返していく新規事業検討プロセスでは、十分な情報がない状態で判断せざるを得ない場面が数多くある。そのような場面では「チームメンバーがやりたいと思うかどうか」が判断を後押しする。メンバー間でやりたいことが根本的に異なる場合、意思決定が遅れることはもちろん、特定メンバーが不満を持ち、チームが機能しなくなる状況にも陥りかねない。

チーム編成ステージにおける成功・失敗事例

　A社では、チームA、チームBの2つの新規事業創発チームを立ち上げた。

　チームAは発足当時「何か新しいことがしたい」という若手メンバーが集まってできたチームであった。チーム編成時に各メンバーのそれぞれの思いや経験を話し合った結果、それぞれ海外赴任で盗難に遭った経験があったことから「日本人が海外赴任時にも軽犯罪に気を張らずに暮らせるようにしたい」という共通のやりたいことが見えてきた。その後、チームAは数々の障害や外部からの否定にぶつかったが、都度チーム内で励まし合いながら新規事業創発プロセスを推進することができた。

　一方、チームBは既存事業で高く評価されていた人材を集めたエリートチームであった。チームBは、発足時に各自の持つ知見や専門性を共有し合った結果、当時、市場が成長し、チーム内に知見もあった海外不動産事業に目を付けて活動に取り組むことになった。しかし、チームBはスタート時点から意見が2つに分かれた。「まずはターゲットを明確にし、インタビューで課題を把握すべきだ」というグループと「まずはビジネスアイデアについて

有識者に評価してもらうべきだ」というグループで、ことあるごとにチーム内で意見がぶつかり、仮説も定まらないまま1カ月以上が経過してしまった。業務後も各派閥で分かれて飲みに行き、互いの愚痴を言い合うような状況に陥り、お互いに足の引っ張り合いが生じてしまった。これは後から分かったことだが、チームメンバーの1人が人事評価査定を控えており、プレスリリースされるような発表や有識者からの評価といった短期的な成果を求めていたようであった。チームBは、発足時にこうした本音としての「思い」が全く共有されていなかったのである。

事業ステージ2　初期検討

　本ステージでは、新規事業創発を進めるチームメンバー全員が何のためにこの事業開発を進めるのかを理解し、同じ目標を持つまで実施する。新規事業創発はチームで実施するものであり、何を達成すべきかについて認識合わせすることが重要である。そのため、経営戦略との関連付けや市場環境など本事業が置かれている社内外の状況を理解したうえで、本事業のビジネスゴールの認識合わせを行う。併せて、今後の検討を素早く進めるためにメインターゲット層についての仮説を立てておく。仮説構築と検証を進めていく中で、事業仮説が変わっていく前提を考えると、環境分析は必要ではあるが最小限にとどめ、現状の把握や見える化、チーム内での認識合わせに時間を割いた方がよい。期間としては2週間未満が目安になる。具体的なタスクを以下に示す。

タスク①社内外状況の把握

　社内状況としては、経営戦略、事業部門ごとの戦略、デジタル戦略との整合性を確認しておく必要がある。社内における本事業の価値を定性的にでも把握し、どういう事業であれば会社から投資してもらえるのか、SDGs（「持続可能な開発目標」）への貢献など収支面以外の要素がどれほど重要なのかを理解しておく。

　社外状況としては、最低限、市場規模、今後数年間の市場傾向、競合企業

の事業内容、獲得シェアを把握しておく。上記を踏まえてSWOT（Strength、Weakness、Opportunity、Threat）分析などのフレームワークを使って整理する。この時点で、他社との差異化の候補となる自社の強みを把握しておきたい。例えば、「XX万人の会員制度がある」「店舗が全国でXX店ある」などである。大企業における新規事業では、既存事業で培ってきた自社の強みを他社との差異化要素として活用していくことが成功確率を高めることにつながる。他社との差異化は事業を成功させるに当たり重要な要素であり、この時点で具体性は不要だが、差異化要素の候補も存在しないのであれば事業化を根本から見直した方がよい。

タスク②ビジネスゴールの策定

　自社、協業パートナー、ユーザーなど、それぞれのステークホルダーから見た成功状態を定義する。例えば、「新規に顧客が獲得できる」「本事業単体で売り上げXX億円を達成する」「企業としてのブランド価値を向上させる」など、この事業を実施することによってそれぞれのステークホルダーにとって、どういう利点があるのかを明確にする。

　ある程度グルーピングして因果関係を整理することによって、様々なステークホルダーから見て、どうなれば成功なのかが総合的、時系列的に分かる。そこから、ビジネスゴール、すなわち、何を達成するための事業であるのかが分かるようになる。

　例えば、「新規に顧客が獲得できる」というビジネスゴールであれば、経営戦略の中において本事業は顧客との接点を確保するためのプロジェクトであり、「大きな売り上げや利益は求めない」という位置付けになる。「企業としてのブランド価値を向上させる」というビジネスゴールであれば、「既存事業への売り上げ・利益貢献の前段階のステップとして本事業を位置付けている」などが考えられる。「本事業単体で売り上げXX億円を達成する」であれば、このプロジェクト単体で売り上げをどう達成するかに注力する必要がある。

　陥りがちな状況は、リーダーはゴールを理解し、メンバーに発信している

つもりであるが、メンバーは十分に理解できていないケースである。そうした状況に陥らないようにするには、メンバーが発言しやすく、議論を活性化させやすいワークショップ型の議論スタイルで認識合わせをするのがよい。

タスク③ターゲットセグメントの決定

　同じニーズを持つセグメントにユーザーを分類し、どのセグメントをメインターゲットとして事業を提供していくかを決める。万人受けを狙ってしまうと、ユーザーの期待・課題に深く迫ることができず、ぼやけたアイデアになってしまうため、セグメンテーションは重要である。

　最初にセグメントの切り方を考える。一般的には、人口統計的変数（年齢・性別など）、地理的変数（国・市町村など）、心理的変数（趣味、価値観）、行動変数（活動日時、買い物頻度）の中から本事業に影響しそうな項目を洗い出す。

　次に、様々なセグメントのパターンから、ターゲットとするセグメントを決める必要がある。簡易にできる方法の一つとして、人数の母数が多く、強い期待や大きな問題を抱えている人が多いセグメントをターゲットにする方法がある。そのほか、「経営計画の中で言及されているターゲット層に注目する」「今まで獲得できていない顧客層を狙う」「10年前からリモートワークを実施しているなど、エクストリームユーザーと呼ばれている極端な生活をしている人に注目する」「4R（Rank、Realistic、Response、Reach）で評価して決める」など、ほかにもいろいろと考えられる。意思決定の問題であり、どの方法も間違いではないので、仮決めして検証しながら修正していくしかない。そのため、途中で修正できるようにするため、いくつかのセグメントを優先順位付けしておき、検証の結果を踏まえて柔軟に変更していく必要がある。

タスク④仮説検討状況の見える化

　新事業の検討フレームワークであるリーンキャンバス（**図表2-1**）などを利用するのが望ましい。この時点では、大半の項目が明確になっていないと思われ

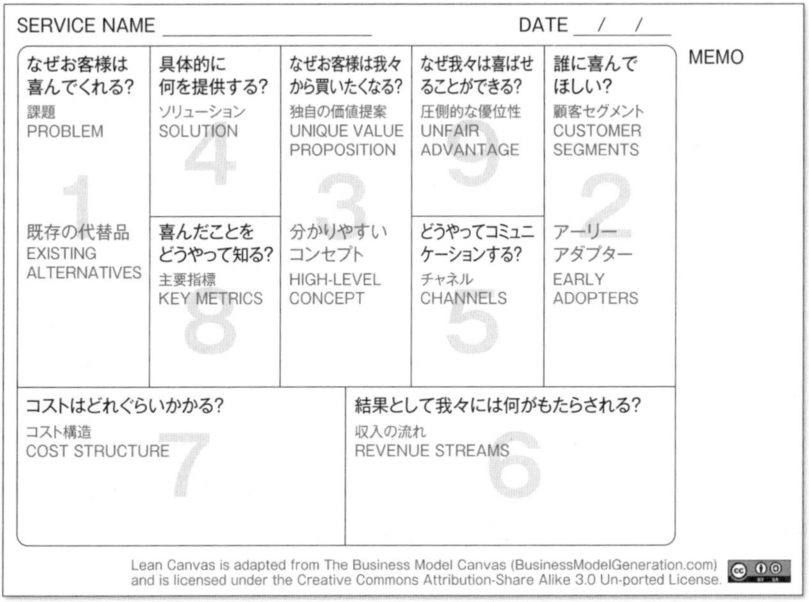

図表2-1 リーンキャンバス
出所：Yusuke Okada「Lean-Canvas-prototype-PDF」（https://github.com/demi168/Lean-Canvas-prototype-PDF）

るため、すべての事項を具体化するのが目的ではない。どこが仮説でどこが事実なのかについて全体の状況を把握することが重要である。また、リーンキャンバスでは新規事業で検討・検証すべき要素の順序についても指針が示されている。まずは顧客セグメントを特定し、課題を発見することから考える

事業ステージ3 サービスデザイン

本ステージでは、ユーザー体験価値を起点とし、デジタルサービスの初期コンセプトを作成・検証し、「このサービスを使ってくれる可能性が高い」とチームとして実感するまで実施する。

インタビューなどを基にユーザーの課題や期待についての仮説を構築し、その課題を解決もしくは期待を満たすアイデアを考え、プロトタイプを作成し、ユーザーによる検証を行うというサイクルを繰り返す。週次単位など短

いサイクルで繰り返すのがよく、期間としては1〜1.5カ月程度が望ましい。本ステージで実施すべきタスクを順番に説明する。

タスク①課題仮説を作るためのユーザーに対するインタビュー

仮説検証時には、ユーザーからの素直な反応を引き出すため、ユーザー自身にバイアスをかけないようにする必要がある。仮説検証では、クローズドクエスチョン形式でなく、オープンクエスチョン形式で自由な回答を引き出す技術が求められる。例えば、「共働きで忙しく平日買い物に行く時間がない」という課題仮説を立てたとする。対象ユーザーに仮説をそのまま提示し「こういう課題はあるか」と聞いてしまうと、ユーザー側は「ある」と回答してしまいやすい。そのため、まずは「平日の家事の内容」といった実体験を話してもらい、「そのとき、どう思ったか」「なぜそう思ったのか」と質問を重ねながら実体験を深掘りしながら課題を探っていくのがよい。

タスク②行動、ペインの洗い出し

ユーザーに対するインタビューの結果を参考に、ユーザーの行動とそれに対応する課題仮説を検討する。例えば、直近1週間でいつ、どのような家事を実施しているかを洗い出したうえで、「買い物に行く時間がない」など、その際に発生している課題を洗い出す。そこから注目すべきユーザーの課題・期待を議論のうえ、PO（プロダクトオーナー）の意思によって絞り込む。

タスク③アイデア出し

アイデア出しの手法は様々であるため、一例としてアイデア出しのフレームワークである「How Might We」を用いながら、全員でアイデア出しを行う手法を紹介する。How Might Weは「どうすれば私たちは○○できるだろうか」という形式の質問文を使ったアイデア出し手法で、デザイン思考でよく使われる。

「平日に買い物に行く時間がない」という課題があったとき、解決の方向性はいろいろ考えられる。例えば、「どうすれば私たちは、買い物を短時間

で終わらせることができるだろうか」「どうすれば私たちは、自分で買い物に行かないようにできるだろうか」「どうすれば私たちは、平日にそもそも買い物に行かないようにできるだろうか」などである。こうやって、解決の方向性を多く出すことにより、アイデアが出やすくなる。

アイデアは、簡単なスケッチにするのがよい。イメージとして表現できるので、描いているうちに新たなことを思いつきやすく、チームメンバーにも伝えやすい。他業種のサービスの体験価値や差異化要素を参考にアイデア出しするのもよい。一般的に「新たなサービスはほかのサービスに存在する価値を2種類以上組み合わせてできることが多い」といわれている。普段から様々なサービスを分析する癖をつけておくことは非常に重要であり、引き出しが多い方が良いアイデア発想につながる。

タスク④プロトタイプ作成

本サービスの一連の体験の流れが分かる紙芝居（ストーリーボード）やスマホアプリ画面のスケッチ（ペーパープロトタイプ）を作成する。本サービスの体験価値をユーザーに理解してもらいやすくすることが目的であり、完璧なものは必要なく、素早く作ることの方が重要である。そのため、手軽に作成できる方法であれば何でもよく、手書きでも問題ない。

タスク⑤アイデア検証のためのユーザーインタビュー

解決策の仮説を検証する際も、バイアスをかけないように質問していくことが重要である。クローズドクエスチョンで質問するのではなく「どこがいい／悪いと思ったのか」「それはなぜか」と質問を重ねながら実体験を深掘りしていく。

事業ステージ4　本格検証

本ステージでは、サービスデザインステージで検討した初期コンセプトを具体化し、Product Market Fitと呼ばれる「どれくらいのユーザーがこのプロダクトに対してどれだけのお金を使ってくれたか」を実証するまで実施す

る。そのためには、一定数のユーザーに、実際にお金を使ってもらうことが必要になる。本格検証の後には投資評価を伴う事業化判断が行われることが一般的であり、そのためのインプットとして必要になるからだ。また、業務的、法的、技術的な実現性についても、主要な部分は検証できている必要がある。

　ユーザー起点で検討してきたサービスも、この段階ではビジネス性や実現性も加味したバランスの良いサービスとして具体化する。必要に応じて検証可能なソフトウエアを開発したうえでテストを実施する。本ステージで実施するタスクを順番に説明する。

タスク①ビジネス性、業務的実現性、法的制約の調査・検討

　ビジネス性、業務的実現性、法的制約に関する調査を実施する。一般的な机上調査も必要だが、関係部署や関連会社、協力可能性があるパートナー、業界エキスパートへのヒアリングを行う方が、素早く進められる。

　ビジネス性に関しては、ビジネスモデルを仮策定したうえで、売り上げやコストの試算に必要な情報を集める。例えば、買い物を代行する事業とした場合には、家事代行サービスの他社データから単価試算を行い、市場規模や市場動向から獲得可能なユーザー数を推測するなどである。ビジネスゴール次第ではあるが、この時点では明らかな赤字にならないことが重要である。

　業務的実現性は、簡単な業務フローを作成し、抜け漏れがないかをヒアリングで確認するのが早い。

　法的制約に関しては、同様の業務を実際に手掛けている業界の有識者に確認した方がよい。表面上だけでなく、業界の慣習まで含めて、実際に役立つ答えを知ることができるからだ。食品衛生法などは国ではなく、各自治体管轄となっているものもある。こうした実情は、業界有識者が詳しい。

タスク②技術的フィージビリティー（実現性）の確認

　技術的な難易度が高いものは、机上調査レベルで実現可能かどうかを検討する。AI（Artificial Intelligence：人工知能）を適用した場合の精度など、机上調査だけで判断できないものがあれば、検証項目を明確にしたうえで、実

環境での検証を実施すべきかどうかを決める。

タスク③テスト環境、テストパートナーの調整

　事業ステージが進んでいくにつれ、チームメンバーだけでは高度な検証ができない場面が出てくる。その際、社内外を問わず、意思決定の早いパートナーを見つける必要がある。本タスクでよくあるケースを、B社の事例で見ていこう。

　B社で新規事業を担当するX氏は、保有するデータを他業界の小売店で活用する新しいサービスを検討した。データが店舗売り上げに与える有効性を検証したいと考え、以前から付き合いのあった大手企業C社の社員にコンセプトを説明したところ、「ぜひ取り組んでみたいが、担当役員の承認を得る必要がある」と言われた。役員のスケジュールとの調整に手間取り、約3週間後に役員との打ち合わせが設定された。役員からは「面白いと思うが、そういった話はいろいろな会社から持ち掛けられている。取り組むべきか否かを判断したく、どれくらいの効果が見込めるのかを教えてほしい」という要望をもらった。その後も何度か指摘や要望に対応しては説明するということを繰り返し、「やってみましょう。細かいオペレーションは現場担当者と詰めてほしい」とようやく許可が得られた。ここまでに約3カ月が経過していた。説明資料の作成や宿題事項への対応タスクが負担になり、C社との共同検証を断念することも考えた。しかし既存事業部門から「C社はお得意様なので、ここまで付き合ってもらって断念することは許可できない」と反発された。

　X氏は、C社に断られた場合の代替プランとして、近隣の小さな小売店であるD社にも協力を請おうと考えた。D社とは1回目の打ち合わせから社長が出席し、「こうした新しい取り組みにはぜひ参加させていただきたい」とその場で許可を得ることができた。打ち合わせから1カ月後には店舗でのサービス実証をスタートすることができた。

　B社の事例から言えることは、ステージによって巻き込むべき適切な協力者を見極めることだ。「効果を出せるのか」「実現性があるのか」を検証した

い本ステージで巻き込むべき相手としては、スムーズに合意形成ができるＤ社が適切な協力者である。一方で、この事業が既に市場投入を終え、事業拡大に向けて「大手小売企業の店舗でも効果があるのか」を検証するためであったとしたら、Ｃ社は適切な協力パートナーとなる。

タスク④現実的なサービスの定義（バランスの良いアイデア）

MVP（Minimum Viable Product：実用最小限のプロダクト）と呼ばれる、ユーザーがサービスの価値を感じられる最小セットのアイデアに絞り込む。その際、現実的かどうか、検証しやすいかどうかも加味される。

買い物代行サービスの例で言えば、MVPは、「ユーザーが店舗の商品をアプリの商品一覧から選んで購入し、注文から一定時間内にユーザーに届けられるもの」になる。収支概算、ユーザー体験価値、技術的実現性、法律的実現性を総合的に考えたうえで、バランスの良いアイデアを採用するのが前提になるが、検証回数がサービスの質に影響することが多いので、「どれだけ早く検証サイクルを回せるか」は重要な要素になる。

店舗などの実環境が検証に必要な場合は、「繰り返し実行できる環境が整っているか」も重要になる。買い物代行の例で言えば、事前に店舗側から商品情報の使用許可をもらう必要はあるものの、検証実施時は一般ユーザーとして購入すれば店舗側の業務に影響を与えることはないので、「繰り返し検証しやすい環境が整えられている」と言える。

タスク⑤開発・テスト

サービス開発は、SaaS（Software as a Service）やクラウドサービスを最大限利用して素早く実施し、障害に対しては素早く修正すればよいというスタンスで考えることが重要になる。最近はノンコード開発ツールや、ローコード（必要最低限のコードを書くだけで済む）開発ツールも充実しているので、それらを積極的に採用してもよい。

テストは、徐々に人数を増やしながら、検証する観点を変えていく。最初はテストアプリの改善が目的なのでテスト担当者は数人でよい。次に、その

アイデアがユーザーの課題を解決できているかどうかを検証する。20人ぐらいで実施したい。最後は、ユーザーがいくらでこのサービスを買ってくれるかを検証する。買い物代行の例で言えば、ユーザーがどれくらいの手数料を払ってくれるのかを検証する必要がある。Product Market Fitを確認する最終的なテストは、統計学的な観点でも、50～100人程度のユーザーの参加が必要になる。

　開発・テストの際、デジタル時代の新規事業創発では「品質に対する考え方も従来と大きく異なる」という点を理解しておかなければならない。モノからコトへ、所有から利用へと消費傾向が変わってきたことで、「事前に対策できているか」よりも「すぐに改善されるか」に評価の比重が高まっている。そのため、デジタル時代の新規事業創発においては、素早いリリースと障害対応が求められる。ただし、セキュリティーに関してだけは十分な考慮が必要である。セキュリティー事故の影響は本事業にとどまらず会社全体のブランド棄損になる可能性もあり、学びを得るための新規事業創発上の失敗では済まなくなるからである。個人情報を扱う場合は特に注意しなければならない。

事業ステージ5　市場投入

　本ステージでは、これまで検討と検証を重ねてきた事業を市場に投入する。事業の最初の顧客としてお金を払ってくれる人（ファーストカスタマー）を獲得するまで実施する。本ステージでは、関係各所を説得しながら本番プロ

分類	タスク
デジタルプロダクト開発	MVPと呼ばれる市場投入に必要な最小セットの開発
パートナーシップ	パートナーシップを結ぶに当たっての条件整理、交渉、契約
業務	業務整理、社内の各部門との調整、業務マニュアル作成
実環境（店舗など）	店舗デザイン、インテリア設計・建築
プロモーション	販促計画・実行（Webサイト、チラシ、クーポン配信など）
経営管理	収支管理、人事・労務
人材トレーニング	店舗スタッフ教育

図表2-2　市場投入ステージのタスク
出所：NRI

ダクトを作り上げていく。事業に応じて実施すべきことは多岐にわたる。主要なタスクをまとめておく（**図表2-2**）。

本ステージで起こりやすい事象とそれに対する対策を以下に記載する。

事象①現場部門に協力してもらえない

本ステージは交渉事が多く、特に現場部門との調整は大変である。現場部門は現業に忙しく、プロダクトの良し悪しにかかわらず、「新規事業は面倒だ」と捉えることが多い。現場間の交渉で解決できないことも多く、そうした場合、役員レベルなどの上位層からの根回しが必要になる。検討スピードにも影響するため難しいところもあるが、本格検証ステージの段階から、現場部門のコアメンバーを巻き込むなどのやり方も考えられる。また、リリースが近づくにつれ、具体的に業務を行ってもらうことになる現場部門との接点が増える。分かりやすい業務マニュアルを作成し、根気強く丁寧に説明することが重要になる。

事象②開発スピードが遅い

開発すべき範囲を絞ることである。定義したMVPのみに範囲を限定して作り切ってしまう方法や、「アジャイル開発」（3章で詳しく説明）でユーザーフィードバックを反映しつつMVPを修正しながら開発を進めていく方法がある。いずれにせよMVPを常に意識しながら、今は作らないことも重要になる。また、適切に品質コントロールができていないと、開発スピードが遅くなる。本格検証時と異なり、本番サービスに耐え得るだけの品質でよく、過剰に品質を作り込んでしまうと時間がかかる。ユーザーが可能性と障害発生時の影響（システム的影響、業務的影響）を見極めたうえで品質を定義し、スピードと品質を両立させる必要がある。決済処理など金銭が関連する処理やセキュリティーについては、品質重視で十分にテストする。

事象③戦略的なプロモーションにならない

市場投入後は、サービスを成長させていく必要がある。初期プロモーショ

ンは、将来的に成長させていく中の第一歩であり、単発的なものであってはならない。ユーザーのフィードバックを受けながら、様々な手段を講じるためには、簡単に分析して振り返ることができる環境は必須になる。「ユーザーの反応を拾い上げ、分析・理解する」環境はデジタル化が進むにつれ簡単に構築できるようになった。スマートフォンやIoT（Internet of Things）の普及によりオンラインかオフラインかによらず顧客行動をデータとして細かく知ることが可能だし、インタビューやアンケートの依頼・配信も多様なツールやチャネルが整っている。また、近年はデータサイエンスなどの専門知識がなくとも高度な分析が行えるツールが増えてきている。こうした環境を初期段階から組み込んでおき、市場投入以降も「高速学習」を継続していくことがサービスの成功に直結する。

　本項では、新事業創発プロセスにおける5つのステージ（事業ステージ1　チーム編成、事業ステージ2　初期検討、事業ステージ3　サービスデザイン、事業ステージ4　本格検証、事業ステージ5　市場投入）について説明した。不確実要素の多い「本格検証」までの4ステージは、限られた予算と期間の中で、チームがいかに高速に学習を繰り返すことができるかが成功の鍵となる。

2-1-2　「高速学習」のための4つの行動原則

　本項では、新規事業創発チームが高速に学習を繰り返していくための4つの行動原則について説明する。

行動原則1　賢く、安く、早く失敗する

　新規事業創発で「失敗のないように進める」方法は存在しない。むしろ、積極的に失敗した方がいい。失敗によって得られた学びは「失敗しなければ得られなかった学び」であり、新たな価値を生み出していく新規事業創発において大きな意味を持つ。ただし、失敗のコスト（費用、時間）には注意する必要がある。数カ月・数千万円かけて準備したのに失敗すると、おそらく

社内では厳しい評価を受けるだろう。準備すればするほど失敗できなくなるが、失敗したくないが故に机上の議論を積み重ねるだけでは、凡庸で浅い事業になってしまう。「いかに賢く、安く、早く失敗するか」という観点で検討を進めていかなければならない。

　成功事例を紹介しよう。E社は、施設の空きスペースを施設近隣の店舗に数日間貸し出すスペースシェア・プラットフォーム事業を検討していた。消費者に「どの店舗に来てほしいか」を投票してもらい、得票数の多かった店舗が実際に施設にやってくる事業である。事業検討リーダーは、数枚のコンセプト資料だけを作成し、「投票した店舗が実際に来てくれるサービス」について施設の利用者にインタビューを実施した。事業検討を開始してからわずか数日後のことである。その結果、「投票したのに店舗に行かなかった場合、罪悪感が生まれてしまう。投票はしないと思う」という意見が圧倒的多数であった。こうした失敗を何度も繰り返した結果、このプラットフォーム事業は「施設運営者用の業務効率化システムの販売事業」へと形を変えていった。もし仮に「実際の事業イメージに近いプロトタイプを作ってサービス検証をしてみよう」という判断をしていたら、1年以上は遅れていたか、このプロジェクト自体がなくなっていただろう。

　このように、新規事業創発活動においては、机上のアイデアの検討に時間をかけるより、「賢い失敗の仕方」を考え、実際に行動に移すことの方が重要である。多数の失敗から得られた気付きを反映していくうちに、原形をとどめないほど事業内容が変化している、というのが新規事業創発のあるべきプロセスである。

行動原則2　必要最小限の人員で進める

　失敗のコスト（費用・時間）の中でも、コミュニケーションコストは気付きにくく、後から減らすことが難しい。チーム内や外との認識合わせや合意（そのための説明資料作り）、予定調整に追われ、肝心の新事業の内容検討・検証が全く進まない、という状況はよく見受けられる。

　新規事業の検討チームは3人が理想的といわれている。これは、マネジメ

ントタスクなしで進捗把握と合意形成ができる最大人数が3人だからである。この人数を超えると、メンバーに進捗管理表を記入してもらい、定例会を設定し、といったマネジメントが必要になる。また、人数が増えれば増えるほど合意形成が難しくなる。机上の議論ではなく実践を通じて作り上げていく新規事業創発プロセスにおいて、合意形成の遅さは命取りになる。

　また、新メンバーを入れる際は、チームがこれまで得た学びをすべて共有するためのコミュニケーションコストをかけてでも入ってほしいメンバーかどうかを精査した方がいい。高速に検討と検証を繰り返してきたチームに蓄積されたナレッジは、言語化困難なものも含め膨大にある。新メンバーにほかのメンバーと同じように活動してもらうには、相応のコミュニケーションコストを費やす必要がある。求めている知見やスキルを今のメンバーが習得する方が、結果的にコストをかけずにすむケースは少なくない。

行動原則3　検討する要素は絞り、細かく検証する

　いざ活動を開始すると「これはどうやって実現しよう」「こういうケースはどう対応しよう」「値付けはいくらに設定しよう」など、検討すべき要素が増えていく。実際、新規事業創発では膨大な量の要素について検討し尽くしていかなければならない。なぜなら、新規事業創発では、既存事業が今実現しているすべての要素をゼロから構築しなければならないからである。

　新規事業創発において、これらの膨大な要素の検討を進めていくただ一つの方法は、一つひとつの要素について「仮説の立案→検証→見直し」を細かく繰り返していくことである。複数の要素を一度に検討するというのは、検証結果がないまま仮説を前提として仮説を立てる行為であり、成功確率は限りなく低くなることはもちろん、先に述べた失敗のコストも検討する要素の数に応じて膨らんでいく。

行動原則4　外の意見に惑わされず、今やるべきことに集中する

　チームの活動が活発化し、取り組みの認知度が上がっていくにつれ、チーム外の人から説明を求められ、指摘をもらう場面も増えてくる。既存事業と

の相乗効果（シナジー）を期待している人、他社への営業ネタとして活用したい人、単に興味を持った役員や既存事業の顧客など、「何か新しいことをしなければならない」という危機感がある環境であるほど、様々な人たちが説明を求めてくる。

チーム外の人たちへの説明の機会は、チームの中に存在しない知見が得られる良い機会である一方、新規事業創発活動そのものを停滞あるいは消滅させる危険もはらんでいる。

失敗事例を紹介しよう。F社では、「これまでにない新たな収益事業を立ち上げる」ことを中期経営計画に掲げていた。中期経営計画発表からしばらくたったものの、なかなか成果が出てこない。そこで、F社の経営陣は、少人数ながら新規事業の検討を順調に進めているように見えたチームXに目を付け、次週の経営会議でこれまでの活動成果を説明するように求めた。チームXがこれまでの学習成果と事業コンセプトを説明したところ、「コンセプトは面白いが、もうかる気がしない」「狙っている領域が小さすぎて当社の規模に見合わない」「もっと既存事業とのシナジーを意識した方がよいのではないか」といった経営陣からの指摘を受けた。

チームXは指摘を反映したうえで、3カ月後に経営会議で再度説明することとなった。チームXは、これまで取り組んできた顧客との検証サイクルを一旦停止し、経営陣からの指摘対応を行う判断をした。また、経営陣から話を聞いた既存事業部門からも説明を求められたため、その説明対応を行った。既存事業からは「既存事業目線でこういったアイデアも盛り込んでほしい」と指摘を受けた。チーム内外とのディスカッションを何度も繰り返しながら、なんとか期日までに既存事業へのシナジー効果を含めた数十億規模の収支計画を策定することができた。しかし、経営会議での再説明時には、「そんな大きな事業は実現できる気がしない。根拠はあるのか」と一蹴された。そうして、気が付けば熱意を持っていた事業領域から離れてしまっていたため、チームは解散することになった。

F社の失敗原因は、経営陣の指摘を受けて、「今の事業ステージ」で検討するべきでないことを検討してしまっていることである。事業の根幹となる顧

客、課題、解決策やその実現性もまだ検証しきれていないまま、事業の収支や事業の拡大方法の検討を開始してしまっている。結果として、現ステージでは巻き込むべきでない既存事業部門が検討に加わってしまい、検討に関わる人数が増えてしまう（行動原則2「必要最小限の人数で進める」に反する）、顧客と検証を進める時間が取れない（行動原則1「賢く、早く、安く失敗する」に反する）といった事態が生じてしまったのである。経営陣の視点で考えると「もうかるのか、もうからないのか」が一番気になる要素ではあるが、それは事業のゴール、すなわち新規事業創発プロセスの最終段階で検討すべき要素である。チームが顧客や解決策、それに対する値付けの検証を終えていない状態でどれだけ数字を積み上げようと、丁寧に説明しようと、根拠がないので納得してもらえることはないだろう。

　以上のことから、チーム外からの指摘にいたずらに惑わされることなく進めることが重要である。しかし、説明先が活動継続の可否を判断する立場であった場合、指摘を無視して進めることはできない。その場合、いきなり事業の内容を説明するのではなく、新規事業創発プロセスや意識から時間をかけて丁寧に説明していく必要がある。ただし、説明コストで動けなくなる状態を避けるため、チームリーダーは説明先を極力絞るように活動費の原資や社内の位置付けを設計し、今の段階でやるべきことに集中できる環境を維持する責任がある。理想を述べると、理解のあるパートナーにチームの能力やWILL（意思）に投資してもらい、不要な説明をしなくとも活動が継続できる状態が望ましい。

2-2 新規事業創発のマネジメント

2-2-1 有望なアイデアとやめるべきアイデアを見極める

　新規事業創発は、事業ステージに沿って様々な検証や具体化活動を遂行することで、不確実性を排除しながら新規事業へと成長させていく仮説検証型の活動になる。マネジメントを実施する人は、個々の新規事業の実現以上に意識すべきことがある。それは、新規事業を積み重ねた先に目指す「新しい世界と新しい自社」、すなわち第1章で述べた「デジタルビジョン」である。一つひとつのビジネスモデルの実現だけはなく、「新しい世界と新しい自社」の実現こそが新規事業創発の目的であることを常に念頭に置いてマネジメントを実施する必要がある。

　少数のコアメンバーを核としたプロジェクトを複数同時並行で推進し、その中から「新しい世界と新しい自社」の実現に寄与する有望なアイデアを見極め、リソースを集中させ、推進していく。それが、新規事業創発におけるマネジメントの基本となる。その際に重要となることが、やめるべきプロジェクトを確実に止め、その後の新規事業創発活動のための知見として評価・蓄積していくことである。

失敗事例：サービス業A社

　A社は、デジタル技術やデータを活用した新規事業創発に特化した部門を設立した。部員は10人で、事業部門側の人材とIT部門側の人材からなる。この部門のミッションは、新技術と自社の事業リソースを掛け合わせることによる新規事業創発である。メンバーは様々な新技術の調査研究を進めながら、数多くのビジネスアイデアを発案することに成功した。

　しかし、10人の要員で20以上のビジネスアイデアを推進したので、個々のビジネスアイデアの具体化に割けるパワーが不足し、検討が遅々として進まなかった。部門長はそのことに気付かず、逆に有望なアイデアをもっと出す

必要があると考え、自身で考えたアイデアをトップダウンで部員に担当させた。部門長・部員共に「ビジネスアイデアの検討をやめること＝失敗」と捉え、部門長のアイデアを否定することにちゅうちょした結果、推進すべき有望なアイデアに対して十分なリソースを割くことができず、成果が出ない事態に陥った。

　A社の問題点は、「新規事業の成功率は低いため、成功するには数が必要だ」と考え、部門の規模に比して過大な数のテーマを推進し続けたことにある。しかも、「ビジネスアイデアの検討をやめること＝失敗」と捉えていたため、ビジネスアイデアの有望度を見極め、継続の是非を判断するプロセスがなく、リソース不足状態から抜け出せないでいた。

　新規事業創発活動の本質は、不確実性の高い状況で有望な市場や技術を見極めることである。そのためには、下記の「ステージゲート法」に代表されるような、数多くのビジネスアイデアの中から有望なアイデアを絞り込んでいくテーママネジメント・プロセスを導入することが求められる。さらに、「検討を停止すべき」と判断する際、「市場がない」「技術的に使えない」などの課題を見いだしたはずだ。そうした「課題を明らかにしたこと」を評価する仕組みづくりが必要である。

2-2-2　ステージゲート法におけるテーママネジメントの概要とポイント

　「ステージゲート法」とは、ビジネスアイデアを事業化するまでのプロセスをいくつかのステージに分けて管理するテーママネジメント手法である（**図表2-3**）。ステージとステージの間にゲートを設け、各ステージ完了時にアイデアを継続して検討をするかどうかを判断する。継続させるアイデアについては、その有望度や検討進捗に応じて次のステージの検討に必要なリソースを投下していく。継続させず検討を停止させるアイデアについては、それまでのステージで得られた市場や技術、サービスなどの仮説検証の結果、継続させないとの判断に至った理由を取りまとめたうえで、新規事業創発に携わるメンバーでノウハウを共有できるようにする。

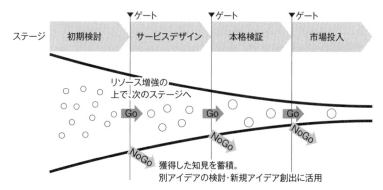

図表2-3 ステージゲート法によるテーママネジメントのイメージ
出所：R.G.クーパー『ステージゲート法』よりNRI作成

　ステージゲート法の要は「ゲート」である。デジタル技術を活用した事業創発の広がりに伴い、市場・競合・技術の変化のスピードが極めて速くなってきている。検討当初は新規性のあったアイデアでも、判断に時間をかけている間に他社に先を越され、新規性が失われることがある。ゲート判断の的確さとスピードをいかに両立させるかが極めて重要となる。その点を踏まえ、ステージゲートを適用する際の5つのポイントを以下に説明する。

適用ポイント①審査対象はあくまでアイデア

　各ゲートでは、ビジネスアイデアの有望度を基に、検討を継続するかどうかを判断する。その際、審査対象となるのは、あくまでもビジネスアイデアそのものであり、検討メンバーの活動内容や考え、思いなどではない。新規事業創発はスピードが非常に重要な要素である。いたずらにメンバーに対して追加調査を指示し、判断を遅らせる時間的猶予はない。あくまでその時点で明らかになっているアイデアの有望度を検討メンバーの仮説検証結果に基づいて推し量り、アイデアの検討を継続するかどうかを判断することに集中すべきである。有望なアイデアに対してメンバーの活動内容が芳しくないなら、メンバーの増強や一部入れ替えを実施する判断はあってもいいが、ゲートは検討メンバーの活動内容を評価する場ではない。

適用ポイント②客観的な情報に基づく主観的な判断

　ゲートにおいてアイデアの有望度を測る際の観点として、「期待効果」「実現性」「投下リソース」の３つが挙げられる。それぞれの観点において収集すべき情報項目と指標の例を**図表2-4**に示す。具体的にどの情報項目・指標に重きを置くかは、活動の進行度（ステージ）や対象のビジネスアイデアの狙いや外部環境により変わることに留意すべきである。ゼロベースから発案する新規事業であれば、検討の進展に伴って当初は想定しなかったような期待効果が発見されることがあるため、早期のゲートで定量的な期待効果を基に判断するのは得策ではない。

　一方、既存事業の課題解決（例：集客力向上、コスト低減など）に向けた付加サービスの場合は、早期のゲートであっても、効果について一定程度の定量的な試算を行い、評価することが望ましい。また、競合企業の動向から早期の事業立ち上げが成否に直結するケースでは、不確定な要素が多くともスピード優先で進めることも考えられる。採用する技術の成熟が実現の鍵となる事業であれば、技術調査結果を基に判断することも考えられる。

　このように新規事業創発の狙い、個々のビジネスアイデアの位置付け、外部環境などにより、判断に用いる具体的な項目や指標、それらの重み付けは異なる。そのため、画一的な基準を設定することが必ずしも正しい判断に結び付くわけではない。３つの観点で収集した客観的な情報を踏まえた意思決定者の「主観」こそが、ゲートにおける唯一の基準と言える。

　ここでいう「主観」とは、意思決定者の過去の経験や知識に根差したもの

観点	概要	項目・指標例
期待効果	事業実現により自社にもたらされる定性的・定量的効果、取り組む意義	収支影響、新規顧客獲得、顧客満足度、SDGs貢献、CSV等
実現性	実現に向けた重要課題とその解決の見通し	事業リソース調達に関する課題と対策、採用技術に関する課題と対策など
投下リソース [期間・要員・費用]	次ステージ活動計画 ※事業化判断時は事業計画	次ステージでの検証仮説、仮説検証活動の進め方、所要期間・費用、推進体制等

図表2-4　アイデア継続判断のために収集すべき情報の観点と項目例
出所：NRI

ではなく、前述の3つの観点で収集した事実に基づく総合的な判断を意味する。この主観を磨くには、個々の新規事業を積み重ねた先に目指す「新しい世界と新しい自社」の具体像、すなわちデジタルビジョンを策定し、常に最新化しておくことが有効である。この具体像こそが、難易度の極めて高い新規事業創発活動を進める目的にほかならない。単体では大きな効果を生まないビジネスアイデアでもほかのアイデアと組み合わせることで「新しい世界と新しい自社」の実現に大きく寄与するケースや、ビジネスアイデア自体が実現せずとも検討活動の過程で得られる知見が「新しい世界と新しい自社」の実現に不可欠なこともある。新規事業創発をマネジメントする意思決定者は、個々の新規事業の実現だけに目を向けるのではなく、その先にある「新しい世界と新しい自社」の実現を目指した判断を行わなければならない。

適用ポイント③検討メンバーが一番の有識者

　意思決定者が判断する際に理解しておくべきことは、「ビジネスアイデアの一番の有識者は検討メンバーである」ということだ。一口に新規事業創発といっても、ビジネスモデルが異なれば、それぞれ異なる課題や気付きが生まれる。社外の有識者などの情報は参考となるが、自社において該当のビジネスアイデアを実現する視点で検討しているわけではない。直接検討に携わっていない社内外の有識者からの情報は、あくまで参考情報として扱うべきで、検討メンバーが仮説検証活動の結果得た知見・情報を継続判断における客観的な情報の核とすべきである。検討メンバーが知らないと思われる有効な情報を意思決定者が得た場合は、自身の判断にいきなり用いるのではなく、検討メンバーに共有し、検討メンバーの仮説検証活動に取り込ませることを推奨する。意思決定者はゲート判断の場に限らず、検討チームの有している知見・情報を高めていくこと、適切に引き出していくことを狙ったコミュニケーションをとるべきである。すなわち「指示」ではなく、アイデアの仮説検証活動をより良いものとしていくための「討議」、アイデアの価値を正確に理解するための討議に軸を置いた「コミュニケーション」を常日ごろから意識しておくべきである。

　検討メンバーの知見や情報を重んじることと併せて重要なことは、検討メンバーの「思い」に判断を左右されないことである。ここでの「思い」は、検討メンバー自身を主語とした「私はやり続けたい」「私はやめたい」というものである。検討メンバーも１人の人間である以上、アイデアそのものの価値以外にも自身の嗜好、業務環境、人間関係などから様々な「思い」を抱く。適用ポイント①で述べた通り、ゲートでの判断対象はあくまでもアイデアである。検討メンバーの熱意や信念は、新規事業創発活動を推進するうえで、極めて重要な要素であることは間違いない。だが、ゲートでの判断に用いる情報は、検討メンバーそのものではなく、検討メンバーの有している知見や情報から見いだした、アイデアの期待効果、実現性、投下リソースの３つであることを忘れてはならない。

適用ポイント④ゲートはアイデア継続是非の判断を行う唯一の場

　一般的に大企業であればあるほど、役職や組織分掌に沿って権限が細分化されており、意思決定するにはその権限に応じた報告・承認を繰り返していく必要がある。自社に十分な知見のない新規事業創発では、承認プロセスの途上で受ける社内の上位者の助言は、時に「ノイズ」となる。また、承認プロセスの途上で滞りなく承認を得るために、不都合な事実が覆い隠されることもある。すなわち、既存の報告承認プロセスは、時間を浪費するだけでなく、アイデアの有望性を正確に測るうえでの阻害要因となることもある。

　従って、アイデアを継続するかどうか判断する唯一の場はゲートとする。ゲートでの意思決定者は、新規事業創発活動の性質および実現を目指す「新しい世界と新しい自社」を理解した1人、多くとも３人程度の少数に絞る。そうすることが、スピードと正確さを両立させたステージゲート運営に外せない要素となる。次のステージの活動内容に応じ、必要なリソースを速やかに増強することもあるので、意思決定者がそうした権限を有することも重要である。

適用ポイント⑤検討停止は成果であり、ノウハウとして蓄積する

　新規事業創発の成功の鍵は、限られた予算・期間の中でチームがいかに高速に学習を繰り返せるかどうかである。仮説検証活動を通じて誰も知り得なかった事実を収集したうえで、「現時点では検討継続すべきでない」と判断したなら、それは大きな成果である。貴重なリソース（時間・要員・費用）の浪費を防げるという意味で、「検討を停止させること」は「検討を継続すること」と同様に重要な成果である。一方、技術や市場、競合の状況は時々刻々と変化するため、判断時点では非継続となったビジネスアイデアも、時がたてば推進すべきアイデアに変わることがある。判断結果はその具体的な判断理由と併せて記録すべきである。

　また、検討停止の判断に至った市場検証、技術検証などの仮説検証結果は自社内外において、対象とした市場や技術に関する最新の価値ある情報であるため、類似の市場や類似の技術活用を想定したビジネスアイデアの検討に積極的に活用していくべきである。活用に当たっては、その鮮度が極めて重要であるため、検証年月を付記したうえで蓄積していく必要がある。

　新規事業創発の狙いは、新規事業を積み重ねた先にある「新しい世界と新しい自社」である。この活動をしていくことで、個別の新規事業検討で「賢く、安く、失敗する」ことが、新規事業創発全体で「賢く、安く、成功する」ことにつながっていく。

「デジタル事業創発力」の自己診断

問①　新規事業創発に取り組むチームが、既存事業の仕事との違いやプロセス上の各ステージの位置付けについて理解しているか。また、各ステージのタスクを4つの行動原則に基づき実行できているか。

行動原理：①賢く、安く、早く失敗する、②必要最小限の人員で進める、③検討する要素は絞り、細かく検証する、④外の意見に惑わされず今やるべきことに集中できる環境を維持する

☐　新規事業創発を行うチームが存在しない、もしくは少ない

☐　新規事業創発チームの大半は既存事業の仕事との違いやプロセス上の各ステージの位置付けについて理解しているが、行動原則に基づいてタスクを実行できていないチームが多い

☐　新規事業創発チームのほとんどが既存事業の仕事との違いやプロセス上の各ステージの位置付けについて理解し、行動原則に基づいてタスクを実行できている

問②　「新しい世界と新しい自社」の実現に寄与する有望なビジネスアイデアを見極め、リソースを集中させ、推進していく、テーママネジメントの仕組みを整備し、以下5つの観点を踏まえた運営ができているか。

観点：①審査対象はあくまでアイデア、②客観的な情報に基づく主観的な判断を行う、③検討メンバーが一番の有識者であると認識する、④ゲートはアイデア継続是非の判断を行う唯一の場とする、⑤検討停止は成果であり、ノウハウとして蓄積する

☐　仕組みがない、もしくは一部の組織のみが対象となっている

☐　組織横断的な仕組みを整備しているが、5つの観点を踏まえて運営していない

☐　組織横断的な仕組みを整備し、5つの観点を踏まえて運営している

第3章

デジタル実践力

「デジタル戦略」を策定したり、社内にデジタル担当役員や専門組織を設置したりしている企業でも、「実際には何の効果も出ていない」というケースが多いのではないだろうか。そうした企業の実務担当者は、「どうしたらいいのか分からない」と悩んでいるに違いない。戦略や組織をつくっても成果が上がらない現状を鑑みると、「デジタル戦略」や「デジタル組織」は成果を出すための必要条件であるが、十分条件としての「デジタル実践力」があってはじめて成果を出すことができると言える。ではなぜ、デジタル戦略をつくり、専任組織を立ち上げただけでは、デジタル化を実践できないのだろうか。その理由は、デジタル化の以下の特徴によるところが大きい。

- これまでのシステム開発と異なり、業務要件が決まっていない
- 適用技術が枯れた技術ではなく、AI（Artificial Intelligence：人工知能）などの先端技術のため、技術の適用に試行が必要
- 事業部門、IT部門、デジタル部門など、プレーヤーが多岐にわたる

　企業がデジタル化を実現していくには、上記の特徴を踏まえた実践力の獲得が必要である。ポイントは「業務要件が決まっていないこと」を前提に、「業務プロセス設計」と「システム設計・開発」のサイクルを、迅速かつ柔軟に繰り返して進めていくことにある。そこで第3章では、デジタル化を実践するための「業務プロセス設計→試行→システム開発→業務・システム運用」に至る工程で必要なケイパビリティについて解説する。

　3-1節では、デジタル化の根幹となる「データを起点とした業務プロセス改革」の進め方を解説する。ユーザー自身が新しい業務要件を明確に定義できない中、「どのようにしてデジタル化の業務プロセスを具体化していくか」を説明する。特に「データ」に着目して説明する。

　3-2節では、デジタル技術の中でも特に注目を集めるAIの適用手法について解説する。最近は「AI民主化ツール」などの登場により、高度な専門知識がなくてもAIを活用できる「市民データサイエンス」が注目されているが、単にツールを導入すれば効果が得られるわけではない。3-2節では、AI民主

化ツールなどの便利な道具を使いこなすための「AI活用力」を紹介する。

　3-3節では、デジタル技術やAI活用の前提となる「データそのものの品質」を確保・維持するための手法を解説する。こうした手法は「データマネジメント」と呼ばれるもので、企業にデータマネジメントを導入し、実践するためのポイントを紹介する。

　3-4節と3-5節では、デジタル化のシステム開発でよく用いられる「アジャイル開発」について解説する。アジャイル開発手法は確立されて20年ほどたつが、本格導入している企業が少ないのが実態だ。そこで3-4節ではアジャイル開発を企業に取り込むためのポイントを、3-5節では基幹系などの大規模システムにアジャイル開発を適用する「エンタープライズアジャイル」のポイントを解説する。

　3-6節では、デジタル化推進に必要な運用について、特にDevOpsを用いた運用方法を解説する。アジャイル開発で構築されたシステムを運用する際、従来のシステムとは異なるケイパビリティが必要になる。それが、ソフトウエア開発（Dev）と運用（Ops）を組み合わせた一連のプロセスを指す「DevOps」である。

3-1 データ起点の業務プロセス改革

3-1-1 実現課題

　近年、「データドリブン経営」や「データドリブンマーケティング」のように「データドリブン」というキーワードがよく使われる。これらは、「データを起点とした業務プロセスの改革」を意味している。経験や勘に頼って経営判断や業務上の判断をするのではなく、データを分析して得られる将来予測や業務シミュレーションの結果に基づいて意思決定するように、業務プロセスを改革しようとする取り組みである。

　そうした改革の実現に向けて、データ分析のスペシャリストを集めた専任組織を立ち上げたり、データ分析用のITシステムを整備したりしている企業は多い。だが、一部の分野（Webサイトやアプリなどのデジタルマーケティング分野）を除けば、十分な成果に至らないことが多く、その大きな要因の一つとして、「分析に必要なデータの取得が困難であること」が挙げられる。

　そこで本節では、企業がデータ起点の業務プロセス改革を実践するためのポイントを、主にデータの観点から解説する。

改革のスタートは「データによる再現」

　データ起点の業務プロセス改革を実現するには、対象となる業務プロセスに関わるデータを分析し、将来予測や業務シミュレーションを実施する必要がある。そのためには、まず、対象となる業務プロセスをデータで再現する必要がある。このステップを省略すると、「どのようにしてデータからビジネス価値を生み出すか」という示唆を得ることができない。

　業務プロセスをデータで再現する取り組みの一つに、製造業で導入が進む「デジタルツイン」がある。デジタルツインとは、現実世界における物理的な工場設備や出荷製品と全く同じものを、デジタル世界で正確に再現したデータセット（データの集合体）である。実際に現実世界で稼働している工

場設備の稼働プロセスそのものをデジタル世界で忠実に再現することにより、現実世界における工場や出荷後の製品の稼働によって生じる摩耗や破損などの変化も含めて将来的な動きをシミュレーションでき、精度の高い製品設計や故障予知、将来予測などに基づいた高度な意思決定が可能になる。

　デジタルツインの取り組みとして有名なのは、航空機エンジンや風力発電設備などの故障予測を行ったGeneral Electric（以下、GE）の事例である。GEは現実世界の挙動を忠実に再現するデータを獲得するために、対象設備に数千種類ものセンサーを搭載しているといわれている。

ビジネス活動を再現する全データはそろわない

　デジタルツインを「現実のビジネス活動」で実現するのは容易ではない。昨今は5GやIoT（Internet of Things）機器などの登場でデータを取得しやすくなってはきているが、ビジネス活動のデータをすべて集めることは難しいからだ。例えば、需要予測を行う場合、消費者の購買行動に大きな影響を与える販促イベント情報は重要なデータとなるが、こうしたマーケティング情報を分析可能な形でデジタル化して蓄積している企業はそう多くない。現実世界を再現しようとすると、小売りの販売店舗による値引きや、小売業における店舗内の商品陳列などの情報も必要になるが、それらはデジタル化されていないことが多く、データとしてそろえられない。データ起点の業務プロセス改革に取り組む企業にとって、最初の壁は「データの取得」にある。

3-1-2　デジタルスレッド

データ収集、3つの留意点

　業務の再現データがそろわないと将来予測などは難しくなるが、データ起点の業務プロセス改革をこれから始めるなら、いきなり現実世界のすべてを忠実に再現するデータをそろえる必要はない。「目標とするビジネス価値に直結する業務プロセスを再現するデータ」があれば十分である。そのためには、まずビジネス目標を明確化し、コアとなる業務プロセスを特定し、デー

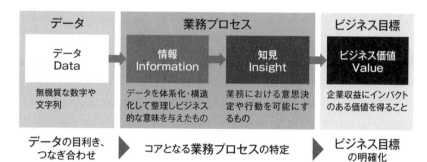

図表3-1　データ起点の業務プロセス改革に必要なデータ
出所：NRI

タの目利きをしてつなぎ合わせていくことがポイントになる（**図表3-1**）。

　データ収集の際に留意すべき点を整理すると、次の３つになる。

①業務の核となるプロセスの見極め

　獲得したいビジネス価値を明確にし、業務プロセスの核となる主要プロセスを見極める。

②プロセスを再現するデータセットの作成

　主要プロセスの再現に必要十分なデータを見極め、関連付けや順序化を行うなどしてつなげることでデータセットを作る。

③データセットの継続的進化

　データセットは一度作ったら終わりではなく、ビジネス目標の変化などに合わせてデータの入れ替えや拡張を行う。

　このようにして構築するデータセットを、本章では「デジタルスレッド」と呼ぶ。デジタルスレッドの「スレッド」とは、「糸」や「筋道」といった「脈絡の通ったつながり」を意味する語である。ビジネスの現場で活用可能な知見をデータ起点で獲得するには、ビジネス価値に直結する一連の業務プロセ

スを再現するデータセットを作ることが重要である。

火力発電所におけるデジタルスレッドの例

　デジタルスレッドの具体例として、データ起点の業務プロセス改革が進んでいる火力発電所を取り上げる。先ほど示した3つの留意点に沿って説明しよう。

①業務の核となるプロセスの見極め

　社会のライフラインを支える電力事業では、「発電設備、特にガスタービンを止めないこと」がビジネス目標である。火力発電の重要設備として発電機を回すガスタービンがある。主要プロセスは、ガスタービンを回して発電するプロセスであり、「圧縮機による空気の圧縮」「燃焼器における圧縮した空気の燃焼」「燃焼ガスの圧力によるガスタービンの回転」「ガスタービンの回転エネルギーによる発電機での発電」という4つの工程からなる（**図表3-2**）。

　獲得したいビジネス価値は「電力の安定供給」であり、その中核となる打ち手が「ガスタービンを止めないこと」である。そのため、ガスタービンの稼働に関わる設備には多いところで数百個ものセンサーを取り付けて稼働監

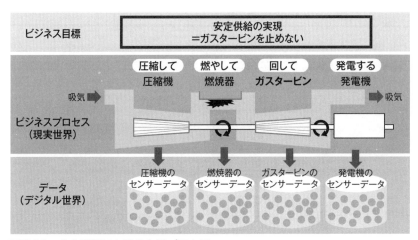

図表3-2　火力発電における主要プロセス
出所：NRI

視や自動制御を行っている。

　また、故障を事前に防ぐために、故障時期を予測できれば有効であることから、以下ではデータ分析により故障時期を予測するケースを想定する。

②プロセスを再現するデータセットの作成

　故障を予測する分析モデルをつくるには、「ガスタービンが正常に動いているとき」と「故障寸前の状態にあるとき」を再現するデータがそれぞれ必要になる。手順としては、まずガスタービンが動いているときのデータを準備する。このデータは各機器に取り付けられたセンサーから取得できるが、センサーデータそのものは出力値の羅列でしかないため、これらのデータだけでは「ガスタービンが正常に動いているときの出力値」か、「故障寸前の状態にあるときの出力値」かの判別は難しい。そこでこれらのデータに対し、メンテナンス実績から異常が生じた履歴や修理実績などのデータを関連付けることで、ガスタービンが正常に動いている状態と故障寸前の状態を再現するデータ、すなわち、デジタルスレッドを準備する（**図表3-3**）。

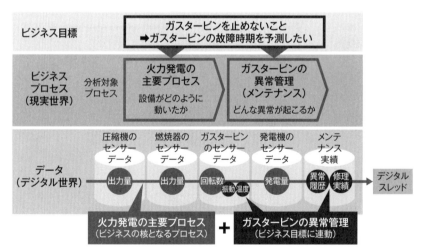

図表3-3　火力発電におけるデジタルスレッド
出所：NRI

③データセットの継続的進化

　このデジタルスレッドは一度つくって終わりではなく、現場のメンテナンス業務などから新たな知見が得られれば、センサーを発電設備に取り付けてデータ収集して有効性を検証し、有効であればデジタルスレッドに加えていく。こうしたプロセスを踏まえながらデジタルスレッドを研ぎ澄ましていくことが、データ起点の業務プロセス改革の実現には極めて重要となる。

　例えば、保守担当者などの経験から、「重大な故障が発生する直前は、ガスタービンの軸受けに激しい振動が生じる」「一部の機器が高温になると故障が生じやすい」といった傾向が分かれば、これらのデータもデジタルスレッドに加えることで、より精度の高い予測モデルの構築が期待できる。

製造業や小売業などのデジタルスレッドの例

　火力発電以外のデジタルスレッドの例をいくつか挙げる（**図表3-4**）。

「製造」業務の「品質不良削減」目標の場合

　図表3-4に示したように、「製造」業務のビジネス目標を「品質不良削減」に定める場合、各工程の設備稼働データと品質検査結果のデータを関連付けることで、品質不良を予測するデジタルスレッドを構築できる。また不良原因のリストなどから品質不良の要因となるデータを特定してひも付けること

業務領域	ビジネス目標	デジタルスレッド	
		主要プロセス	ビジネス目標に連動したデータ
製造	品質不良削減	●完成品ができるまでの主要設備の稼働状況	●品質検査結果 ●不良原因リスト
顧客フロント	売り上げ拡大	●顧客の行動履歴（カスタマージャーニーマップ）	●購買実績 ●販促の反響率
コールセンター	CS向上	●顧客別の応対履歴	●応対内容へのお客様の評価 ●応対時間、解決状況
アフターサービス	故障削減	●販売後の製品・サービスの稼働状況	●点検・修理履歴 ●部品交換履歴

図表3-4　デジタルスレッドの例
出所：NRI

で、より精度の高いモデルの構築が期待できる。このとき、各工程の設備稼働データが蓄積されていない場合は、設備稼働データ以外のデータで代替してもよい。

　例えば、製造業A社では、稼働データの取得機器を搭載していない古い設備の稼働時間を把握するために、当該設備の操業担当者の出退勤情報（タイムカード情報）を活用してデジタルスレッドを作成した。担当者の出勤時間は設備の稼働時間と完全一致はしないものの、作業前後と休憩時間を除けば、ほぼ実際の稼働時間に近いデータと見なすことができる。実際、A社は出退勤データで補完したデジタルスレッドを使って品質不良の発生予測を行うことで、年間数百万円規模のコスト削減が期待されることが明らかになった。その後、A社は古い設備の改修投資とデータを起点とした業務プロセス改革に着手し、現在は年間数千万円のコスト削減を目標とした取り組みを進めている。

「顧客フロント」業務の「売り上げ拡大」目標の場合

　図表3-4からもう一つ説明しよう。「顧客フロント」業務にてビジネス目標を「売り上げ拡大」とした場合、顧客のタッチポイント（顧客接点）で得られた情報を時系列に並べた行動履歴、いわゆるカスタマージャーニーマップがデジタルスレッドに相当する。行動履歴に購買実績や販促の反響率を関連付けてデジタルスレッドをつくることで、より高度なデータ分析が可能となる。また、コールセンターであればオペレーターによる顧客別の応対履歴、販売機器のアフターサービスであれば販売後の製品の稼働状況や各種サービスの利用実績などがデジタルスレッドの構成要素となる。

3-1-3　改革の拡大期、3つのポイント

　デジタルスレッドの収集についてはここまでにして、ここからは、データ起点の業務プロセス改革における「拡大期」のポイントを解説する。改革の導入期は、準備できるデータが少なかったり、改革の対象範囲が単一部門に

とどまったりしているため、小規模で、取り組みやすい範囲から着手される
ことが多い。当然、得られる効果は限定的になるが、そこで効果を確認した後、
本格的に業務プロセス改革を広げる。対象となる業務プロセスや必要となる
データセットの範囲は広く、組織を横断したデジタルスレッドが必要となる。

　拡大期に留意すべき点は、主に次の３つ。事例を踏まえて順に説明する。

(1) 組織横断でデータをつなぐ理由の明確化
(2) デジタルスレッドを育てるリーダー役の設置
(3) デジタルスレッドの将来形の明確化

(1) 組織横断でデータをつなぐ理由の明確化

　製造業B社におけるデータ起点の業務プロセス改革は、製造部門における
生産コスト削減を狙いとして始まった。その狙いを実現するに当たり、かね
ての課題であった「生産ロットサイズ（1回の設備稼働当たりの生産量）の適
正化」に取り組むことにした。

　「生産ロットサイズの適正化」を再現するデジタルスレッドに必要な情報
は、すべて製造部門内のITシステムで取得でき、かつ、業務プロセスの改革
対象も製造部門内で完結しているため、本取り組みはスムーズに進めること
ができた。

　そこでB社は取り組みを拡大し、「生産拠点間の生産量の平準化」にも着
手した。すると、製造部門以外の業務プロセス改革やデータが必要になり、
壁に突き当たってしまう。倉庫への配送計画に関する業務プロセスを改革す
る必要があり、物流部門の保有する配送計画や配送実績データが必要となっ
たが、物流部門の協力を得ることができなかった。これはB社の情報システ
ムが日次の配送計画、および、実績のデータを頻繁に取得するような仕様に
はなっておらず、データを取得するには物流部門側で担当者を付けて作業を
行う必要があったためである。

　このように、データ起点の業務プロセス改革の効果拡大に当たって複数の
部門が関与する場合、他部門の理解が得られず頓挫するケースは少なくない。

データの所有者が他部門になると、同じ社内であってもデータを利用することが難しく、デジタルスレッドがつながらず、業務プロセス改革が実現できないのだ。

　そこでB社の製造部門は、ビジネス目標の範囲を広げ、物流部門にとっても取り組む価値のある業務プロセス改革として活動を再定義した。具体的には「生産拠点間の転送コストを含む在庫管理コストの削減」という目標にしたことで、物流部門にとってもメリットのある活動となった。製造部門は新たに「生産可能数に関する情報をデジタル化して提供する」ことになり、事前に生産可能数を見積もる作業工数が増える。だが、本来実現したかった「生産拠点間の生産量の平準化」による生産効率の向上が実現できるので、ROI（Return on investment：投資対効果）で見れば十分意味のある取り組みとなった。このように、組織横断でデジタルスレッドをつなぐ場合、関連する部門のステークホルダー（関係者・部署）がデータをつなぎたくなるビジネス目標の提示が重要となる。

　B社の取り組みには続きがある。当初、PoC（Proof of Concept：概念実証）時点では両部門とも手作業でデータを取得し、デジタルスレッドをつくってデータを分析していたが、PoCの結果、十分なROIが得られることが分かった。そこで、現行システムにデータ取得機能の追加投資を実施し、現在ではデータを自動取得する運用にシフトしている。このように、初めから完璧でなくても、まずはつなげられるデータからつないで改革効果を可視化し、投資メリットが評価できると、データ起点の業務プロセス改革そのものの機運を盛り上げ、取り組みを軌道に乗せることができる。

　B社はPoCの結果を基に速やかにデータ起点の業務プロセス改革を推進したが、一般的には、PoCの検証結果を実業務で本格活用するには相応の時間を要する。PoCで十分な精度が出ても、実際の業務に適用してみると同様の精度は出なかったり、追加で取得すべきデータが明らかになったりして、さらなる仮説検証が必要になるためである。

(2) デジタルスレッドを育てるリーダー役の設置

デジタルスレッドを育てるリーダー役の重要性を説明するに当たり、データ起点の業務プロセス改革の代表例であるコマツの「KOMTRAX（コムトラックス）」を紹介する。当時、KOMTRAXのビジネスモデル全体を企画開発するICTソリューション本部がリーダーとなって推進していた。この組織が実施したのは、各部門のニーズの集約のみならず、ニーズから考えられるセンサーや車輌そのものの開発要件の整理、事業部門に対する新しい業務プロセスの提案などで、活動全体をリードすることである。これにより、各組織の取り組みの整合性をとりながら迅速に進めることができるようになった。こうした取り組みを経てスタートした業務プロセス改革は、今ではネットワークを通じて接続し、測量から検査まで、建設プロセスのすべてのデータをつないで、顧客に付加価値を提供する現在のスマートコンストラクションの取り組みへとつながっている。

(3) デジタルスレッドの将来形の明確化

デジタルスレッドを育てるリーダーが主体となり、各ステークホルダーにとってのビジネス価値を示しながら組織横断のデジタルスレッドを育てることができれば、データ起点の業務プロセス改革を拡大していくことができる。ただし、この取り組みが現場発のビジネスニーズに基づくボトムアップ型の活動になってしまうと、業務プロセス改革そのものが場当たり的な取り組みとなり、部分最適で大きな効果が得づらくなることも懸念される。

そこで、企業がデータ起点の業務プロセス改革を拡大していく際は、ここまで紹介した2つのポイント（「(1) 組織横断でデータをつなぐ理由の明確化」と「(2) デジタルスレッドを育てるリーダー役の設置」）に加え、自社の目指すデータ起点の業務プロセス改革の全体像と、これと連動したデジタルスレッドの将来形を明確にしておくことが望ましい。データ起点の業務プロセス改革の全体像を全社で共有しておくことで、各事業部門が取り組むべき活動や連携して動くべきステークホルダーを明確にすることができる。

具体的には、以下の手順で進め、「全社デジタルスレッドの将来像」を作

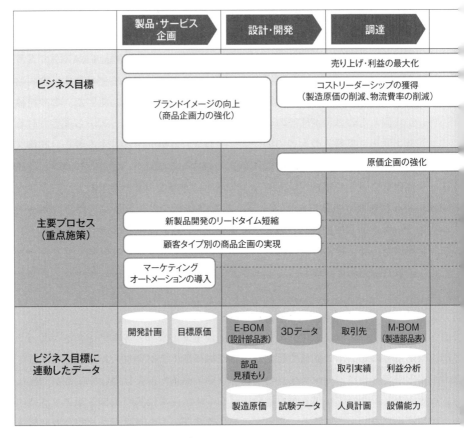

	製品・サービス企画	設計・開発	調達	
ビジネス目標	売り上げ・利益の最大化			
	ブランドイメージの向上 （商品企画力の強化）		コストリーダーシップの獲得 （製造原価の削減、物流費率の削減）	
主要プロセス （重点施策）			原価企画の強化	
	新製品開発のリードタイム短縮			
	顧客タイプ別の商品企画の実現			
	マーケティング オートメーションの導入			
ビジネス目標に 連動したデータ	開発計画　目標原価	E-BOM （設計部品表）　3Dデータ	取引先　M-BOM （製造部品表）	
		部品 見積もり	取引実績　利益分析	
		製造原価　試験データ	人員計画　設備能力	

図表3-5 「全社デジタルスレッドの将来像」（製造業の例）
出所：NRI

成するのがよい（**図表3-5**）。

ステップ1　ビジネス目標の全体像の整理

　全社の中期経営計画やデジタル戦略などに基づき、自社が中長期的な獲得を目指すビジネス目標の全体像を整理する。例えば、全社共通の目標としては「売り上げ・利益の最大化」、製品・サービス企画や設計・開発において

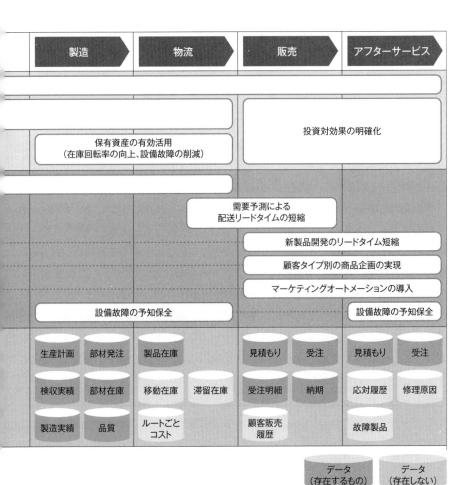

は「ブランドイメージの向上」などがビジネス目標となる。バリューチェーン全体にわたって、ビジネス目標を整理することが必要である。

ステップ2　関連するデータ起点の業務プロセス改革の具体化

　ビジネス目標の全体像を実現するために必要となるデータ起点の業務プロセス改革の打ち手を具体化していく。例えば、中期経営計画やデジタル戦略

に付随して作成された各事業部門の事業計画の重点施策などがこれに相当する。このとき、重点施策は部門に閉じて実現可能な施策に限定することなく、部門横断で実現すべき施策も含めて整理していくことが重要である。

ステップ3　デジタルスレッドに必要なデータの洗い出しと現状の可視化

　データ起点の業務プロセス改革の実現に必要なデジタルスレッドの要素と現状を可視化する。具体的には、「デジタルスレッドの構築に必要なデータ項目の洗い出し」と、「そのデータがあるかどうかの確認」の2つを実施する。この活動は、業務プロセス改革がベースとなるので、改革の主管部署が実施するのが基本であるが、自社の現有データの状況をよく知るIT部門と連携し、自社の現有データの棚卸しと併せて行うのがよい。この活動を行うことにより、早期に構築可能なデジタルスレッドとそうでないものが明らかになり、データ起点の業務プロセス改革に取り組む優先順位を判断しやすくなる。

　なお、ここで作成する「全社デジタルスレッドの将来像」は、一度作成して終わりではない。隣接する重点施策を見比べて新たな重点施策を再設定したり、新規に取得可能となったデータをつないで新たな重点施策を企画したりするなど、デジタルスレッドと共に、データ起点の業務プロセス改革そのものを育てていく活動を全社で実施することが必要となる。

3-2 AIのビジネス活用では「人の役割」が重要

3-2-1　ビジネスにおけるAIと人の協働

実業務での利用が広がるAI

　ここ数年、日本国内の様々な業界・業種においてAIの活用が進んでいる。不動産業界では、三井不動産リアルティが「リハウスAI査定」を2019年から展開している。マンションの価格査定には専門業者の実地検分を経て価格を見積もる必要があり、時間とマンパワーが必要であった。これを過去の取引実績と物件データを基に、AIに高精度な予測を行わせることで、顧客が価格査定を手軽にできるようにした。

　製造業では、武蔵精密工業が「AIによる目視検査自動化」により、検品作業の効率化を実現している。不良品の100％検出（良品を不良品と誤判定する課題は残っている）ができており、AIが選別したものを人が再確認するだけで済む。目視検査の労力を大幅に削減し、人は設計・加工・業務改善など、より高付加価値な業務に時間を充てることができるようになった。

　流通業界では「需要予測」や「配送計画の最適化」、金融業界では「不正取引検知」「ロボアドバイザーによる資産運用」、教育業界では「AIを活用した学習支援教材」、旅行業界では「AIによる最適な旅行プラン提案」などが実際のサービスとして提供されている。

AI活用での人の役割

　しかし、AI活用に取り組むすべての企業が必ずしも実業務での活用にまで踏み出せているわけではない。AIは、技術の進化により様々なことができるようになってきたが、まだまだ万能ではない。AIのビジネス活用においては、やみくもにAIを適用すればいいというものではなく、AIの技術特性を理解したうえで取り組まなければ、効果を上げることは難しい。AIをどこにどうやって適用するかによって効果の有無が決まる。それは、人の役割である。

ここからは、AIの技術特性と、AIを使いこなすうえで人が担うべき役割を解説する。AIのビジネス適用で人が担うべき役割は次の3つである。

（1）AIを適用するビジネステーマの設定
（2）AIに与えるデータとその量の見極め
（3）AIが導き出した結果をビジネス観点で解釈

（1）AIを適用するビジネステーマの設定

　現在のAI技術の中核は機械学習である。この機械学習を簡単に説明すると、大量のデータを学習し、データの中からパターンや共通ルールを見いだす技術である。つまりAIは、人が与えたデータから帰納的に得られるルールやパターンを導出し、結果を出力している。AIによる予測・判断は「統計的な確からしさ」に基づくことになるので、100％の正しさを保証できない。また、学習データに含まれない事象は取り扱えないので、経験したことがないことに関する予測・判断はできない。

　このような特性を踏まえると、AI適用に向いているビジネステーマは、次に示すようなものになる。

- 100％正しくなくても大きな損失を生むわけではない商品・サービスのレコメンデーションや、見込み顧客の予測などのマーケティング関連
- 規格の決まった製品や部品のみが流れる製造ラインで、異常のある製品・部品を検知する品質検査

　これらを理解したうえで、AIを適用するビジネスやプロセスを設定する必要がある。

（2）AIに与えるデータとその量の見極め

　AIから精度の高い結果を得るには、大量のデータを与えて学習させる必要がある。しかし、与えるデータはなんでもよいというわけではなく、前節

で述べたように、ビジネス目標に直結した業務プロセスの再現データでなければならない。また、データの品質が低かったり、量が十分でなかったりすると、適切な学習ができず、結果の精度が上がらない。

　さらに、AIの学習時には膨大な計算リソースが必要となる。データ処理技術は日々進化しており、現在でも大量の計算処理をこなすことが可能となっているが、コンピューティングリソースは無限ではない。一度に大量のデータをAIに学習させようとすると、計算の完了に数日を要するといったことも起こり得る。

　AI活用には大量のデータが必要だが多ければよいというわけではない。ここに、人の役割がある。人が「ビジネス目標を満たすデータかどうか」を判断するのだ。この判断を誤ると、精度の高い結果は期待できない。

　この判断には2つのポイントがある。

ポイント①予測・判断に必要なデータを仮説に基づいて選択する

　ビジネス目標を考えたときに、予測や判断に必要となるデータが選択されていることを確認する。例えば、顧客の購買を予測するなら、商品データに加えて、購入した人の属性情報（性別、職業、年収など）も重要な関係データとして考えられる。商品によっては天候データや地域のデータなども必要になるだろう。このように、「予測するにはどのようなデータが必要になるか」は、人間が仮説を立て、データ分析を行って検証し、必要なデータを選択しなければならない。

ポイント②データの量と品質を十分確保する

　十分なデータ量がなければAIは学習が進まず、得られる結果の精度が低く使いものにならない。また、欠損値が多いデータ、間違ったデータ、関係のないデータなどの品質の低いデータが紛れ込んでいると、それらが学習ノイズとなり、精度が低く使いものにならないAIとなってしまう。

　これらを防ぐには、データを取得・蓄積する仕組みや、データの品質を担保する仕組みをしっかりと構築する必要がある。これは人の役割である。こ

うした取り組みはデータマネジメントと呼ばれる。これについては3-3節にて解説する。

(3) AIが導き出した結果をビジネス観点で解釈

AIが生み出す結果は、与えたデータから帰納的に導き出したものであり、確率的なアウトプットになる。現在の技術では、複数項目の因果関係や関係性を考慮し、人が理解できる明確な判断基準やルールとして示すことが基本的にできない。ここに、人の役割がある。AIが出した結果をビジネス視点で解釈するのだ。

このとき注意したいのは、AIが出した結果が、人がどう解釈しようとも解釈できない場合や、人の理解と相反するような場合だ。AIは高度な技術だが、技術への過信は禁物である。例えば人命にかかわる判断など、明確な説明責任が必要となるテーマでは、AI活用を避けるか、もしくは、AIは補助的に利用するにとどめるべきだろう。人が説明責任を果たせるように業務プロセスを組み上げる必要がある。

3-2-2　AIの技術特性を踏まえた導入プロセス

AIをビジネスに活用するための導入プロセスを、データ分析フレームワークの「CRISP‐DM」(Cross‐Industry Standard Process for Data Mining) を使って説明する。CRISP-DMは、自動車メーカーのDaimlerや統計解析ツールベンダーだったSPSSなどがメンバーとなっているコンソーシアムで開発されたデータマイニングのための方法論である。ただCRISP-DMはデータ分析全般を対象にしているため、そのままでは適用できない。AIの導入に適用する際は、AI技術の特性を踏まえたプロセスを取り入れる必要がある。CRISP-DMの各ステップと、前項で説明したAIでの人の役割の対応関係は以下の通りである（**図表3-6**）。STEPごとに説明を続ける。

(1) AIを適用するビジネステーマの設定→STEP1　ビジネス理解

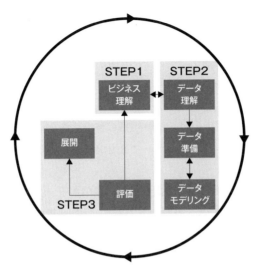

図表3-6　CRISP-DMフレームワーク概要
出所：NRI

(2) AIに与えるデータとその量の見極め→STEP2　データ理解・データ準
　 備・データモデリング
(3) AIが導き出した結果をビジネス観点で解釈→STEP3　評価と展開

STEP1　ビジネス理解

　自社のビジネスにとってどのような役割を果たすのか、どのような効果を
もたらすのか、といった目的・テーマ設定に当たるステップである。企業や
事業において解決したい課題を明確にし、目的に応じたKGI（Key Goal
Indicator：重要目標達成指標）とKPI（Key Performance Indicator：重要業
績評価指標）を設定する。このステップでは、ビジネスアプローチと技術ア
プローチがあるので、それぞれ解説する。

【ビジネスアプローチ】AIの技術特性を踏まえたテーマの選定

　自社ビジネスの目的や課題に基づいて、AIの適用テーマを選定するアプ

ローチである。ここで注意しなければならないのは、「AIは想定外の結果を提示する場合がある」ということだ。つまり、AIの判断に誤りがあっても大きな問題とならない業務プロセスや、人間がフォローできる業務プロセスを選定する必要がある。

「AIは人間が考え付かないような意外な結果や、想定を超えるインパクトを与えてくれる」と期待しがちだが、AIの技術特性を踏まえたうえで、自社ビジネスの目的や課題に合ったテーマ選定が重要となる。

【技術アプローチ】意外性を生み出す技術起点のAIテーマ創出

AIに関する研究シーズ・技術シーズからAIが可能にすることを発想し、アイデアを広げたうえで、それらがビジネスにどう役立つかを考えるアプローチである。AI技術に関する豊富な知識を持ち、先端的な研究や技術的な可能性をいち早く察知する能力や、試行錯誤的なAI技術の活用能力が必要となる。

一例を示そう。2017年ごろ、ネット上で「ラーメン二郎分類器」が話題になった。これは、「ラーメン二郎」というチェーン店のラーメン画像から、どこの店舗のラーメンかを判断するAIである。作者の土井賢治氏は趣味でスクラッチ開発し、最初は33%ほどの精度しか出なかったが、Google CloudのAutoML Visionを利用することで94.5%の精度に高めることができた。ここからが重要な点で、この技術とアプローチを「ヤフオク!」の偽物出品検知に応用したところ、ヤフーがこれまでに実施していた対策に比べ、約3倍の精度で偽物を判断できたという。

AirbnbやDropboxの創業を支援したY Combinatorの共同創業者の1人であるポール・グレアム氏は「技術に強い人はアイデアという点でリードしている。技術の進歩は早く、過去に実現不可能なアイデアが誰にも気付かれないうちに実現できるようになっていることがあるからだ」と述べている。AI技術に関する深い知識を持っていることで、ほかの人が「無理だろう」と諦めていたことを、先端技術により実現可能性を推し量ることができるということだ。

STEP2　データ理解・データ準備・データモデリング

　AIに与えるデータとその量を見極めるステップで、「データ理解」「データ準備」「データモデリング」の3つのフェーズからなる。

データ理解フェーズ

　まず、STEP 1で設定した分析テーマに対して、次のような観点でデータをチェックする。

- データがどのように入力・蓄積されたか
- データはどの時点のものか
- データの保存期間はどの程度か
- データ項目のビジネス上の意味は何か
- 利用可能なデータか

　なお、最後の「利用可能なデータか」では、例えば「個人情報保護の観点からデータを利用しても問題ないか」などをチェックする。

データ準備フェーズ

　次の「データ準備」では、以下の作業を実施する。

- データの品質を高めるデータクレンジング
- データ項目の整理
- 分析用データマートへの加工

　これらは泥臭い作業なので、工数は余裕をもって確保する必要がある。

データモデリング・フェーズ

　最後の「データモデリング」では、プログラミング言語で開発する「AIモデル」を構築する。解きたい問題に対する最適な答えを用意するプログラム

関数（モデル）を用意し、大量のデータを与えて計算しながら、最も理想的な答えを出すモデルを探索していく。ここで重要なのは、単純にモデルを用意して計算結果を見ながら修正するのではなく、ビジネスの観点から仮説を立て、仮説に基づいてモデルを修正したり、確認用のデータを変更したり、といった検証をすることだ。例えば、需要予測のAIモデルを構築する際、「飲料の売り上げは天候と気温から大きな影響を受ける」と分かっていれば、こうしたビジネス仮説を取り込んだモデルの構築とデータの準備が必要となる。

望ましい人材像とコンピューティングリソース

ここまで説明したように、STEP2の「データ理解」「データ準備」「データモデリング」では、業務知識や分析経験、仮説構築力などが総合的に求められる。業務知識と分析スキルを持った人材をバランスよくチームに加える必要がある。

なおSTEP2では、大容量のデータを抽出・加工することがあるため、潤沢な計算リソースや、場合によっては分散処理基盤が求められる。そのため、事前にどの程度のデータ量が蓄積されているのかを確認し、必要な計算リソースを確保することが重要である。特にECサイトや全国展開している店舗の購買データやスマートフォンゲームのプレーログデータなどは大量データとなるため、分散処理やスケーラビリティーに優れたデータウエアハウスの用意が必須となる。

計算リソースが不足しているとデータの抽出や加工処理に時間がかかり、データモデリング・フェーズでの試行錯誤的な分析が難しくなり、AIの精度向上が望めなくなるリスクを抱えてしまう。データモデリング・フェーズでは、AIのモデル評価に対して必要十分なデータ範囲を特定のうえ、利用できる計算リソースを踏まえて、高速な仮説検証を実現できるデータ量を抽出したうえで取り組むことが重要となる。

STEP3　評価と展開

AIが導き出した結果をビジネス観点で解釈するステップである。データ

モデリングによって構築したAIモデルが、必ずビジネスに効果をもたらすとは限らない。そこで、出来上がったAIモデルをビジネス視点で「評価」し、ビジネス上の目標を達成できるかどうかを確認する。AIモデルがビジネスに役立つと判断できれば、次に、どのように実際のビジネスに「展開」していくかを決定する。つまり、評価フェーズと展開フェーズがある。それぞれ説明する。

評価フェーズ

　AIモデルの評価と、ビジネス評価の2つの観点で行う。AIモデルの評価は比較的単純で、テストデータに対してどの程度の正解を得られたかが評価指標となる。一方のビジネス評価は、AIモデルで得られる精度を業務に組み込んだ場合、どの程度の効率化・高度化が可能となるかを試算する。「従来通りの人手」と「AI+人手」を比較検討するとよい。

　ビジネス評価の例として、手書き文章を文字認識してテキストデータにするケースを示そう。手書き文章の読み取りミスは許されないとすると、たとえAIの精度が99%であっても、A4用紙1枚に800文字ほど記入していると、1枚当たり8文字ほど誤認識することになる。読み取りミスが許されないなら、どの部分を間違ったかを人の目で確認しなければならず、結局、文章全部を人が再確認するプロセスが発生し、効率化とは程遠い結果となってしまう。

　一方で、文字の読み取りに多少のミスがあっても問題なく、「人間が読んで意味さえ分かれば問題ない」という要件であったらどうだろうか。先のAIモデルを使えば人の代わりとなるので効果は大きい。AIが導き出す結果を評価するときは、ビジネスに求められる条件を踏まえて評価する必要がある。

展開フェーズ

　展開フェーズでは、評価フェーズでビジネスへの適用効果が確認されたAIモデルについて、実業務での利用を開始する。このフェーズで重要となるのは、AIモデルの出す結果のモニタリングである。業務利用開始時点では高い精度を出していたAIであっても、ビジネス環境が変わると新しいト

レンドに対応できなくなり、ビジネスに悪影響を及ぼすことがある。このため、定期的にモニタリングし、精度が一定以下になったらAIモデルを再構築するなどの運用が必要である。

3-2-3　AI民主化ツールの活用方法

誰もが使える「AI民主化ツール」の広がり

　従来、AIを扱うには、統計や数理に関する知識に加え、プログラミングなどのコンピューターサイエンスの知識やスキルが求められてきたが、これらの習得は非常に難易度が高い。このため、AI分野の専門人材の絶対数が少ない。企業におけるAI適用が進まない要因の一つとして「人材がいないこと」が挙げられることも多い。

　しかし、近年、この状況を打破するAIソリューションが登場している。それが「AI民主化ツール」である。「AI民主化」とは、2017年3月に米国スタンフォード大学教授からGoogleに転じたAI研究者のフェイ・フェイ・リー氏が初めて示した概念とされる。具体的には、「AIを誰もが使えるようにする」という考え方であり、このコンセプトにのっとって開発された分析ツールが、AI民主化ツールである。Google、Amazon.comなどの大手プラットフォーマーをはじめ、多くのベンダーが参入している（**図表3-7**）。

　AI民主化ツールに備わる機能は、前述したCRISP-DMフレームワークの「データモデリング」「評価」「展開」に相当する。製品によっては、データ加工やクレンジングなど「データ準備」の一部機能を持ったものもある。こうした機能が備わっているので、AIに関する専門的な統計・分析の知識を持たない人でも、「ビジネス理解」と「データ理解」ができれば高度な分析が可能となる。

　例として、ダイレクトメールを送付するケースを考えてみよう。確度の高い見込み客リストを抽出するなら、顧客データ、過去のダイレクトメール送付履歴、購入有無のデータがあれば、あとはAIツールが自動的に最適な予測結果を提供してくれる。このとき、ツールのユーザーは、AIがどのようなア

製品名	提供・開発元	製品概要
DataRobot	DataRobot 社（米）	GUI ベースの機械学習ツール。初心者でも使えるような設計がされ、複数の機械学習モデルの中から自動で一番精度の高いモデルを選択
Darwin	SparkCognition 社（米）	GUI ベースの機械学習ツール。独自アルゴリズムよるモデル自動生成機能を持ち、ONNX 形式のモデルにも対応
Prediction One	ソニーネットワークコミュニケーションズ社	Windows 用のデスクトップアプリケーションとして開発され、非ネット環境でも使える。GUI ベースで複雑なモデルの設定等もいらずに使える設計
Neural Network Console	ソニーネットワークコミュニケーションズ社	ディープラーニングに特化したクラウドベースのツール。ディープラーニングのネットワーク設計やパラメーター設定を GUI 上で手軽に扱うことができる
Google Cloud AutoML	Google 社（米）	クラウドベースの GUI ツール。画像認識、自然言語処理、数値に対応したモデルが用意され、難しいパラメーターチューニングをすべて自動で最適化
Amazon SageMaker	Amazon 社（米）	クラウドベースの機械学習開発環境。Python によるコーディングが必要となり、データサイエンティストや機械学習エンジニア向けのツール
Azure Machine Learning	Microsoft 社（米）	クラウドベースの機械学習開発環境。Python によるコーディング、GUI ベースでデータ加工・モデル開発・チューニング・デプロイまでが可能
Watson Machine Learning	IBM 社（米）	クラウド・オンプレに対応した機械学習開発環境。GUI とコーディングにより開発を行うデータサイエンティスト・エンジニア向けツール

図表3-7　AI民主化ツールの例（2020年8月時点）
出所：NRI

ルゴリズムを使ってチューニングし、結果をどのように評価すればよいかについて、深い知識は一切不要である。

ツールを使っても重要な「人の役割」

　AI民主化ツールはたいへん便利なツールで、導入事例も増えているが、見落としてはいけないポイントは、「AIが出す結果は100％正しいものではなく、人の判断が重要である」ということだ。AIモデルの選定やチューニングなどの技術的な対応を機械が代替してくれているからこそ、人が担うべき役割の重要性が高まるとも言える。そこで、AI民主化ツールを使いこなすための人の役割のポイントを2つ紹介する。

ポイント①ビジネス観点で解釈し、投入データを選別する

　AI民主化ツールを活用する場合、AIモデルの作成やチューニングなどの処理はすべて自動で行われる。このため、ユーザーの作業は「データの投入」と「結果の評価」に限られる。

　ツールを使わないAIプロジェクトでは、分析担当者自身がモデルの構築やチューニングを行うため、AIの出す結果が悪いときはモデルそのものに修正を加えることができる。一方、AI民主化ツールを使う場合、モデルそのものはブラックボックス化されており、ユーザーは修正を加えることができない。このため、モデルの精度を上げたいなら、「AI民主化ツールが出してきた結果をどう解釈するか」「精度を高めるにはどのようなデータを利用するか」を考えねばならない。後者の「どのようなデータを利用するか」については、業務知識をベースとした仮説構築力が求められるため、同じAI民主化ツールを使っていても、仮説構築力が異なれば得られる効果も大きく変わる。

　AI民主化ツールを導入した事例を１つ紹介しよう。金融業のＡ社では人海戦術で実施している与信審査のコスト削減のために、AI民主化ツールを活用して審査の自動化に取り組んだ。まず、Ａ社が実施したのは、過去の審査実績データをAI民主化ツールに投入し、どの程度の精度が出るかを検証することであった。PoCでは、現状の約8割の作業がAI民主化ツールに置き換えられることが分かったため、すぐに本格的な導入が始まった。ここまでに要した検討期間は、ツールの導入からわずか2週間程度である。しかし、Ａ社の取り組みは、この後、苦戦を強いられることになる。PoCで作成したモデルをそのまま実務に適用したのだが、実務ではPoCで確認されたほどの効果が得られなかったのである。

　Ａ社のPoCは過去の審査実績データを利用していたが、ここに大きな落とし穴があった。PoCで使ったデータと、実務で使うデータは、登録内容の精度に乖離があった。PoCで使ったデータは、基幹システムに蓄積された過去データで、欠損や登録ミスなどが補正された品質の高いデータが中心であった。一方、実際に与信業務を行う際に担当者が扱うデータは、登録内容その

ものが暫定的だったり、登録待ちで一部データが欠損したりしているのが実態であった。このため、基幹システムに蓄積されたデータを使ってAI民主化ツールで作成したモデルに対し、実務データをそのまま投入すると、PoC時に比べ大幅に精度が低下してしまったのである。

　そこでA社は、実務データのうち、確実に登録されているデータのみを選別してデータセットを作り、AI民主化ツールでモデルを再構築した。これにより、AI民主化ツールで置き換えられる人の作業は約6〜7割に下がる結果となったが、実務データでも同様の精度が得られたため、現在は実業務で利用している。

　このように、AI民主化ツールを活用する際は、ツールが出した結果をビジネス観点で解釈することと、それに基づいてデータを選別することが人の役割として重要となる。

ポイント②AIモデルリリース後のモニタリングとモデルの更新

　AI民主化ツールは、投入したデータと設定した目的変数を基に、自動的に最適なモデルを作成し、新たなデータが加わるたびに自動でモデルの再学習・更新を行う。ただ、AIの予測・判断結果は帰納的であるため、学習に利用したデータによっては、予期せぬ形にモデルが大きく変わる可能性がある。AI民主化ツールは精度を高めようとモデルを更新するが、ビジネス状況の変化などを考慮しているわけではない。

　このため、AI民主化ツールによる結果が予期せぬビジネス損失を生まないよう、常に人がモニタリングする運用が欠かせない。AI民主化ツールを使うと、AIモデルの作成やチューニング、再学習といった運用面の負荷は大きく下がるが、その分、AIの精度評価を含めたビジネス全般のモニタリングに力を入れなければならない。

　前述のA社では、2020年の新型コロナウイルス感染症（COVID-19）の発生以降、AI民主化ツールの出す与信結果と、担当者が感覚的に持っている与信結果の間に乖離が生じる事態が起こった。もともとA社で採用しているAI民主化ツールの与信審査モデルは、COVID-19発生前の実績に基づいて作ら

れたAIモデルである。このため、COVID-19の影響を踏まえて与信の可否を考えるベテラン担当者の感覚と乖離が生じたのである。現在、A社では、これまでの業務プロセスに対し、AIによる自動審査結果をベテランの担当者が全件チェックする業務を組み込んで対応している。これにより、審査担当者の審査作業を削減しつつ、人がCOVID-19の影響を判断する工程のみを加えることで、不測の事態を抑止している。

　AI民主化ツールを効果的に使うには、AIモデルの結果に対するモニタリングを継続的に行いながら、ビジネス状況に応じて、AIと人が協調し、それぞれの強みを生かす工夫が重要となる。

3-3 データ品質を維持する「データマネジメント」

3-3-1　データマネジメントの必要性

　データ活用によるビジネス効果を高めるにはデータの品質が大事であり、そのための活動を「データマネジメント」と呼ぶ。データの登録・更新・活用時のルールや体制、仕組みの整備・維持、データ構造を形式知化する活動などが含まれる。データには業務データやセンサーデータ、画像データなど様々な種類のデータがあり、それぞれにふさわしい管理方法を考える必要がある。

　データマネジメントを企業内で定着させるには、「データガバナンス」も必要となる。データガバナンスとは、データマネジメントが正しく進んでいるかを確認し、社員の守るべきルールを周知徹底させていく活動である。社員の守るべきルールもない状態でデータマネジメントを推進した場合、いかに高性能なデータ活用基盤を構築したとしても、肝心のデータ品質がバラバラで使いものにならないという事態を招きかねない。このため、データマネジメントとデータガバナンスは、常に連携しながら推進していく必要がある。

　データマネジメントに関する代表的なガイドラインの一つとして、国際データマネジメント協会（DAMA）が発行している「DMBOK」（Data Management Body of Knowledge）が挙げられる。日常生活や企業活動の中で生み出される膨大な量のデータから価値を生み出し、データを管理し、守り、品質を高めるための計画・方針・スケジュール・手順などをまとめている。DMBOKの枠組みを最もよく表している図が「DAMAホイール図」で、これは11種類のマネジメント機能の関係性を示している（**図表3-8**）。外周にある「データモデリングとデザイン」などの10種類のマネジメント機能は、データから価値を引き出すために必要なシステムやインフラなどの管理手法を解説している。図の中心にある「データガバナンス」は、データが適切に管理されているかどうかを監督するための意思決定や業務プロセスについて説明している。データガバナンスが機能していることで各マネジメント機能が実行でき、各マネジメント機能が強化さ

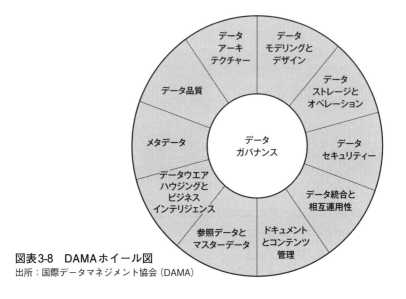

図表3-8　DAMA ホイール図
出所：国際データマネジメント協会（DAMA）

れることでデータガバナンスも強化されていくことを目指している。

　これまで企業にとってのデータ活用は、財務会計に関わる受発注関係の
データや管理会計で設定したKPIの算出などが主な活動であり、データマネ
ジメントの対象も定義が明確な「基幹系システムが保有するデータ」である
場合が多かった。

　一方、AI技術などを活用した業務プロセス改革や新しいデジタルサービ
スを開発する活動が増え、「定義が曖昧な個別システムの保有データ」や「現
時点で社内に蓄積されていない新規データ」を全社的なデータマネジメント
に組み込む必要が出てきた。ただ、これらのデータの所在や、必要なデータ
に対する要望は関係部署やデータ活用プロジェクト内でしか把握されていな
いことが多く、全社的な把握が難しい。

　そこで、DMBOKで述べられるようなデータマネジメントに加え、データ
マネジメントを行う組織が個々のデータ活用プロジェクトを直接支援しなが
ら、今後必要となるデータを見極め、データを収集・管理するという、新し
いデータマネジメントも必要となってきている。

3-3-2　データマネジメント機能の全体像

　DMBOKを基にNRIが定義したデータマネジメントのフレームワークを紹介しよう（図表3-9）。データを適切にマネジメントするためのルールとそれ

No.	領域	DM機能	内容
1	データガバナンス	データマネジメント組織設計	●データマネジメントの必要機能を担う実行組織、役割分担の設計
2		ポリシー・ルール・プロセスの規定	●データ活用・データマネジメントの全社的な基本方針の策定 ●それを実行していくためのルール・業務プロセスの策定
3		データ活用文化醸成	●データ活用の社内ベストプラクティス共有や他社成功事例などの紹介による啓蒙 ●データサイエンティスト/データスチュワード等の人材育成、コミュニティーの運営
4		データマネジメント評価	●データマネジメント活動（データマネジメント組織・全社観点）のKPI・評価基準の策定 ●事業部門のデータマネジメント業務プロセスの成熟度の評価
5	データマネジメント	基礎的なデータマネジメント	データ活用基盤の構築・改善維持	●全社視点でのデータ活用基盤の企画、アーキテクチャーの設計・構築 ●データ活用・データマネジメントの実施状況変化に応じた各種機能の改善・運用
6			データリスク管理	●データセキュリティーの順守状況のモニタリング、課題整理、セキュリティ向上施策の検討 ●データ取扱に関する倫理原則の定義、データ活用の目的に対する倫理的判断、順守状況のモニタリング
7			データ品質管理	●データ品質を確保するためのルール・プロセス・評価基準の策定 ●データ品質のチェック、データクレンジングの実施
8		データライフサイクルマネジメント	ニーズ・シーズ管理	●社内データに対するデータ活用ニーズの把握、データ追加要否の検討 ●新システム導入等による新データ・他社事例における活用データ・社外有用データの把握、データ追加要否の検討
9			データディクショナリ管理	●データの定義情報（メタデータ・ER図など）の登録・更新 ●データ活用ノウハウ（基礎集計結果・活用時の注意点など）の登録・更新
10			データ活用管理	●データ活用プロジェクト推進状況の把握 ●データ活用の実行支援
11			データ収集・蓄積管理	●データ収集・蓄積に関する申請・承認・実行に関するルール・プロセスの策定 ●データの収集方式の確認・検討・環境整備
12			データ提供・公開管理	●データ提供・公開に関する申請・承認・実行に関するルール・プロセスの策定 ●他組織へのデータ提供時の抽出・マスキング方針の検討
13			データ廃棄管理	●データ廃棄基準・運用プロセスの策定 ●データ廃棄の実施

図表3-9　デジタル時代のデータマネジメントのフレームワーク

出所：NRI

が守られているかどうかを監督する「データガバナンス」、ルールに基づいてデータ管理を実行する「基礎的なデータマネジメント」、個々のデータ活用プロジェクトにおけるデータに対する要望の収集とデータの蓄積・管理を行う「データライフサイクルマネジメント」の3領域を設定し、それらに含まれる13の機能を定義している。

(1)「データガバナンス」領域

データガバナンスの領域は、「データマネジメント組織設計」「ポリシー・ルール・プロセスの規定」「データ活用文化醸成」「データマネジメント評価」の4つの機能からなる。この領域は全社的なデータマネジメント活動を方向付けるものであり、複雑化するデータマネジメント機能を実行可能なものとするための普及活動や、改善するためのPDCAサイクルを含んでいる。

データマネジメント組織設計

データマネジメントの推進役となるデータマネジメント組織が有すべき機能と、事業部門との役割分担を決定する。ここでは、現場にどのような役割を持たせるかが検討ポイントとなる。データマネジメントの役割を現場に持たせるほど現場における活動の徹底度合いが上がる一方、全社的に足並みをそろえることが難しくなる。メリットとデメリットを見極めつつ、データマネジメント活動に対する現場の定着度合いを踏まえて役割分担を考えなければならない。

ポリシー・ルール・プロセスの規定

データ活用を実施するうえで「やってよいこと」「やってはいけないこと」を関係者間で共通認識として持てるように、データ活用に関する全社ルールを規定する。「なぜマネジメントするのか？（WHY）」をデータマネジメント方針として整理し、「何をマネジメントするのか？（WHAT）」「どのようにマネジメントするのか？（HOW）」をそれぞれ規定やガイドラインとして明文化する。

データ活用文化醸成

　データに基づいた意思決定や業務改善を現場に浸透させていくための活動方針を決定する。具体的には、経営層が社員にメッセージを発信したり、社員の評価基準を変えたりすることが必要となる。

データマネジメント評価

　データマネジメントが適切に実行されていることを確認するために、KGIやKPIを設定するなど、プロセスの成熟度に関する評価基準を決定する。データマネジメントの活動は、データ活用を支援する目的で実行されることが多く、それ自体が直接ビジネスの成果につながることが少ない。そこで、KGIやKPIを設定する際は、「データ活用をどれだけ支援できたか」といった観点を加えるとよい。

(2)「基礎的なデータマネジメント」領域

　基礎的なデータマネジメント領域は、「データ活用基盤の構築・改善維持」「データリスク管理」「データ品質管理」の3つの機能からなる。この領域は、対象とするデータ活用基盤ごとに、データセキュリティーやデータ品質を管理し、現場のニーズを収集しながら改善していくプロセスを併せて考える必要がある。特にビッグデータやクラウド、アナリティクスツールの利用などは、デジタル化の進展に合わせて現場のデータ活用ニーズと共に刻一刻と追加・変更される。現場で推進されている、あるいは、今後推進していきたいデータ活用テーマを見据えたうえで、対応する要件を見極めていくことが重要となる。

データ活用基盤の構築・改善維持

　データ活用基盤によって各部署の保有データを一元管理し、必要なデータを必要なタイミングで、全社で活用できるようにする。また、社内のデータ活用ニーズを踏まえ、データ活用基盤に分析機能を搭載するかどうかを検討する。

データリスク管理

データセキュリティーとAI倫理に関連する法令に順守するために、守るべきルールと、不正が発生しないように監視するプロセス・仕組みを整備する。特に個人情報を用いたデータ活用は、受け取り手の心象によって重大な問題になる場合があるため、コンプライアンス上のリスクについて、データマネジメント組織とデータ活用プロジェクトを推進する部署で、相互に確認できる会議体を設置するとよい。

データ品質管理

データ品質を確保するために、データの鮮度や精度を確保するチェック項目や、データ加工のプロセスなどを策定する。データ品質の定義は、先述したDAMAのほか、国内ではIPA（独立行政法人 情報処理推進機構）や地図データを公開する国土地理院など、様々な団体が発表しており、その評価軸は数多く存在している。すべての評価軸と整合性をとりながらデータ品質を高めていくのは現実的ではないため、自社にとって重要となる評価軸を見極める必要がある。

(3)「データライフサイクルマネジメント」領域

データライフサイクルマネジメント領域は、「ニーズ・シーズ管理」「データディクショナリ管理」「データ活用管理」「データ収集・蓄積管理」「データ提供・公開管理」「データ廃棄管理」の6つの機能からなる。この領域は、データ活用プロジェクトでのデータの発生、収集・蓄積、活用、廃棄といった一連のデータライフサイクルに注目し、必要十分なデータが活用できるように支援する会議体や申請・承認・実行プロセスを整備する。

ニーズ・シーズ管理

どのようなデータを戦略的に収集・蓄積するかを明確にするために、社内のデータ活用ニーズや他社事例、研究動向に基づくシーズを収集する。データ活用現場では思いもよらないデータを必要としていることがあるので、

データ活用プロジェクトの一連のプロセスに「ニーズとシーズの管理」を組み込むようにする。

データディクショナリ管理

　データの特徴を理解して適正に活用するには、メタデータや項目別の集計結果、活用時の注意点などの情報が欠かせない。そうした情報を管理する仕組みを構築する。システム部門が知りたい情報とデータ活用者が知りたい情報には差があるため、システム部門からだけでなくデータ活用者からも情報を追加できる仕組みを構築する。

データ活用管理

　データマネジメント活動とデータ活用プロジェクトの足並みを合わせるために、実行されるデータ活用プロジェクトの進捗状況を把握するプロセスを策定する。こうしたプロセスがないと、データ活用の現場を無視したデータマネジメントとなってしまったり、データマネジメント活動に対する現場の要望を見逃したりしてしまうことがある。

データ収集・蓄積管理

　データ活用基盤へのデータ収集・蓄積に関する意思決定を円滑にするために、申請・承認・実行のルールおよびプロセスを策定する。組織をまたいでデータ収集・蓄積しようとする際、誰が判断すればよいか分からないといった事態が発生することが多い。そのようなとき、会社としての判断を下せるようなプロセスを設計する。

データ提供・公開管理

　データ活用者へのデータ提供や、データ活用結果の公開に関する意思決定を円滑にするために、申請・承認・実行のルールおよびプロセスを策定する。特に、他組織のデータを活用した結果を公開する際、データの提供部署と活用部署の間でもめることが多いので、協議するタスクをプロセスに組み込む。

データ廃棄管理

データが増えれば増えるほどデータに関わるリスクは大きくなる。そうしたリスクを抑えるために、不要となったデータを廃棄する際のルールおよびプロセスを策定する。データ収集にはコストが掛かっているため、データの廃棄はなかなか進まないが、データ量が膨大となればリスクが大きくなるだけでなく、管理コストが跳ね上がってしまうことを忘れてはならない。

3-3-3　データマネジメントを定着させる「導入ステップ」

データマネジメントの必要性はどの企業も認識している一方で、現場にはなかなか浸透していないのが実情である。これは、データマネジメントの議論の多くが「総論賛成」で受け入れられるが、個別の組織に適用しようとすると現場から「各論反対」が生じて定着が進まないからである。実際、経営層が「データマネジメント活動に力を入れていく」と号令を出してデータ活用基盤を構築したはいいが、「使いたいデータが蓄積されていないので効果を感じない」「効果を感じないのでデータを提供したいと思わない」「ほかの組織も同様にデータを提供しないためデータマネジメント活動に魅力を感じない」といったケースが散見される。データマネジメントを定着させていくにはトップダウンだけでは不十分で、現場に効果を感じてもらいながら段階的に普及させていくことを忘れてはならない。

そこで本項では、データマネジメントを定着させるのに重要な「導入ステップ」について述べる。導入ステップには「導入期」「成長期」「成熟期」の3つのフェーズがあり、現場に効果を感じてもらいやすいデータマネジメント活動を優先している（**図表3-10**）。

データマネジメントは規律を守るための活動であり、事業部門などのユーザー部門にとっては、デジタル化の取り組みスピードを阻害する活動と捉えられていることも少なくない。データマネジメントを実践するには現場の協力が不可欠であり、現場に効果を感じてもらうことで「各論反対」にならないようにすることが重要である。そこで、データマネジメントのすべてをいき

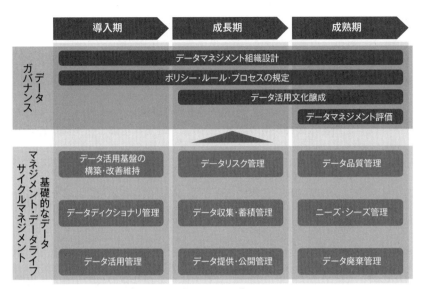

図表3-10 データマネジメントの導入ステップ
出所：NRI

なり現場に導入するのではなく、現場が効果を感じやすい部分から段階的に進めていく。そうすれば、目に見える形で着実に成果を出しながら、データマネジメントを文化として徐々に根付かせて拡大していくことが可能となる。

　以下では、製造業A社におけるデジタル化の取り組み事例を基に、いかにしてデータマネジメント活動を現場に浸透させていったのかを説明する。

（1）導入期

　A社はデジタル化を開始するに当たって、まずは「データ活用基盤の構築・改善維持」と「データディクショナリ管理」の仕組みを構築し、少しずつデータの収集・蓄積を進めた。加えて、データ活用基盤の利用が進むように、「データマネジメント組織設計」と「ポリシー・ルール・プロセスの規定」を整備し、現場への普及活動を開始した。

　ただ、当初は一部の組織からデータが提供されたものの、全社的な認知度は上がらず普及は遅々として進まなかった。データ活用基盤を活用するにはデー

タ分析人材が必要で、ユーザー部門にそうした人材がいなかったことが主な要因である。好転したきっかけは、データマネジメント組織のメンバーに、データ分析人材を加えたことである。そうしたことで、ユーザー部門にデータ分析人材がいなくてもデータ活用プロジェクトを立ち上げられるようになった。その結果、いくつかのデータ活用プロジェクトを立ち上げることができ、その成果を社内で説明する機会が得られた。そうした地道な活動で徐々に知名度が上がり、データ活用基盤に収集・蓄積されるデータの範囲が拡大していった。

デジタル化の導入期は、社内でなかなか認知されないので、データマネジメント組織側からユーザー部門にデータ活用の効果を提示し、ユーザー部門との関わりを深めていくきっかけづくりが必要となる。

(2) 成長期

その後、A社ではユーザー部門によるデータ活用基盤の利用が進み、複数のユーザー部門から「デジタル化に取り組みたい」という要望が出てくるようになった。要望が出てこない部署には「データ活用文化醸成」の一環として、他部署のデータ活用事例やノウハウを根気よく説明し、自発的にニーズが生まれるような活動を拡大した。

このフェーズで注意したいことは、データの利用権限である。A社では「社内申請のプロセスに沿って申し込めば、データ活用基盤は誰が使ってもよい」というルールがあったが、「他部署のデータを本当に活用してよいかどうか」については曖昧な状態だった。

そこでA社では、「データ収集・蓄積管理」および「データ提供・公開管理」に関する全社ルールの策定に乗り出した。例えば、「データリスク管理」に関する活動として、他部署のデータを活用する際の模範事例やノウハウを社内Webで公開し、結果として「他部署が保有するデータ活用の是非」や、「公開してもよい場合／悪い場合の判断ルール」が設定され、社内における活用可能なデータの範囲が広がった。

デジタル化の成長期では、他部門が保有するデータ活用の是非を判断するために、会社としての判断基準とルールを定めておくべきである。また、こ

のフェーズになると、ユーザー部門にもデータ分析人材が配置されるようになり、データマネジメント組織としては、ユーザー部門のデータ分析人材を支援する活動が効果的である。

(3) 成熟期

　成熟期になると、成長期までとは違った問題に直面する。それは、「プロジェクトに必要なデータが、データ活用基盤に十分に収集・蓄積されていない」といった問題である。A社でも同様の状況に陥ったが、全社的に収集・蓄積すべきデータを先行して見極める「ニーズ・シーズ管理」によって問題を乗り越えた。「ニーズ・シーズ管理」をプロジェクトのタスクに組み込んだことで、現場で実際に活用されているデータを集めたり、他社事例や最新研究などから将来活用すると大きな価値が得られそうなデータに関する情報を集めたりするようになった。さらに、優先的に取得・蓄積すべきデータの選定基準や、目指すべきデータの品質基準、不要となったデータの廃棄基準なども設定した。設定した各基準は「データマネジメント評価」を通じて妥当かどうかの検討が行われ、年間でのPDCAサイクル内でデータマネジメント活動全体の改善を継続できるようになった。

　このように成熟期には、将来必要となるデータの見極めを行う機能を組織に設け、データマネジメント評価に基づいて計画的に活動・改善していくことが重要である。成熟期ともなると、各組織が主体的にデータ活用を推進していることが前提となる。データマネジメント組織は全社的なデータマネジメントの統括母体として、ユーザー部門がデータ活用活動を実践しやすくするためのルール整備や分析基盤の整備役に主軸を移すなど、組織の役割を進化させていくことも必要である。

　データマネジメントは企業がデータを使いこなすうえで必須の取り組みであるが、最初からすべての機能が必要となるわけではない。これまでA社の事例で見てきたように、各企業のデジタル化の進捗やデジタル化で活用するデータの内容や規模に合わせて、必要なデータマネジメント機能を選択し、徐々にその機能の範囲を広げて育てていくことが重要である。

3-4 デジタル化に適したアジャイル開発

3-4-1 アジャイル開発のチームマネジメント

デジタル化を実践する際、業務プロセス改革やデータ整備と併せて、デジタル活用のための「プロダクト開発」が必須となる。この場合のプロダクトとは、「ユーザーに価値を提供する検証可能なモノ・サービス」と定義する。IT業界であれば、ITシステムがプロダクトに該当する。また、「検証可能」とは、成果物が要求を満たしているかどうかを計測できることを指し、ユーザー価値が判断できるものとなる。

プロダクト開発で主流となっている開発手法は「アジャイル開発」である。ちなみにアジャイル開発では、終了条件を定めた活動が「プロジェクト」で、終了条件を定めず、永続的にユーザー価値の実現を目指す活動を「プロダクト」開発と表現している。従来のウオーターフォール開発は、中長期的な全体計画に沿って要件定義や設計を細部まで行ってから開発し、リリースまでを1サイクルで進める。それに対しアジャイル開発では、プロダクトを価値のある機能単位に分割し、「計画→設計→実装→テスト→リリース」からなる開発工程を短いサイクルで繰り返す。途中で状況が変わっても、それに応じて柔軟に進めることが特徴である。加えてアジャイル開発の場合、機能に優先順位をつけて、重要な機能から開発する。MVP（Minimum Viable Product：実用最小限のプロダクト）を特定し、素早くリリースした後に機能拡張していくことが可能である。アジャイル開発の「アジャイル」とは「迅速な、俊敏な」という意味であるが、上記のように優先順位の高い機能から開発・リリースすることで、サービスインまでの期間を短くできることがこの名前の由来でもある。

アジャイル開発は、最新のテクノロジーや不確実なビジネス要件に合わせて、プロダクト開発を進めざるを得ないデジタル化との親和性が高く、多くの企業がデジタル化に際してアジャイル開発の導入を試みている。しかし、

アジャイル開発を導入してみたものの、単発のお試しで終わる企業が多いのが実態である。

　アジャイル開発に関する書籍や文献は十分あるにもかかわらず、実践が進まないのはなぜだろうか。原因として、世の中の多くのアジャイル開発が、開発プロセスとチーム体制の形式的な導入にとどまっており、組織文化や価値観は従来型のシステム開発と変わっていないことが挙げられる。アジャイル開発を実践するに当たり、開発プロセスやチーム体制を導入することは必須であるが、それらだけでは十分ではない。アジャイル開発を使いこなすには、従来の手法にとらわれず、アジャイル開発のメリットを十二分に引き出すための新しいチームマネジメント手法が必須である。

　本節では、アジャイル開発の中核を担う「アジャイルチーム」の体制づくりについて解説し、その後、アジャイルチームが効果的に機能するためのチーム運営方法を説明する。

3-4-2　アジャイルチーム、3つの役割

自律的に活動するアジャイル開発体制

　アジャイルチームの体制は、従来のウオーターフォール開発の体制とは構造的に異なる（**図表3-11**）。従来のウオーターフォール開発の場合、開発の初期段階で決定された要件やスケジュールに従って開発を進めるため、トップダウンによる情報連携が行いやすい階層型の体制である。一方でアジャイル開発では、アジャイルチームが自律的に自らのチームの開発要件とスケジュールを判断するため、双方向型で階層の少ないフラットな体制をとる。

　ここではアジャイルチームに必要な機能と役割分担について、アジャイル開発手法の一つである「スクラム」をベースに説明する。スクラムは、標準プロセスに従ってチームの活動を制限するのではなく、自らが獲得した知識を活動に取り込んでいく考え方（経験主義）に基づいたプロセスのフレームワークである。アジャイルチームには、大きく分けて次の3つの役割がある（図表3-11右参照）。

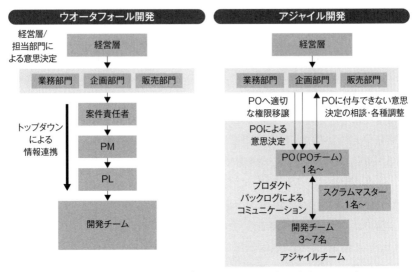

図表3-11　ウオーターフォールとアジャイルの体制／意思決定イメージ
出所：NRI

- PO（プロダクトオーナー）
- 開発チーム
- スクラムマスター

PO（プロダクトオーナー）

　POは、プロダクトの意思決定者としてチームをけん引し、プロダクト価値の最大化に責任を持つ唯一の存在である。プロダクト価値とは、例えば「投資対効果の最大化」「業務効率化による経済的価値の増大」「SDGsのような社会的価値」などがあるだろう。そうしたプロダクト価値の最大化には、「プロダクトバックログ」の管理が重要となる。プロダクトバックログとはプロダクトの要件リストであり、粒度の細かい機能要件から粒度の粗いアイデアベースのものまで、プロダクトに必要なものが並んでいる。POが作成したプロダクトバックログは顧客に提供する価値の大きさに応じて優先順位付けされ、短いサイクルでリリースが繰り返される。これにより、プロダクトの

顧客価値をいち早く提供できる。ここで決めた優先順位は一度決めて終わりではなく、ビジネスの状況変化に合わせて継続的に見直す。そうすることが、プロダクト価値の最大化に向けて最も重要である。

開発チーム

　開発チームは、スプリントと呼ばれる1〜4週間程度の期間を区切り、プロダクト開発を積み重ねていく。個々のスプリントはプロダクトバックログに基づいて計画され、計画したプロダクトを完成させることに責任を持つ。チームは自己組織化され、チームの作業を構成・管理する。

スクラムマスター

　スクラムマスターは、スクラムの考え方に沿って仕事が円滑に進むように、POと開発チームを支援する。こうした役割はスクラム導入時において、特に求められる。経験主義において、チームが実践の場で学んだ知識に気付き、それをチームのプロセスに取り込む状態をつくり出すのが難しいからである。そのため、経験豊かなスクラムマスターを任命することは、体制づくりにおいて非常に重要となる。

　アジャイル開発のプロダクトに関する意思決定はPOを中心に行う。開発チームはプロダクトを完成させる方法について、自ら判断して進めていく。そして、スクラムマスターは、全体が最適化されるように支援する。

機動力を発揮するためのPOの役割

　アジャイルチームをけん引するPOと各役割との関係性を、失敗事例と共に3つの観点で説明する。

①POへの権限委譲

　小売事業者A社では、顧客向けに自社製品を販売するECサイトを構築しており、専任のPOと内製の開発チームからなるアジャイル体制を整えてい

た。優先順位で並べたプロダクトバックログの機能単位に開発を進めていたが、開発する機能ごとに企画部門やIT部門だけでなく、経営層などのステークホルダーにも説明して合意をとらねばならないルールとなっていた。ステークホルダーによって意見が異なるとPOが根回しに奔走することになり、余分な時間をとられていた。これにより、意思決定が遅れるだけでなく、優先順位の高い機能の開発が後回しになることがあり、アジャイル開発のメリットを享受できない状態となってしまっていた。

このように、機動力の低い状態になってしまった原因は、「ステークホルダーが多すぎること」と「POに意思決定権限がないこと」である。本来、プロダクト責任者であるPOがプロダクト品質とROIに責任を持って、すべての意思決定を行うべきである。しかし、このアジャイルチームではPOが調整役になってしまい、本来の役割を果たせなかったのである。

そこでA社のPOは、状況を変えるべく、ステークホルダー全員と役割分担や責任の所在についてすり合わせた。すると、多くのステークホルダーは、業務仕様が分かればよく、詳細仕様のレビューまでは不要と考えていたことが分かった。それ以降は、プロダクト機能の実現方法（＝詳細仕様）はPOに権限委譲してもらい、POが統括するアジャイルチーム内で意思決定させてもらえるよう、すべてのステークホルダーと合意を取り付けた。

これにより意思決定が早くなり、機能検討の開始から開発完了までの期間を短縮することができた。この例のように、チームの機動力を高めるには、ステークホルダーからPOへの権限委譲が重要である。一般的にPOに権限委譲する項目には、次のようなものがある。

- 要員調整
- 予算調整・振り分け
- プロダクトの方針決定
- プロダクト要件採用の判断
- プロダクトのリリース判断

　できる限り権限委譲した方が機動力は高まるが、要員調整や予算調整といった経営に関わる判断は、POに付与できないことが多い。その場合、2つの方法がある。一つ目は、経営に関わる判断ができる人をPOに任命する、または、アジャイルチームにアサインすることである。もう一つは、どこまで権限委譲をするかの境界線を決めて、明確に役割分担することである。例えば、前述したA社のケースでは、プロダクトバックログの要求仕様の最終決定はPOが担当するように境界線を定めた。

　いずれの方法にせよ、POはプロダクトの価値を左右する意思決定をしていることを認識のうえ、判断が難しい場合は、都度ステークホルダーを集め議論の場を設定し、意思決定すべきである。ただし、POの権限の範囲が狭くなればなるほど意思決定スピードが遅くなり、プロダクトの提供が遅れ、調整に無駄な時間やコストが浪費されることを頭に入れておくべきだろう。

②POと開発チームのイメージを一致させる

　建設業B社は、従来の基幹システムに加え、新たにAI・IoTといったデジタル技術を活用したプラットフォームを開発することになった。アジャイルチームを編成し、POはB社から出し、開発はシステムベンダーに外注する体制とした。ただ、B社はこれまでウオーターフォール開発しか経験したことがなかったので、これまでと同様に、POが要件を伝え、あとはシステムベンダーの開発を待つスタイルでプロダクト開発を進めた。しかし、何度レビューを繰り返しても、期待していた成果が上がらず、POは不満を募らせていった。一方のシステムベンダーのメンバーも最大限の努力をしており、双方の不満は大きくなっていった。

　このプロダクト開発の失敗要因は、POとシステムベンダーの双方が、「従来のウオーターフォール型の開発のコミュニケーションスタイルでアジャイル開発に取り組んだこと」である。プロダクト開発進捗が悪いため、POがその原因を探ったところ、プロダクトバックログの優先順位が曖昧で、何を基準に優先順位付けされたかが開発チームに伝わっていないことが明らかになった。例えば、POは「ユーザーにとっての操作性が最重要だ」と考えてい

たが、システムベンダー側は、開発や運用時に手戻りが発生してコストが増えないように、「バグを発生させないこと」を重視した管理を行っていたのである。つまり、POはユーザーの操作性を重視してUI／UXに関する指摘を何度も行っていたのに対し、システムベンダーはUI／UXは開発上の重要度が低いと考えていた。そのために、先述したような双方の不満が生まれていたのである。

このケースにおいて実施した対策は、POがプロダクト価値として「なぜこの機能を作り、顧客にどういう価値を与えたいのか」を十分に言語化し、開発チームに定期的に伝えることであった。加えて、プロダクトバックログの内容について、POが開発チームの疑問に即座に答えるコミュニケーション方法を確立した。これにより、POと開発チーム間の認識のずれを解消していったのである。不確実性の多いプロダクト作りでは、要件を伝えた後、開発をシステムベンダーに丸投げするのではなく、PO自身が開発チームと一体になってプロダクト作りに関わることが極めて重要である。

③POサポート役を設置

POは通常1人であるが、業務量が多く、責任も大きいので、1人では対応しきれないことも多い。では、POの業務が停滞すると、何が起こるか説明しよう。

ある企業では、POが作成したプロダクトバックログ項目の要件粒度が粗くなり、開発チームの成果物がPOにとって期待外れのものになってしまうことが頻発した。また、ある企業では、開発優先順位が見直されなかったため、ユーザーが不要と判断したものが先に作られ、ユーザーの信頼を著しく損なってしまった。いずれの開発チームもユーザーのニーズとのずれに気付き、そのことをPOに伝えてはいた。しかし、POから明確な指示がない限りは対応することができないため、解決には至らなかったのである。POの負担が減らない限り、このような悪循環は続いてしまう。

このプロダクト開発の失敗要因は、POの役割の多さ、多忙さを考慮したバックアップ体制を敷いていなかったことである。「適切なバックアップ体制」とは、何を準備すればよいのだろうか。アジャイル開発においては、1

人のPOは一つのチームに専任で対応することが大前提だが、実際は、POが
PO以外の業務を抱えたり、複数チームのPOを兼任したりしていることもあ
る。そういう場合、POが重要な業務に専念できるように、POサポートチー
ムの配置を推奨する。

　サポート役は、POの手が回っていない業務領域を支援できるような人員
を選定する必要があり、ビジネスと開発の両面から検討するとよいだろう。
ビジネスサイドから見ると、プロダクトの業務理解やユーザー価値に理解が
ある人材や、意思決定の権限を持った人材が適任である。開発サイドから見
ると、要求をシステム要件に落とし込み、ビジネスサイドとの共通理解を得
るために行動できる人が適任だ。また、技術的知見を持ち、開発チームと対
等に議論できる人であれば、技術的な差異化によるプロダクト価値向上を見
込むことも期待できる。このようにPOチームを組成して各POが手の回ら
ない役割や苦手とする役割を補完し、POの業務を滞りなく進めることで、
POが思い描くプロダクトをより忠実に実現してくことが重要である。

3-4-3　自己組織化されたチームの運営方法

　アジャイルチーム全体の機動力を上げるには、開発メンバーを中心とした
「自己組織化されたチーム作り」が必要不可欠となる。自己組織化されたチー
ムとは、ある問題や制約が与えられたときに、その問題解決方法を自分たち
で考え、行動を決定できるチームを指す。つまり、新たなプロセスを自分た
ちで考えてつくり上げていくことが求められ、それは決して簡単なことでは
ない。本項では、自己組織化されたチーム作りのためのチーム運営方法を紹
介する。

　ポイントは、「(1) チームの情報を可視化」して共有したうえで、アジャイ
ル開発の「(2) フィードバックサイクルを素早く回す」ことである。加えて、
チーム活動の評価を従来型の指標ではなく、「(3) 付加価値生産性を重視し
た指標」で行うこと、さらに「(4) プロダクトやチーム運営を最適化するた
めの運用ルールを整備」することの4つである。

(1) チームの情報を可視化

　プロダクト開発では、初期段階でサービスのコンセプトを明確にし、開発時には進捗・課題の状況を明らかにすることが望ましい。ゴールに対する共通理解を前提としたうえで、ゴールへ向かうプロセスの状態を把握できるからだ。また、「可視化」で重要なのは、必要な情報が1カ所に集約され、情報を見た人が次にとるべき行動を誘発させることである。例えば、進捗や課題をタスクかんばん方式で管理することが挙げられる。

　タスクかんばん方式では、タスクを着手前、実施中、完了の作業状態に分けて管理する。そうすると、タスク全体のどこにたどり着いたかを、チームの全メンバーがひと目で認識でき、前のタスクが完了したら自らの判断で次のタスクを実施するなどの行動を誘発できる。また、ステークホルダーがタスクかんばんからリアルタイムに進捗状況を理解できるようになったことで、週次で実施していた進捗報告が不要となった例もある。

　可視化のポイントは、自分から積極的に見にいかなくても見えている状態をつくることである。例えば、オフィスの壁をホワイトボードにする、関係者全員が見える場所に大画面モニターで必要な情報を表示する、などの工夫をしているチームもある。チームメンバーから、アジャイル開発の機動性を高めるアイデアが出てきたら、積極的に提供するべきであろう。

(2) フィードバックサイクルを素早く回す

　アジャイル開発では、短いサイクルで価値のあるプロダクトをリリースすることが求められる。その価値を最大化するには、チーム内外から適切なフィードバックが必要であり、特にプロセスとプロダクトの2つの視点から確認することが重要になる。

プロセス

　プロセスについては、チームで振り返りを行うことが効果的である。これはスクラムにおけるレトロスペクティブというイベントである。振り返りの手法は多くあるが、手法を問わず、チーム全員に次の3つの質問をすることが推奨されている。

- 今週うまくいったことは何ですか？
- 今週うまくいかなかったことは何ですか？
- それらに関して、何をするつもりですか？

　これらの質問は一般的な進捗確認の質問に見えるが、チーム全員がこの質問に答え、チーム全員でその回答を共有することがレトロスペクティブのポイントである。これにより、現在のチームが置かれている状態をチーム全員が把握し、次のアクションプランについて自分たちで考え、決定していくことが可能となる。これらの質問に対する回答を出せないメンバーがいる場合、前述した可視化のために作成したボードを囲んで議論することも有効である。アクションプランを設定したら、その次の振り返りの際にアクションプランが実行できたかどうかを確認する。こうして改善を繰り返すことでチームは成長していく。

　ここで注意すべきなのは、チームが成熟するまでには各人の異なるスキルセットや価値観があることを認識し、ネガティブな感情も話せるようにスクラムマスターがファシリテートすることである。それができなければ、問題の本質にたどり着けず、振り返りが形骸化してしまう。

プロダクト

　プロダクトについては、検査に加えて、より良い意見を引き出すことが重要である。これはスクラムにおけるスプリントレビューというイベントが該当する。スプリントレビューでは、ステークホルダーに対して、期間内で作成することになっていたプロダクトの成果確認を行った後、プロダクト価値を最大化するために何ができるのか議論する。ここでの議論では、ステークホルダーを適切に設定することが重要である。

　毎回同じメンバーを呼ぶのではなく、テーマに適したメンバーを呼ぶ。必要なタイミングで適切なメンバーを呼べない場合、代わりになるメンバーに依頼してもよい。例えば、プロダクトやサービスの利用者を直接呼べない場合、Web上の動線分析を行っている運用部門や問い合わせを受け付けている営業部門やサービスデスクの担当者を呼べば、より利用者に近いフィードバックが得られる。

(3) 付加価値生産性を重視した指標

　アジャイル開発に取り組んでいると「どの程度、生産性が向上したかを数値で示したい」と考えてしまうが、これは誤りである場合が多い。ここで、生産性を「労働生産性」と捉えて考えてみよう。労働生産性とは「労働者1人当たりが生み出した成果」を指し、「物的生産性」と「付加価値生産性」の2つに分けることができる。物的生産性とは「1人当たりどれだけの生産量を出したか」であり、付加価値生産性とは「1人当たりどれだけ価値を出したか」である。

　アジャイル開発とウオーターフォール開発における生産性を考えてみよう。ウオーターフォール開発の場合、計画したものをできるだけ早く安く完成させることが重視されるため、単位時間当たりの物的生産性が重視される。仮に、アジャイル開発でも単位時間当たりのソースコードステップ数や作成した設計書数を目安にして生産性を計測した場合、この指標での評価は正しくない。言うまでもなく、アジャイル開発の目的は、付加価値生産性を向上させ、市場に価値のあるプロダクトを届けることだからである。

　それでは、アジャイル開発の付加価値生産性は、どのように定量的に計測するのだろうか。それは、定量評価のための指標設計に相当する。指標設計は、ビジネス仮説検証フェーズで既に行われていることも多い。この指標について、開発フェーズでアジャイルチームに認識してもらい、システムで計測するのが適切である。例えば、ある企業における顧客向けスマホアプリでは、シリコンバレーの企業家であるデイブ・マクルーア氏が提唱したサービスの成長段階を示す「AARRR」（獲得・活性化・継続・紹介・収益）を用いてKPI設計をしていた。具体的には、ユーザーを獲得したいのであればアプリダウンロード数、継続利用してもらいたいのであれば機能利用率やユーザー再訪問数を取得し、それらを成果指標としていた。アジャイルチーム内で、ある機能が本当に必要かどうか悩んだときは、プロダクト価値に対する指標にどのように寄与するかを数値ベースで議論すべきである。常にプロダクト価値を測るうえで適切な指標が設定されているチームであれば、付加価値生産性の考え方が正しく理解されている。

(4) プロダクトやチーム運営を最適化するための運用ルールを整備

　プロダクト開発を取り巻く技術要素の変化には、CPUの性能向上、クラウドサービスの進歩、オープンソースプロジェクトの増加、アーキテクチャーの進化など、数えればキリがない。また、働き方改革が求められているので、Wiki、プロジェクト管理ツール、Web会議やチャットといったコミュニケーションのためのWebツールの活用は必須であり、一度使い始めたとしても、すぐに優れたツールが市場に出てくる可能性が高く、常に最適化していく必要がある。このように、アジャイル開発におけるプロダクト開発環境は、顧客ニーズへの対応だけでなく、プロダクトを構成する技術要素やチーム運営のためのツール類の進歩にも目を向けることが重要である。

　しかし、こうした技術を最適な形で導入できている組織は多くない。アジャイルチームのツール採用ルールが従来のIT組織の制約を受ける場合、利用承認プロセスの煩雑さやセキュリティールールが足かせとなり、適切なツールが利用できないだろう。こうした技術やツールの採用に関しては、素早く採用判断するための運用ルールを、企業全体として今まで以上に整備していくことが必要になってくる。また、企業全体で利用するツールを標準化する際、プロダクト特性に応じて、チーム単位で適切な技術・ツールを採用できるようにすべきである。なぜなら、プロダクトによってチームの働き方・開発規模・求められる顧客価値といった特性が異なるからだ。アジャイル開発では、状況に応じて運用ルールも柔軟に変更することが求められる。

3-4-4　アジャイル開発を継続させる方法

　アジャイル開発はデジタル化を実現するための効果的な開発手法であるが、決して万能ではない。アジャイル開発の利点を理解せずに、単なる一つの開発手法と捉えていると、企業のCIO（Chief Information Officer：最高情報責任者）やCDO（Chief Digital Officer：最高デジタル責任者）の交代のタイミングで従来のシステム開発のルールが適用され、アジャイル開発しづらい環境に戻ってしまうケースも散見される。そこで本項では、アジャイル開発の

導入後、継続していくために必要な、アジャイルの価値観を浸透させる取り組みについて紹介する。

アジャイルとは文化であり価値観である

アジャイル開発とは変化に対応する高速開発のための方法論として紹介したが、一方で「アジャイル」という言葉自体は文化や価値観にまで及ぶものである。アジャイル開発の実践のためには、単にマニュアルに沿って体制やプロセスを採用するだけでは不十分で、従来のシステム開発の手法にとらわれず、チーム運営のKPIやルール、文化なども新しくする必要がある。

アジャイル開発の文化や価値観の理解には「アジャイルソフトウエア開発宣言」（https://agilemanifesto.org/iso/ja/principles.html）が参考になる。この宣言は、米国でXP（eXtreme Programming）やFDD（Feature Driven Development）などのソフトウエア開発手法を生み出した著名な人物が2001年に集まって、それぞれの考え方の共通点を議論し、その中で同意できるものについて、4つの価値と12の原則として文書化したものである。「アジャイル」という言葉は一般的に浸透しているが、「アジャイル」という共通的な価値観と個別の開発手法が存在することにより、人によって解釈にずれが出てしまうことも多い。こうした価値観を全社的に浸透させるために、例えば、海外では外部から専門家を招き、経営層にアジャイル開発の文化や価値観のコーチングを行う企業もある。特に、CIOやCDOを担当する経営層については、アジャイルチームを機動的に動く組織にするために取り除くべき既存の制約やルールについて、POなどの現場担当と議論する場を積極的に設けることも有効である。

経営層とプロダクト開発の現場がアジャイル開発の価値観を共有し、当事者意識を持ってデジタル化を実践しようとする環境づくりこそが、アジャイル開発で継続的に成果を出していくのに欠かせないことである。

3-5 エンタープライズシステムへの アジャイル開発の適用

3-5-1 エンタープライズアジャイルとは

アジャイルとエンタープライズアジャイルの比較

　企業には、記録のための情報システム「SoR」（Systems of Record）と、利用者のユーザー体験を重視して設計される情報システム「SoE」（Systems of Engagement）がある。一般に、SoRは基幹システムのような業務の根幹を担う大規模システムであることが多く、ウオーターフォール開発で構築されてきた。一方のSoEは、迅速かつ柔軟にリリースできるアジャイル開発を適用することが多い。

　企業が保有する基幹システムの多くは延命目的で再構築を繰り返してきたために、複雑化・肥大化し、機能の追加・更新に時間がかかるという課題を抱えている。しかし、デジタル化が本格化した昨今、競争力を確保するには、ビジネスの変化や技術の進歩に迅速に追従できるシステムへの再生が求められている。そこで浸透しつつあるのが、大規模システムにアジャイル開発を適用する「エンタープライズアジャイル」である。

	アジャイル開発	エンタープライズアジャイル開発
ヒト	●単一部署でPJメンバーを構成 ●1人のPOで推進可能なチーム数	●複数部署をまたがりPJメンバーを構成 ●POを束ねる役割が必要になるチーム数（5チーム以上）
モノ	●特定の業務を対象とした小規模システム ●データ連携する外部システムが限定的	●基幹システムや特定のシステム群といった大規模システム ●データ連携する外部システムが多く複雑
カネ	●新規業務・ビジネスのため、純粋に効果に対する投資上限を決めて、それに基づいた要件の優先順位を判断できるため、投資上限を超えるリスクが少ない ●単一部署・小規模のため、費用のコントロールがしやすい	●効果とは別に、現業務を維持するための必須要件が含まれるため、優先順位が判断しづらく、結果的に投資上限を超えてしまうリスクがある ●複数部署・大規模のため、費用のコントロールがしづらい

図表3-12　アジャイル開発とエンタープライズアジャイル開発の比較表
出所：NRI

本節では、企業の重要業務を担う大規模システムにアジャイル開発を適用する方法を説明する。一般的なアジャイル開発とエンタープライズアジャイル開発の違いを表にまとめた（**図表3-12**）。通常のアジャイル開発と比較し、ヒト・モノ・カネのすべてにおいて規模が大きいため、全体を俯瞰しつつ適切にコントロールするのが難しいという特徴がある。

エンタープライズアジャイルで有効なフレームワーク「SAFe」

エンタープライズアジャイルの代表的なフレームワークは「SAFe」（スケールド・アジャイル・フレームワーク）である。SAFeは「最短のリードタイムで最大の価値を生み出す」というリーン開発の思想に基づいており、組織や事業部の戦略に沿って（組織の縦連携）、事業部・開発部隊・運用部隊が一丸となって（組織の横連携）、組織全体のビジネスアジリティを向上させることを目指している。また、顧客に価値を提供する一連のステップを指すValueStream単位[1]でチームを組成し、価値提供に向けて最適化された活動を行う。そのための土台作りとして、経営層へのトレーニングを最重要視して行うといった特徴がある。

---

[1]例えばローンの場合、顧客誘導から申請・審査を経て、ローン返済・完了するときに価値が提供される。このような一連の流れを「ValueStream」と呼ぶ。

SAFeには理想的なエンタープライズアジャイルの推進方法が定義されているが、いざ実践しようとすると円滑に推進できないことが多い。本節では、エンタープライズアジャイルを実践するうえでの難しさや、難しさを克服するアプローチについて解説する。

3-5-2　大規模システムにアジャイル開発を適用する難しさ

エンタープライズアジャイルが対象とするシステムは規模が大きいため、一般のアジャイル開発に比べ、アジャイルチームの数が多くなる。このため、チーム間のコミュニケーションのとり方、品質管理、リスク管理などのマネ

ジメントの難易度が非常に高くなる。エンタープライズアジャイル開発を実践する際の主な課題は次の5つである。失敗事例を含めて順に解説する。

(1) 経営層や事業部門のアジャイル開発への理解不足
(2) 複数チームの立ち上げ方とコミュニケーションの複雑さ
(3) 適用するシステムの見極めの難しさ
(4) 開発チームの多さに伴う品質管理の難しさ
(5) リスクマネジメントの難しさ

(1) 経営層や事業部門のアジャイル開発への理解不足

　サービス業A社は、これまでウオーターフォール開発を中心に成功を収めてきたが、IT部門からの発案で、あるエンタープライズシステムにアジャイル開発手法を適用することになった。しかし、経営層や事業部門はアジャイル開発の特性を正しく理解しておらず、アジャイル開発における開発計画や開発ルールを十分に練らずにスタートしたことで、特に要員調整の面で大きな問題が出てしまった。

　問題を引き起こした直接の要因は、「エンタープライズアジャイルではPOが複数人必要となる」ことについて、正しい理解を得られなかったことにある。エンタープライズアジャイルでは多くの開発チームで構成されるため、POも複数人必要となる。A社では、開発対象の業務に精通し、ビジネスニーズの優先度を決めることができる「PO人材」を集めるために、複数の部門から人員を集める必要があった。しかし、部門間をまたぐ要員の調整に関しては、経営層からの理解を得られず、他部門のメンバーはプロジェクトの正式メンバーではなく、相談役という形で協力するにとどまってしまった。その結果、PO人材を必要な数だけ配置することができず、ビジネス要件の優先度判断、関連組織との調整に時間を要する結果となり、リリース時期を延期せざるを得なくなってしまったのである。エンタープライズアジャイルにおいては、経営層、事業部門、IT部門のすべての関係者が共通理解のもとで取り組むことが重要となる。

（2）複数チームの立ち上げ方とコミュニケーションの複雑さ

　製造業B社は、アジャイル開発手法を用いてエンタープライズシステムを開発する計画を立てた。初めての本格的なアジャイル開発プロジェクトであったこともあり、最初は試験的に1チームを立ち上げ、開発プロセスや生産性などを評価することにした。試験的に立ち上げたチームの活動を評価するところまでは問題はなかったが、チーム数を増やして取り組み規模を急拡大すると、2つの問題が生じた。

問題①成功体験を持つチームの解体によるモデルの消失

　最初のチームは経験を積んで順調に成長していたが、チーム数を増やす際、チームメンバーの経験を他チームに広げることを目的に、チームを解体してしまった。この策は奏功せず、チームが持つ経験やノウハウが失われてしまった。

　最初のチームは、インセプションデッキ（目的、背景、優先順位、方向性などプロジェクトの全体像を端的に伝えるためのドキュメント）などを作り、チームとして機能し始め、他チームのモデルとなれる存在だった。アジャイル開発では個人個人で伝道していくのではなく、モデルとなるチームが新チームの鑑となり、アジャイル開発を伝道していくことが有効であるにもかかわらず、解体によりそのモデルを失くしてしまったのである。

　チームを拡大する場合、チームを解体するのではなく、先行立ち上げチームの各役割に2人ずつ配置しておき、なるべくメンバーを分散せずにチームを増やしていくアプローチが理想である。

問題②マネジメント手法の未整備

　B社では100人近くの開発メンバーが必要となったこともあり、アジャイル開発未経験のメンバーが多数参画せざるを得ない状況であった。また、チーム間のコミュニケーションや情報共有についてのマネジメント方法を確立しないままチーム数を拡大したため、チームをまたぐ仕様に齟齬が生じ、共通の課題が共有されないなどの問題も生まれてしまった。その結果、手戻りや

追加のマネジメントに想定以上の工数がかかってしまった。

　B社の事例は、マネジメントをおろそかにした結果生じた問題である。未経験者だとしても、しっかりとした事前研修や、経験者とのペアプログラミングなどにより、成長しながらプロジェクトを推進することは可能である。エンタープライズアジャイルのプロジェクト計画では、チームの立ち上げ、未経験者がいることを考慮したスケジューリング、複数チーム間の情報連携方法などのマネジメントが重要である。

　アジャイル開発だから「走りながら考える」「計画はほどほどでよい」ということはない。エンタープライズアジャイルでは、開発チーム・関連部署が多岐にわたるため、走りながら計画を考えると破綻してしまうことがある。開発チームごとに走りながら考える部分と、計画段階においてウオーターフォール開発と同様に事前に綿密な計画が必要な部分とを整理しておくことが非常に重要である。

(3) 適用するシステムの見極めの難しさ

　製造業C社は、基幹システムの刷新が急務であると判断した。現行システムは、数十年にわたってユーザーの要望に応え、継ぎ足し開発を繰り返すことで企業の成長を支えてきた。結果的にシステムは、複雑化、肥大化、ブラックボックス化し、小規模な機能改修を施すにも、多大な時間とコストがかかる状態となっていたのだ。こうした状況から抜け出すために、真に価値のある機能を残してスリム化し、ビジネス変化に迅速かつ柔軟に対応できるシステムとして生まれ変わらせるために、アジャイル開発を適用して基幹系システムの全機能を刷新する決断をした。

　このプロジェクトの方針は、「実際に動くモノをユーザーに見せながら、システム要件を固める」というものである。変化が激しいSoEの領域でよく行われる手法だが、同社はその方針をビジネス変化の少ないSoR領域に対しても適用した。結果的に、これが間違いだった。SoRでは「現行システムにはこの機能があるが、新システムにはないのか」など、細かい改善話が中心となり、要件が肥大化してしまったのだ。これはアジャイル開発の特性・特

徴を正しく理解せず、システム開発における「万能薬」かのように適用したことが要因である。

(4) 開発チームの多さに伴う品質管理の難しさ

サービス業D社では、毎週のように新しい機能のリリースが求められているエンタープライズシステムに対して、全面的にアジャイル開発手法を適用し、スピード優先で開発している。本システムは、サブシステム同士が極力疎結合となるように構成されており、サブシステム間はAPI連携を基本とすることで、複数の開発ベンダーによるプロジェクト推進を可能にし、競争力（開発効率やコスト面）の向上とリスク分散に成功した。一方で、全体での開発ルールが整備されておらず、各開発ベンダーや各開発チームでは自分たちの進め方を優先したため、サブシステムごとの品質にばらつきが生じていた。テスト段階で検出される不具合も多く、開発レベルでの品質改善活動を実施することになった。

エンタープライズアジャイルでは、従来のウオーターフォール開発と比較した際、2つの要因でチームごとに品質のばらつきが生じやすい。一つ目の要因は、「アジャイル開発は、開発現場ファーストの考え方を重視すること」という考え方である。エンタープライズアジャイルは、一般的なアジャイル開発と比べ、より多くの開発チームが相互に関連するため、各チームがバラバラの考え方で動いてしまうと、プロジェクト全体での品質管理を行うことが難しくなる。もう一つの要因は「開発単位の多さ」である。同規模のシステム開発をウオーターフォール開発で行う場合と比べ、アジャイル開発の場合は、より細かい単位での開発チームで構成されるため、全体での品質管理が難しく開発チームごとの品質にばらつきが生じやすくなるのである。もちろん、完璧なマイクロサービス化によるチーム間の影響を排除し、各チームが問題なく機能すればプロジェクト全体での品質管理も必要なくなる可能性はある。ただ、現状を鑑みると、規模が大きくなればなるほど、全体視点での品質管理は重要である。

（5）リスクマネジメントの難しさ

　エンタープライズアジャイルにおけるリスクマネジメントは、一般的なアジャイルやウオーターフォール開発とも異なるアプローチが必要である。「システム規模の大きさ」と「要件の不確実さ」の2つの観点で説明しよう。

システム規模の大きさ（一般的なアジャイル開発との比較）

　エンタープライズアジャイルの対象は、企業のビジネス活動の核となる基幹システムが多く、関連する部署、連携する周辺システムが多岐にわたり、システム規模が大きく複雑なため、要件調整に時間を要してしまうなどリスクが大きい。

要件の不確実さ（ウオーターフォール開発との比較）

　ウオーターフォール開発の場合、工程の初期段階で要件をほぼ確定させたうえで設計、開発、テストと流れていくため、要件肥大化へのリスク対策は比較的打ちやすい。開発工程で遅れが生じた際、エンタープライズアジャイルの場合はベンダーとの契約形態が準委任契約の場合が多く、追加対応が必要な場合はコストが膨れるリスクが大きくなる。

3-5-3　エンタープライズアジャイルの実践に向けて

　エンタープライズアジャイルの難しさを解決するポイントについて、「プロセス面」と「体制面」に分けて整理する。

【プロセス面】①エンタープライズアジャイルの開発プロセス

　大規模システムにアジャイル開発を適用する場合、システム機能ごとの特徴を見極め、ウオーターフォール開発とアジャイル開発を「適所適材」で、どの機能をどちらで開発するかを決定することが重要である。

　以下、ウオーターフォール開発とアジャイル開発の「切り分け」と「融合」について解説する。

「硬いところ」はウオーターフォール、「柔らかいところ」はアジャイル

　ウオーターフォール開発とアジャイル開発を使い分ける重要なポイントは、対象業務が「ビジネス変化の少ない原理原則の業務（硬いところ）」か、「ビジネス変化の多い業務（柔らかいところ）」なのかという点である。

　「硬いところ」はウオーターフォール開発をベースに、核となるデータ構造・システム機能をつくる。「柔らかいところ」とつなぐうえでも、極力シンプルなつくりにすることが重要であり、「2割のシステム機能で8割の重要な業務が成り立つ」というパレートの法則を意識し、「硬いところ」に対しても本当に必要な機能を見極めていくことが必要となる。

　一方、「柔らかいところ」はアジャイル開発手法を活用し、MVP、すなわち、真に価値のあるモノだけを、ビジネス変化スピードに合わせて短サイクルで生み出していく。

「硬いところ」と「柔らかいところ」の層別化

　「硬いところ」と「柔らかいところ」をいかに層別化し、いかに両者を融合させる（つなぐ）かが肝となる。そのためには、対象となる業務を可視化することが大前提となる。

　昨今、システムが業務を代替する範囲が広くなり、また開発されてから年月がたってしまったことで、業務の全体像やプロセス、バリエーションについて把握している社員が減少している。可視化のアプローチとしては、業務鳥瞰図（対象業務を1枚で表現したもの）、業務フロー（業務の流れを整理したもの）、業務バリエーション（業務フローの分岐要素となる商品種別・客層種別など）の3点を整理する。可能であれば、現地現物で確認したうえで、何がビジネス変化により変わる業務なのか、変わらない業務なのかを見極めていく。業務を整理する際、「標準業務（原理原則必要な業務）層／レイヤーA」「イレギュラー業務層／レイヤーB」「業務効率化層／レイヤーC」「経営管理層／レイヤーD」「業務革新層／レイヤーE」の5つのレイヤーに分ける（図表3-13）。

　「標準業務層／レイヤーA」は、商いの基本原則や法制度上必須の業務、会

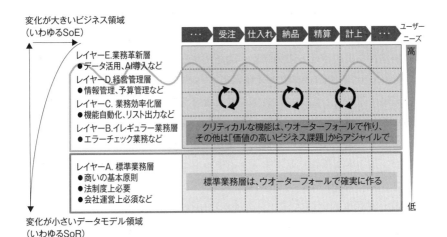

図表3-13　「硬いところ」と「柔らかいところ」の層別
出所：NRI

社運営上必須の業務など、「硬いところ」と定義する。「イレギュラー業務層
／レイヤーＢ」から「業務革新層／レイヤーＥ」は、業務遂行するうえでク
リティカルな機能（例えば、コンプライアンス上必須となるチェック業務な
ど）のみ、「硬いところ」と同等の扱いとする。そのほかは「柔らかいところ」
と定義し、価値の高いビジネス課題からアジャイル開発で実装していく。経
理業務を例にすると、以下のように分別される。

- 「硬いところ」：商品やサービスの販売に対して、売り掛け・売り上げを立て、
  帳簿に記録する業務。これは、業務の原理原則として今後も大きな変化は
  起きないと考えられる。
- 「柔らかいところ」：顧客の支払いに関する業務。現金、クレジットに加え、
  最近では「〇〇Pay」などが台頭するなど、支払い方法に関しては、今後も
  変化が予想される。

「硬いところと」と「柔らかいところ」を融合する（つなぐ）には

　ビジネス変化の大きい「柔らかいところ」は、競合他社との差異化や市場での優位性を実現させるためにも、開発・リリースのスピードが最重要となる。「硬いところ」のビジネス変化は小さいが、「柔らかいところ」の情報を受け記録するSoRとして、シンプルで柔軟なシステム構成を準備しておく必要がある。

　シンプルで柔軟なシステム構成を実現するには、アプリケーションを部品化（コンポーネント化）し、データモデルをシンプルに正規化できるかが鍵となる。疎結合化については、「モノリシックからマイクロサービスへ」と世の中で提唱されている通り、変更を局所化すべきである。「硬いところ」と「柔らかいところ」のつなぎはAPIを利用する。APIの設計によって「硬いところ」と「柔らかいところ」の疎結合化を実現し、それぞれが独自に開発できるようにする。重要なのは、APIを利用すれば疎結合になるのではなく、「硬いところ」と「柔らかいところ」の層に分け、SoRを部品化することで、変化が生じた際に、その変化を部品内に閉じ込められることがポイントである。

【プロセス面】②エンタープライズアジャイルの実践プロセス

　前項で述べた基本的な考え方に沿って実践プロセスを示すと、大きく4段階で定義される（**図表3-14**）。ただし、「柔らかいところ」は「超スピード開発」が求められるため、教育・訓練などの事前準備は必要となる。

図表3-14　エンタープライズアジャイルの実践プロセス
出所：NRI

STEP①新システムのアーキテクチャーを決める

　「硬いところ」をシンプルに迅速につくり、「柔らかいところ」を柔軟に組み込むための、新システムのアーキテクチャーを決めることが重要となる。アーキテクチャーを検討する際、すべての機能／非機能要件を抽出していると長い時間を要するため、最低限のルールを決め、ビジネスの変化や拡大に対する拡張性とアジリティを考慮した、クラウドベースのアーキテクチャーデザインを推奨する。インフラ環境にクラウドを使用するだけではなく、「クラウドネイティブ」化が鍵となる。そこで最低限の決めるべきルールとしては、アプリケーションのポータビリティー（移植性）を考慮したコンテナ化や、「硬いところ」と「柔らかいところ」をつなぐAPI、変化に柔軟に迅速に対応するためのマイクロサービス化の検討などが挙げられる。

STEP②「硬いところ」の整理整頓

　「硬いところ」を整理整頓（機能のシンプル化と構造化）するポイントは3つある。一つ目は、新機能は一切追加しないことである。新機能の追加は、ベースとなる現行機能の整理整頓をしたうえで、次の段階で実施していく。二つ目は、徹底した不要機能の排除である。現行システムに存在するシステム機能は「4S」（残す、捨てる、まとめる、ほかに任せる）の考え方を導入して整理する。「捨てる」と「ほかに任せる」は、関連部門との調整が必要となり、時には痛みを伴うこともある。その痛みが、会社全体のどのようなメリットに貢献できるかを明確にし、経営層や事業部門を巻き込むことが大きなポイントとなる。

　最後は、システム機能を商材、変化、成長の単位で分割し、機能の独立性と柔軟性を向上させるための構成の見直しである。分割する際のポイントは、徹底した機能の共通化と、関連するデータをそれぞれの機能群に内包させることである。各機能間はAPI連携により疎につなぐことで、各々の独立性を高める。こうすることで、システム改善時のメンテナンスがしやすくなり、機能拡張の足かせとならなくなる。

STEP③新基盤への引っ越し

「硬いところ」の整理整頓が終わったら新基盤で新システムを動作させる。ただ、この時点の新システムは業務を最低限こなせるレベルであり、現行システムにある便利な機能の一部が存在しないため、事業部門には痛みに耐えてもらう必要がある。大規模な基幹システムを、今後のビジネス変化に柔軟に迅速に対応するシステムに生まれ変わらせるため、必要な痛みとして割り切れるか、トップダウンでの調整が必要となる。

STEP④「柔らかいところ」の超スピード開発

「硬いところ」の整理整頓と、新基盤上への移行が終われば、いよいよ「柔らかいところ」を新基盤上に載せることになる。事業部門に痛みに耐えてもらった分、「柔らかいところ」を素早くつくっていくことが重要だ。そこでは、アジャイル開発手法を活用し、経営層や事業部門を巻き込み、チームビルディングとマネジメントを意識し、推進していく。

【体制面】エンタープライズアジャイルの体制

企業が適所適材開発を行う場合、ウオーターフォール開発を行うチームとアジャイル開発を行うチームの混成チームを対象に、刻々と変わるユーザー要件を開発に取り入れながら、開発のタイミングやプロダクトの品質を合わせていく必要がある。3-4節で述べたように、一般のアジャイル開発であっても開発の統制や、ステークホルダーの調整が容易ではなかったが、エンタープライズアジャイルではさらに難度が上がる。そこで適所適材開発に対して強力な権限を与えられた組織の存在が重要となる。ここでは、適所適材開発の実践に必要な体制やチームビルディング、すなわち、「PO横串チーム」について説明する（図表3-15）。

POとは異なるメンバーで構成される「PO横串チーム」は、複数チームを束ね、各チームのプロダクト品質とリスクをてんびんにかけながら部署間調整・チーム統制・経営層との連携を担う組織である。PO横串チームには、大きく３つの役割がある。

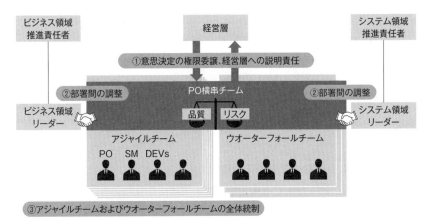

図表3-15 エンタープライズアジャイルの体制（一例）
出所：NRI

PO横串チームの役割①意思決定の権限委譲、経営層への説明責任

　エンタープライズアジャイルでは、複数部署が関わっているため従来の意思決定プロセスではスピードが確保できない。そのため、チームをまたいだ課題や、チーム内で判断できないプロジェクト全体に影響がある事象については、PO横串チームが最終判断を下す。とはいえ、すべての権限を委譲されているわけではなく、主に以下に示す権限を有する。

• 組織の戦略的な優先順位を決定
• 他チームに影響を及ぼす要件の採用判断
• プロダクトのリリース判断

　素早い意思決定を下すには、複数チームにまたがる課題をスピーディーに把握する必要がある。プロジェクト管理ツールを用いてプロジェクトの進捗をリアルタイムで可視化し、課題内容を共有していつまでに誰が解決すべきか記録に残しておくこと。そうすることで、作業遅延の把握や課題の棚卸しをスムーズに行えるようになる。

また、PO横串チームはプロジェクト状況を経営層に説明する責任を担う。システムの性質にもよるが、週1回程度の頻度で経営層とコミュニケーションをとり、積極的なプロジェクトへの関与を促す。ここでの注意点は、経営層に説明するためだけの新たな資料作成はできる限り避けることである。PO横串チームは顧客への価値提供の最大化に注力するべきなので、直接価値につながらない業務は最大限排除して進める。

PO横串チームの役割②部署間の調整

顧客への価値を最大化するうえで、対象業務に知見のある人材をチームに引き入れることが必須となる。PO横串チームは、どのような組織形態であれば顧客に最も価値を提供できるかを考え、経営層と緊密に連携してリソースを最適配置する。例えば、業務に精通している社内ユーザーを事業部門に異動させてPOを担当させる。そこに、システム開発・サービス設計経験のあるIT部門のメンバーをPO相談役として配置する。組織の持つ知見をうまく活用できるように人材面でサポートするのも、PO横串チームの役割である。

PO横串チームの役割③アジャイルチームおよびウオーターフォールチームの全体統制

エンタープライズアジャイルの場合、開発ベンダーを含め多くのチームが存在する。各チームの整合性をとりながら、品質やリスクを踏まえて優先順位を柔軟に組み替えながら進めていくことが求められる。そのため、チーム間のマネジメントは極めて困難かつ重要な役割である。

各チーム間で整合性をとるには、プロジェクト全体で共通の思いや知識を持つ必要がある。そのために、同じ勉強会に参加して共通の知識や言語を習得し、リーンキャンバス（事業プランを作成するためのフレームワーク）やインセプションデッキを作成し、プロジェクト関係者全員が「誰のために」「何を実現したいのか」という共通理解を持つことで、目指す方向を合わせる。目指す方向が定まったら、作成したガイドラインに基づき、基本的にはチーム内で判断して推進する。PO横串チームはあくまでメンバーでなくチー

ムを統制し、チーム間の調整やチームをまたぐ課題解決に専念する。

　顧客から出てきた要件は「硬いところ」なのか「柔らかいところ」なのか判断し、「柔らかいところ」なら優先順位をつけてリスト化し、チームに割り振る。

　ここまで、適所適材開発、および、それを推進するためのPO横串チーム機能の重要性を述べてきた。適所適材開発やPO横串チーム機能をうまく活用し、エンタープライズアジャイルを実践するには、大前提として企業全体が同じ理解のもとで動かなければならない。これには、経営層の強力なコミットメントによるマインドセット変革が求められる。現状の常識にとらわれず、顧客への価値提供を第一に柔軟に組織を組み替える。また、経営層の考えに納得してもらい、共有のビジョンを持ち、一体となって突き進むことが大切である。

エンタープライズアジャイル実践のまとめ

　基幹システムを対象とした大規模開発（既存システムの刷新がほとんど）の場合、すべての機能をアジャイルで開発するのはリスクが伴うので適切ではない。システム機能ごとの特徴を見極め、ウオーターフォール開発とアジャイル開発を「適所適材」で配置し対応することが効果的である。「適所適材」とは、開発手法＝“材”ありきではなく、開発対象＝“所”の特性を見極めたうえで、開発手法＝“材”を用いることが重要だ。アジャイル開発の適用範囲を適切な部分に絞ることで、リスクマネジメントにもつながる。

　適所適材開発を行う場合、ウオーターフォール開発を行うチームとアジャイル開発を行うチームが混在しているため、それぞれの開発タイミングや品質を合わせる活動が必要である。チーム間の統制や調整は非常に難しいため、適所適材開発の推進をミッションとし、強力な権限を与えられたチームである「PO横串チーム」を設けることが必須である。一般的なアジャイル開発におけるPO個人の役割に加え、複数の開発チームを束ね、各チームのプロダクト品質とリスクをてんびんにかけながら、部署間の調整やチームの統制、経営層との連携を担う機能として設けることが効果的である。上記2つのポ

		解決のポイント		
		プロセス面	体制面	
		適所適材開発	マインドセット変革	PO 横串機能
エンタープライズアジャイルの難しさ	経営層・事業部門のアジャイル開発への正しい理解		○	
	複数チームの立上げ方とチーム間コミュニケーションの難しさ			○
	万能薬ではないアジャイル開発手法を適用するシステムの見極めの難しさ	○		
	開発チームの多さに伴う品質管理の難しさ			○
	エンタープライズアジャイルならではのリスクマネジメントの難しさ	○		○

図表3-16　エンタープライズアジャイルの難しさと解決のポイント
出所：NRI

イントと、3-5-2で紹介した5つのエンタープライズアジャイルの難しさの対応関係をまとめると表のようになる（**図表3-16**）。

3-6 次世代運用とSRE

3-6-1　デジタル化における次世代運用

デジタル化を推進するには、「運用」という視点でどのようなケイパビリティが必要になるのかを見ていこう。

(1) 次世代運用の定義

従来のシステム開発・運用では、開発チーム（Development）と運用チーム（Operation）は別のチームとして構成され、運用チームはデリバリーのスピードよりもシステムの安定稼働を第一目標としてきた。一方で、デジタル化推進に適用されるアジャイル開発では、短サイクルで開発（Dev）し、開発されたものを迅速にリリース、運用（Ops）することで、動くソフトウエアとしてユーザーにデリバリーすることが求められる。そのためには、一つのチーム（アジャイル開発チーム）内でDevとOpsの役割を持つメンバーが協働し、アジリティの高い開発サイクルと運用フィードバックのできる体制が求められる。この体制を「DevOps体制」という。

本節ではDevOps体制における運用の考え方を「次世代運用」と定義し、機能、体制、業務を整理することで、その姿を明らかにする。次世代運用のベースとしているのは、Googleほか多くのデジタルネイティブ企業が取り入れている「SRE」（Site Reliability Engineering）という考え方である。

(2) 次世代運用が必要な背景

なぜ従来の運用体制ではデジタル化に対応できないのだろうか。デジタル化を推進するには、新しいアイデアを最小限の実際に動くサービスとして迅速に開発して提供し、市場からのフィードバックを得て改善したサービスを速やかに市場に投入するアプローチが必要である（**図表3-17**）。

そのためには、開発をアジャイルにするだけでなく、市場への投入、つまり、

市場に提供したサービスからフィードバックを得る

高速回転

市場	ビジネス	開発	運用
変化する市場	小さなニーズを**素早く特定**	要求通りに**素早く開発**	開発したものを**素早くリリース**

図表3-17　デジタル化で求められるアプローチ
出所：NRI

デリバリーも迅速に行う必要がある。このため、アジャイル開発チームには
ビジネス要件をとりまとめるPOに加え、開発スキルを持つメンバーと運用
スキルを持つメンバーが参加していることが重要である。これらのメンバー
がチーム内にいることで、高速なフィードバックサイクルを自律的に進める
ことが可能となる。

　従来は、開発組織と運用組織が分かれ、開発工程と運用工程も明確に線引
きされ、開発工程完了後に、運用工程への引き継ぎが行われていた。運用
フェーズに移ったサービスのエンハンス（機能追加など）は、運用の統制ルー
ルに基づき実行されていた。こうすることで、工程ごとの業務を集約できて
効率化が進み、品質保証もしやすく、特に大規模なウオーターフォール開発
には適していた。

　しかし、スピードが重要なアジャイル開発でこの方法を採用すると、工程
間の引き継ぎがボトルネックになってしまう。アジャイル開発で迅速性を確
保するには、一つのチーム内で開発メンバーと運用メンバーが緊密に協力・
連携するDevOps体制をとる必要がある。DevOps体制の運用メンバーは、
デリバリーなどの運用作業やインフラ提供を担うだけでなく、ソフトウエア
を使って運用業務を自動化し、スピードアップに貢献するとともに、運用に
必要な品質や統制もその仕組みの中に組み込んでいくことが求められる。

3-6-2　次世代運用のベストプラクティス「SRE」

(1) SRE誕生の背景

　Googleは、巨大化したシステム基盤の維持運用に最新の基盤仮想化技術を導入し、ソフトウエアによるハードウエア制御に取り組むことで新しいサービスを次々と生み出してきた。こうした取り組みを支えているのが「SRE」である。SREは、Facebook、Netflix、メルカリ、デンソーなどの企業でも導入されている。それらの企業は、迅速なサービス提供と、サイトの信頼性確保の両立を目指して導入している。SREを導入することで、サービス追加やリソース拡張の変化に迅速かつ効率的に対応することが可能になる。システムにまつわる作業の自動化が進み、障害の未然防止や障害対応が早くなるなどの利点もある。

　ただしSREは新しい概念であるため、「業務内容や運営方法の理解が難しい」「SREを担う人材がいない」などの課題に直面することが少なくない。導入しようとしても、「どういう業務を行うのか」「どこから始めればよいのか」「どんな人材を募集または育成すればよいのか」「どんな体制をつくればよいのか」などについて悩んでいる企業が多い。

　そこで以降では、SREの機能・業務の定義、必要とされる人材像について整理する。

(2) SREの機能・業務定義

　人が作業するとミスは避けられないので、SREは、極力ソフトウエアエンジニアリングで解決するポリシーを掲げている。SREの機能と役割は、従来の運用チームが実施してきたシステム維持管理や運用作業を、ソフトウエアエンジニアが設計していると考えれば分かりやすい。その活動には開発チームが行っていた役割も含まれ、SREはサービスの可用性、レイテンシー、性能、リソース効率性、変更管理、モニタリング、緊急対応、キャパシティープランニングに責任を持つ。

　Googleの事例を基に、SREの特徴的な機能と業務を2次元（縦軸は上が「ソフトウエアエンジニアリング」、下が「組織・人」、横軸は左が「開発」、右が「運

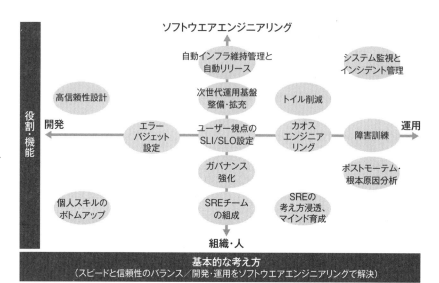

図表3-18　SREの主要機能・業務
出所：NRI

用」）の図で表現すると**図表3-18**になる。

（3）SREの特徴的な業務

　図表3-18の機能と業務を表で示すと**図表3-19**のようになる。このうち特徴的な業務について解説する。

自動インフラ維持管理と自動リリース

　アジャイル開発では、大規模システムであってもシステム変更の俊敏性が求められる。今まで通りの運用方法でこれを実現しようとすると、システム規模が大きいと小さな変更でも莫大な工数がかかり、煩雑なオペレーションが必要になるので人為的ミスによる障害が起きやすい。SREではこうした問題を解決するために、「IaC」（Infrastructure as Code）や「CI」（Continuous Integration：継続的インテグレーション）、「CD」（Continuous Delivery：継続的デリバリー）という考え方を用いる。

構成要素	役割・機能
自動インフラ維持管理と自動リリース	●高い信頼性でサービスを動作させるために必要なインフラ環境のテスト・リリースを自動化する（IaC） ●コードビルド、テスト、パッケージング、デプロイ等のリリース作業を規定し、カナリアリリース等の手法によりリリース作業の自動化を推進する
システム監視とインシデント管理 （SLI/SLO計測含む）	●ユーザー向けサービスの状況、信頼性の実態を把握するため、API、ロードバランサー、WEB・DBサーバーなどの稼働状況を収集する ●インシデント発生に伴い、障害影響範囲の特定、障害の極小化、暫定策や恒久策を実施する
高信頼性設計 （非機能要件の実装）	●一部の機器やサービスが停止しても、影響を極小化し全体では稼働し続けるシステム方式を設計する ●また、日々変化するサービスに必要なシステムリソースの拡張・縮小を自動化する
次世代運用基盤の整備・拡充	●ハイブリッド、マルチクラウド運用に必要な運用ツールを整備・拡充する
トイル削減	●繰り返し行われ、サービスの成長に比例して増大する傾向があり、中長期的に価値を生み出さない手作業（トイル）を自動化するプログラムを適用するなどして削減する
エラーバジェット設定	●一定期間内に許容できる停止時間（エラーバジェット）を規定したもの（SLI/SLO設定と計測が前提） ●規定値を超えると信頼性向上対策が必要で、機能追加や機器拡張は停止される
ユーザー視点のSLI/SLO設定	●ユーザー向けサービスレベル指標（SLI）、サービスレベル目標（SLO）を設定する ●信頼性に関連する指標・目標が中心で代表的なものとして、レイテンシー、エラー率、スループットがある
カオスエンジニアリング	●本番稼働中のシステムに小規模障害を発生させて影響範囲の見極めやトラブル対応の知見を蓄積し、大規模障害に備える。この手法のことをカオスエンジニアリングと呼ぶ
障害訓練	●災害やシステム障害に備えるために、障害シナリオを設定し対処方法の訓練を行う
ガバナンス強化	●開発と運用の分離、監査の対応方針について計画、サービス特性に応じた対策を実施する
ポストモーテム、根本原因分析	●障害対応後の振り返り（ポストモーテム）として、障害発生の経緯をまとめ「障害対応事例から学ぶ」ために根本原因分析を実施する
個人スキルのボトムアップ	●SREチームの一員としてアプリコード開発技術やインフラ技術、障害対応の技術を習得する
SREチームの組成	●複数の開発・運用チーム横断で提供すべきツールやベストプラクティス浸透のためにSREチームを組成する（DevOpsチームの一員としてSRE機能を提供）
SREの考え方浸透、マインド育成	●信頼性向上のためのインフラ機能開発、自動化推進による効果を啓蒙し、SREチームの定着化やSRE機能の高度化を図る

図表3-19　SREの主な役割・機能一覧
出所：NRI

　IaCは、ネットワークやサーバー、ソフトウエアといったITインフラの構成要素をソースコードで記述し、それらを組み上げる作業を自動化する。これは、クラウドが使われるケースが一般化し、仮想的にITインフラ構築をす

ることが可能となったことで生まれた技術である。

CI／CDは、アプリケーションのビルド（プログラムのソースコードをコンピューターで実行可能な状態にすること）やテスト、デプロイメント（アプリケーションを実行するサーバーへ展開・配置）を自動化することで、高頻度なリリースを実現する仕組みである。CI／CDを導入する際、不具合発生時に迅速に復旧できるようにしておくことが重要で、その手法として、一部のサーバーにだけデプロイメントし、不具合がないことを確認してから全体に展開する「カナリアリリース」といった手法を用いることもある。

システム監視とインシデント管理

詳細は第4章で述べるが、デジタル化におけるシステム構造は、「マイクロサービスアーキテクチャー」と呼ばれる、小規模で独立した多くのコンポーネントの集合となるケースが多い。特徴は、一つのシステムが多くのコンポーネントで構成されることだ。システムを監視するには、「どこで」「何が」「なぜ起きたのか」を把握しなければならない。そのためには、個々のコンポーネントを集中的に監視する機能のほかに、それらを組み上げたシステムの状態を管理する仕組みが必要となる。具体的には、各コンポーネントが出力するログやメモリー使用率を統計的に判断し、コンポーネントをまたがる処理結果（トレース）を収集し、状況を可視化できる仕組みが必要となる。さらに、利用者視点でのサービス状態の監視やインシデント発生時の自動切り分け・通知の仕組みも求められる。

高信頼性設計

マイクロサービスアーキテクチャーのシステムで特定のコンポーネントがダウンした場合、ダウンしたコンポーネントを速やかに復旧し、その間、流量制御などを行う必要がある。ただし、コンポーネントが膨大にあることから、ダウンしてから復旧までの作業を人が行うのは難しい。そのため、膨大な数の分散されたコンポーネントを円滑に制御し、できる限り自動で運用する仕組みを構築する。

トイル削減

　SREには「トイルの削減」という方針がある。トイル（Toil）とは直訳すると「労苦」という意味で、Googleではこれを「必要な業務だけど人の作業にはしたくない運用業務の総称」として使っている。トイルの特徴は「自動化可能」「手作業」「繰り返し」「戦略的ではなく戦術的」「サービスの成長と共に増加する」もので、SREではソフトウエアエンジニアリングによって作業を自動化し、徐々に削減していく。自動化による生産性向上や品質向上の効果もあるが、高度なスキルを保有するSREが単純作業によりモチベーションを落とさないための手法でもある。

エラーバジェット設定

　エラーバジェットを直訳すると、「エラーに対する予算」となる。これはDevOpsチームにおけるSLOに対する余裕値と見ることができる。例えば、サービスの可用性に関するSLOを99.99％に設定すると、時間換算で年間約53分はサービス停止を許容することになる。SLOに対する余裕があれば、開発チームは品質リスクをとった開発を行うことができる。その代わり、エラーバジェットが尽きる（SLOを満たせない）状況になった場合に、ユーザーサービスの品質を確保するためリリースをとりやめさせる指示を出さねばならない。

ユーザー視点のSLI／SLO設定

　SLI（Service Level Indicators）とは提供しているサービスの各種指標で、具体的には、デジタルサービスの接続要求に対する遅延、エラー率、スループットなどを指す。一方のSLO（Service Level Objective）は、SLIの目標値、または目標範囲のことである。SLI／SLOの設定はユーザーサービスの品質目標であるため、システム視点や提供者視点ではなく、ユーザー視点で目標を設定することが大事である。

ガバナンス強化

　財務諸表監査やシステム監査といった企業の内部統制では、職務・職責の

分離、環境の分離、アクセスの分離が求められ、当然対象システムも同様の対応が求められる。ただDevOps体制では、開発と運用がチーム内で一体となり、機能開発だけでなくリリースなどの運用も行うため、チーム内に統制機能が必要になる。

統制の基本的なプロセスは、リスクの洗い出し、コントロールの組み込み、モニタリングと評価（承認証跡の確保）である。これらは変わらないが、アジャイルでは大きな組織体に統制を組み込むのではなく、小さなチーム内に統制を組み込む。つまり、アジャイル開発のプロセスの中に統制の仕組みを組み込む。

統制タイミングはアジャイル開発サイクルのイベントに合わせるが、特に重要なのはリリースに対する統制（リリース計画、リリース実施）である。ユーザー承認を含めた承認ルールを定め、承認証跡を確保する。なお承認証跡は、チーム内会議議事や進捗ボードの画像などでもよい。さらにCI／CDの流れにリリース承認プロセスや証跡確保を組み込むなど、自動化による効率化を図ることを考える。

3-6-3　SREの体制と人材

(1) SREチームが持つべき価値観

SREを実現するチームの設置で最も重要と考えられるのは、要員に求められる価値観がどういうものかを理解することだ。基本的にはアジャイル開発に求められるものと同様であるが、SRE要員のモチベーション維持のための推奨ルールもある。4点紹介しよう。

- 自律的：サービスの急速拡大と安定運用を達成するため、受動的ではなく自律的に活動する
- ソフトウエアで自動化：繰り返しの手作業をソフトウエアエンジニアリングで解決し、適切なツールを活用して自動化を推進する
- 心理的安全性：お互いを理解し、失敗を非難せず前向きに意見を言い合え

る信頼関係の醸成を図る

- 単純作業からの解放：ソフトウエアエンジニアリングを実践するための時間を一定程度確保する

(2) SREチームの組成と拡大

　SREチームは、DevOps開発体制の規模によって複数の構成が存在する。一般的には、開発体制の拡大が進むにつれて以下の変遷をたどる。

【フェーズ1】開発・運用チームが単一チームの場合、その中にSRE要員（機能）を持つ（**図表3-20**）。

【フェーズ2】複数チームで開発運用実施する場合、それぞれのチーム内にSRE要員（機能）を持つ（**図表3-21**）。

【フェーズ3】チーム数が多くなってきた場合は、チーム内のSRE要員が協働するチーム横断のバーチャルなSREチームを組成する（**図表3-22**）。

【フェーズ4】さらにDevOps体制の拡大が進んだ場合は、共通的な基盤運用サービスを提供するSREチームを組成する（**図表3-23**）。

①一つのチームで全業務実施

図表3-20　SREチームの組成フェーズ1
出所：NRI

②複数チームで開発運用実施

図表3-21　SREチームの組成フェーズ2
出所：NRI

③複数チームで開発運用実施する中でバーチャルなSREチームを組成

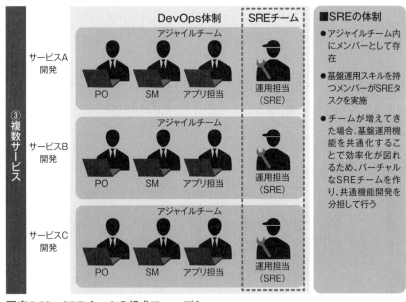

図表3-22　SREチームの組成フェーズ3
出所：NRI

④複数チームで開発運用するアジャイルチームに共通的に
　基盤運用サービスを提供するSREチームを組成

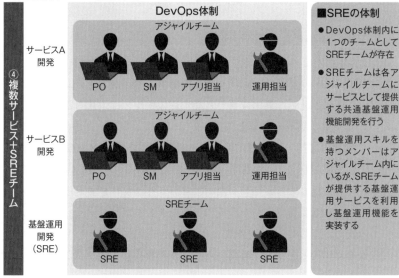

図表3-23　SREチームの組成フェーズ4
出所：NRI

(3) SREチームの要員に求められるスキル

　SREチームは、多様な専門スキルを持った人材が集まった方が高品質なものを生み出せるため、求められるスキルは従来の運用要員に比べてかなり幅広い。主なスキルは次の通りである。

- ソフトウエアエンジニアとしてのプログラミングスキル
- ネットワークやサーバーなどのITインフラ環境を、クラウドサービスや運用ツールを活用して構築・維持管理できるスキル
- 複数のDevOps体制向けに共通の運用サービスを提供し、標準化を推進できるスキル
- 複雑なリリース作業の本質を理解して、テスト・リリースの仕組みを簡素化できるスキル

•障害の根本原因分析や是正策検討といった2次対応を率先してできるスキル
•運用統制を理解し、仕組みとして組み込むスキル

(4) SREチームの要員確保

　DevOps体制内での連携の重要性を考慮すると、外部ベンダーに委託するのではなく、社内の要員でSREチームを構築することが理想である。しかし日本では、外部委託した運用業務を管理するスキルを持つ社内要員は多いものの、ITインフラ環境の自動化スキルを持つ要員は少ない。このため、SREチームには運用部門の要員だけでなく、開発部門でITインフラ環境を構築維持している要員を充て、初期立ち上げを行っていることが多い。

　また、社内要員のスキル補填のため、一部に外部要員を加えるケースも多い。ただし、SRE要員に求められるのは技術スキルだけでなく、価値観も重要であるため、176ページで説明したような価値観を持つ（持てる）人間なのかどうかを見極めると共に、必要に応じて啓発や教育を行うことが必要となる。

　デジタル化の進展に伴い、今後日本でもアジャイル開発がある程度浸透していくことを考えると、SREチームの要員確保や育成は、各企業の重要な課題になると考えられる。企業レベルでアジャイル開発を導入していく場合、新たに次世代運用というケイパビリティを確保する必要がある。

「デジタル実践力」の自己診断

問①　データ起点の業務プロセス改革に必要なデータを選別し、業務プロセス改革を実行する手法と体制が確立されているか。

- [ ] 確立されていない
- [ ] データ起点の業務プロセス改革を実施できるメンバーはいるが、手法や体制は確立されていない
- [ ] データ起点の業務プロセス改革を実施するための手法・体制が確立されている

問②　自社の業務にAIを導入するプロセスが確立されているか。また、AIを誰もが活用できるようにするための民主化ツールが活用されているか。

- [ ] AI導入プロセスが確立されておらず、民主化ツールも活用されていない
- [ ] AI導入プロセスは確立されているが、民主化ツールは活用されていない
- [ ] AI導入プロセスは確立されており、民主化ツールも活用されている

問③　データを安心・安全かつ迅速に利活用するためのルール・規定を策定しているか。また、利活用するデータ範囲の変更に伴い、ルール・規定が更新されているか。

- [ ] 策定していない、もしくは一部業務領域（個人情報取り扱いなど）にとどまる
- [ ] 全社大で共通のルール・規定を策定している
- [ ] 全社大で共通のルール・規定を策定しており、かつ、随時更新している

問④ デジタル化の推進において、アジャイル開発を適用するチームを組成し、開発内容や品質に関する意思決定権限を委譲しているか。

- [ ] アジャイルチームを組成していないもしくは、特定少数のアジャイルチームを組成している
- [ ] 多くのデジタル化推進施策においてアジャイルチームを組成し、一部権限を委譲している
- [ ] 多くのデジタル化推進施策においてアジャイルチームを組成し、開発内容や品質に関する権限を委譲している

問⑤ 基幹システムなどの大規模システムにアジャイル開発を適用するための手法とマネジメント体制が確立されているか。

- [ ] 大規模システムにアジャイル開発を適用するための手法も体制もない
- [ ] 基幹システムなどの大規模システムにアジャイル開発を適用するための手法を理解しているが、マネジメント体制は未整備
- [ ] 基幹システムなどの大規模システムにアジャイル開発を適用するための手法を理解しており、マネジメント体制が確立されている

問⑥ アジャイル開発で構築された情報システムに対し、迅速にリリース・運用するための次世代運用の手法と運用体制が確立されているか。

- [ ] 手法も存在せず、体制も有していない
- [ ] 一部のチームで、属人的に次世代運用に取り組んでいる
- [ ] 次世代運用を適用するための手法が確立され、多くのチームで次世代運用体制を有している

第**4**章

デジタルアーキテクチャー・デザイン力

これまで企業の成長戦略は、3〜5年程度の単位で、現状を改善していく積み上げ型のアプローチで策定されることが多く、「ITアーキテクチャー」も既存の延長で検討されてきた。ITアーキテクチャーとは、業務アプリケーション、データ、システム基盤、セキュリティー、システム運用を含むシステムの全体構造のことを指す。

ただ現在は、「全く新しい技術の誕生に伴うビジネスモデルの劇的変化」など、非連続な環境変化が発生する中で、10年程度の長期的な時間軸で未来のビジョンを描くことが求められている。ITアーキテクチャーに関しても、未来から逆算して現状とのギャップを明らかにし、そのギャップを埋めるために必要なものを計画的に検討・導入する必要がある。

とはいえ全社的なデジタル化の拡大に向けて、自社システムについて整理すべき事項や、押さえるべき要素技術は多岐にわたる。そもそも「何を検討すべきか分からない」という人もいるだろう。そこで第4章では、非連続な環境変化が起こる時代に必要となるITアーキテクチャーを「デジタルアーキテクチャー」と定義し、これをデザインするために必要な力を述べる。

4-1節では、デジタルアーキテクチャーの全体像とその構成要素、およびアーキテクチャー構想の進め方について解説する。デジタルアーキテクチャーでは、「マイクロサービス」と「クラウド」の積極的な活用が求められる。マイクロサービスとは、数多くの小さな単位で構成される、疎結合なシステム構造（アーキテクチャー）である。4-2節と4-3節では、システムの疎結合化とクラウド活用について、その必要性や検討の進め方を解説する。4-4節ではデータ活用の課題を踏まえ、データを活用するための基盤構築について解説する。

デジタル化は、自律分散的に各組織で非同期に進むことが多く、品質よりスピードを重視するので個別最適化となりやすい。これを防ぐためのサービス間の連携や共通サービスは4-5節で説明する。共通サービスには、認証などのセキュリティー機能や、リリースや監視などの運用機能などがある。

本章で述べる内容は、技術的な要素を多く含んでいる。主にビジネスサイドの立場でDX（デジタルトランスフォーメーション）やデジタル化に関わ

られる方は、最低限4-1節を読み、概要をつかんでほしい。また、より技術的な内容に関心のある方は、本書と同時に刊行されている『DX推進から基幹系システム再生まで　デジタルアーキテクチャー設計・構築ガイド』（日経BP発行）に詳述しているので、そちらも併せて読むことをお勧めする。

4-1 デジタルアーキテクチャー構想

4-1-1　全社視点でコーポレートITとビジネスITの連携を図る

　デジタル化の進展によって、企業には従来の社内向けシステム「コーポレートIT」と、デジタル化によって新たに構築される社外向けシステム「ビジネスIT」が共存することになる（**図表4-1**）。この2つのシステムは目的も特性も異なる。

　コーポレートITは、オペレーションの効率化を目的とし、社内ユーザーが利用する業務向けサービスが中心である。人事給与、財務会計、生産管理、在庫管理、受発注管理といった企業の業務と直接関わる基幹システム群であ

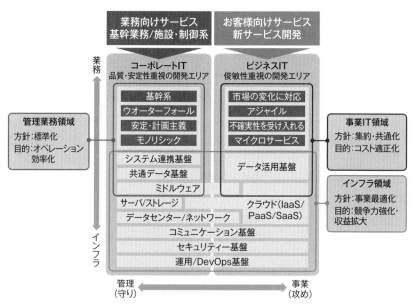

図表4-1　コーポレートITとビジネスITに求められるアーキテクチャー要素
出所：NRI

る。品質と安定性を重視してウオーターフォールで開発することが多い。システムの構造（アーキテクチャー）はモノリシック、つまり構造的に一体化されているシステムが一般的である。

　一方のビジネスITは、競争力強化や収益拡大を目的とし、顧客（一般消費者）が利用するサービスが中心である。システムライフサイクルのスピードを速めるためアジャイル開発する場合が多い。

　両者は様々な点で異なるため、従来のコーポレートITのやり方をビジネスITに適用するとうまくいかないことが多い。例えば、品質・安定性を重視したシステム開発のやり方をビジネスITに適用しようとしても、ビジネス要求を満たせず、デジタル時代のビジネスに対応できない。ただ、ビジネスITはコーポレートITのデータを活用するので、コーポレートITとビジネスITが共存し、スムーズに連携できなければならない。

　デジタル化を進めると、スピード・アジリティとデータ活用のしやすさが求められる。スピード・アジリティとは、ビジネスの変化に迅速に対応できることであり、データ活用のしやすさとは、部門や会社の垣根を越えてデータを使いたいときに使えることである。

　こうした取り組みを企業内の特定システムだけに適用しても効果はほとんどない。例えば、企業内の一つのシステムだけアジャイル開発やマイクロサービスを適用してスピード・アジリティを向上させても、ほかのシステムとの接続が必要になればその効果はなくなり、迅速な対応ができなくなる。また、デジタルチャネルとリアル店舗を融合したマーケティングや販売を行う際に、新たに構築したビジネスITシステムで、リアルタイムなデータ活用を行える仕組みを構築したとしても、コーポレートIT側のデータがタイムリーに更新されなければ、中途半端な分析しかできない。

　つまり、企業内にコーポレートITとビジネスITが共存するには、個別システムの視点ではなく、企業全体の視点でシステム構造を見直さねばならない。そのよりどころとなるのが「デジタルアーキテクチャー構想」である。デジタルアーキテクチャー構想の策定は、企業ごとに異なる事業環境やニーズを踏まえ、デジタル化推進において求められる要素を洗い出したうえで、

企業全体のデジタルアーキテクチャーのあるべき姿を描く。これは、現在のシステム構造を刷新するための第一歩である。

　エネルギー業Ａ社のケースを紹介しよう。デジタル化に取り組んだＡ社は、デジタル事業の成長に応じてシステムを拡張し、基幹システムのデータが必要になるたびにコーポレートＩＴとつなげていた。その結果、各システムの構造は個別最適化してしまい、運用・保守費用は高止まりし、改修期間は長期化、新サービスのリリース時期は遅れ、データが散在することによるデータ活用の複雑化などの問題が顕在化していた。そこで、都度拡張してきたシ

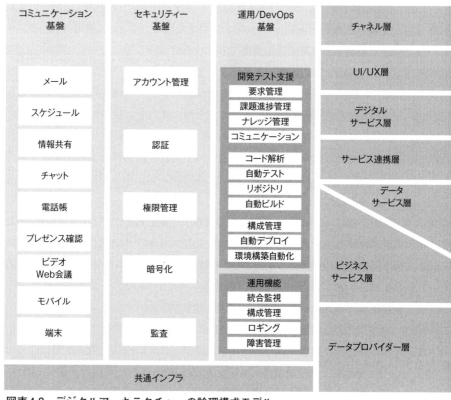

図表4-2　デジタルアーキテクチャーの論理構成モデル
出所：NRI

ステムを使い続けるのではなく、10年後を見据えた全社システムのあるべき
姿を描き、デジタル時代を見据えてシステムを刷新すべく「デジタルアーキ
テクチャー構想」を策定した。

　具体的には、従来はモノリシックであったシステムを、利用者目線と機能
目線で分割し、システム横断でデータ連携・活用を担う基盤の整備や、新技
術を検証するための環境整備などの方針を定め、これらの方針を実現する全
体アーキテクチャーの定義とロードマップを整備した。この取り組みにより、
コーポレートIT領域、ビジネスIT領域とも、将来的に目指すべき姿が全社

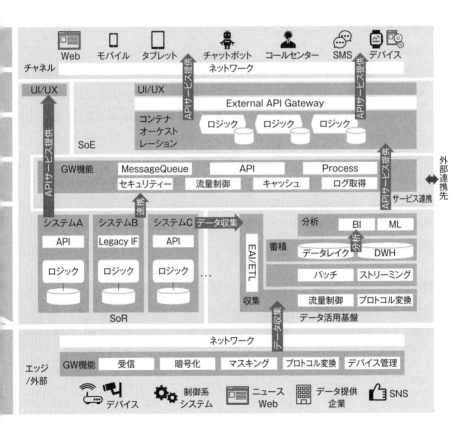

で明確になり、システム刷新時などのタイミングで、全社視点で最適化されたシステム構造の実現に向けた取り組みを推進している。

4-1-2　デジタルアーキテクチャー全体像

デジタルアーキテクチャーの論理構成モデルを示そう（**図表4-2**）。図を見ると分かるように、デジタルアーキテクチャーには「7つの階層」と「共通インフラ」があり、共通インフラには3つの基盤がある。

デジタルアーキテクチャーの7階層
チャネル層
ユーザーとサービスとの最初の接点となる階層。パソコン、スマートフォン、タブレットなどの端末、そこからアクセスするアプリケーション（Webブラウザー、チャットボット、SMSなど）のほか、コールセンターなどの顧客サービスもチャネル層に当たる。スマートウォッチやカーナビのようなデバイスや、アクセス用のネットワークも含まれる。

UI／UX層
ユーザーが利用するサービスのインターフェースとなる階層。UI（User Interface）とはアプリケーションの画面デザインやボタン、テキストなどを指し、UX（User Experience）とはそれらによる一連のサービス利用体験を指す。使いやすく新しいユーザー体験を実現する機能が求められる。最近では文字や2Dグラフィックに加え、音声認識やAR（Augmented Reality：拡張現実）、VR（Virtual Reality：仮想現実）、3Dグラフィック、触覚の伝達など、様々なインターフェースが登場しており、目的に合わせて適切なインターフェースが使われる。

デジタルサービス層
顧客（一般消費者）が利用するサービスを提供する階層。ビジネスITを実

現する階層に当たる。「ユーザー視点を取り入れ企業とユーザーをつなぐエンゲージメントシステム」を意味するSoE（Systems of Engagement）とも呼ばれる。迅速なサービス提供やシステム変更の容易さ、柔軟性の高さが求められるため、APIやマイクロサービスを活用した疎結合な構造にするのが望ましい。具体的には、利用者目線のシステムと機能目線のシステムを分けて用意することで、システムがシンプルになる。アプリケーションは、コンテナ技術を利用することで柔軟性を高める。コンテナは、OS上のアプリケーションの動作環境を仮想的に複数に区切った単位のことである。各コンテナはOSやほかのアプリケーションのプロセスから隔離された環境になるため、システム変更が容易で、再利用性も高くなる。

サービス連携層

　メッセージング連携やAPI連携の機能を有する階層で、デジタルサービス層とビジネスサービス層、デジタルサービス層とデータサービス層、自社システムと外部企業のシステムとの連携を実現する。ほかの階層からの接続を受け付けるゲートウエイのような役割を果たしており、リクエスト処理の適切なルーティング、アクセス制御および流量制御、同じリクエストの2回目以降の要求に対応するキャッシング機能、ロギング機能などを備える。なお、サービス連携層は企業全体のサービスをつなぐ共通インフラとしての機能を持つ。4-5節にて詳細に説明する。

データサービス層

　社内外のデータを収集・蓄積し、データ同士のつながりを手掛かりに、新たなビジネスチャンスやサービス価値の創造を実現するための階層。データ活用基盤やデータ分析基盤、SoI（Systems of Insight）とも呼ばれる。データサービス層では、デジタルサービス層、ビジネスサービス層、データプロバイダー層から様々なデータを収集・蓄積し、利用可能な形に加工し、分析して活用する。分析に当たっては統計解析や機械学習、AI（Artificial Intelligence：人工知能）などの技術を活用する。

データサービス層は、必要な機能や具体的なデータ処理方式の検討ばかりが重視され、将来的な拡張性や維持管理などの観点が抜け落ちやすい。さらに、企画立案や実証実験の段階では、運用管理やセキュリティー面での課題が後回しになることも多い。漏れなく検討するには、データサービス層でのデータ分析に必要なプロセス、扱うデータの構造、データの処理方式などを基に、自社で必要な機能要素を事前に洗い出して整理しておくとよい。

　またデータ活用は導入してすぐに目に見えた効果が上がることはなく、試行錯誤が必要だ。すぐには投資対効果が見えにくく、手戻りが起こることも多い。まとめて製品やツールを導入すると無駄が生じることもある。そのためHadoop（データを複数のサーバーに分散して並列処理するソフトウエア）やR（統計解析言語・環境）に代表されるオープンソースや、クラウドベンダーが提供するマネージドサービスを使ってデータ分析環境を構築する企業が増えている。

ビジネスサービス層

　社内ユーザーが利用するサービスを提供する階層。コーポレートITに相当し、「記録のためのシステム」を意味するSoR（Systems of Record）とも呼ばれる。長年企業のビジネス活動を支え続けてきた基幹システムなどが該当し、しばしばメインフレームや大規模なオープン系システムなどが残っている。こうしたレガシーシステムはデジタル化推進時に刷新が必要そうにも思えるが、実際には完全に新システムに置き換える必要はない。デジタルサービス層との連携強化が鍵となる。

　デジタルサービス層をフロントエンドと位置付けると、ビジネスサービス層はバックエンドに当たる。両者は互いに連携して動作し、ビジネスサービス層が提供する業務サービスやトランザクション処理によって蓄積されたデータ群を、デジタルサービス層が利用することがある。例えば、スマートフォンから商品の在庫情報をリアルタイムに把握するサービスが必要な場合、新規にデジタルサービス層の機能を開発せず、既存のビジネスサービス層の機能を呼び出すといったケースだ。ただし重厚に作られたビジネスサービス

層は、「在庫情報の検索」といったデジタルサービス層から使いやすい機能を単独で提供するのが難しいことも多い。つまりビジネスサービス層の機能をほかの階層向けに柔軟に提供できるようなAPIの整備や、場合によってはサービス構造の見直しが必要となる。

データプロバイダー層

　データサービス層につながるデータの源泉となる階層。パソコンやスマートフォンだけでなく、これまではデジタル化されていなかった工場など、様々な設備のIoT（Internet of Things）化が進み、温度、湿度、加速度、圧力、音など幅広い情報をセンサーやカメラなどのデバイスから収集可能となっている。

　一般に、デバイス類が収集したデータをそのままクラウドなどに送信すると大容量の通信回線が必要となってしまう。そのため、IoTのシステムでは、データが発生した近い場所（エッジ）でデータを一度処理する「エッジコンピューティング」を採用することが多い。エッジ側に負荷を分散することで、データ処理の待ち時間を短くして低遅延を実現する狙いだ。データを集めるデバイスにリソース上の制限がある場合は、IoTゲートウエイを用意する。IoTゲートウエイは複数のデバイスからのデータを一時的に収集し、マスキングや暗号化、プロトコル変換などの処理をしてからクラウド上のサーバーに送信する。今後、超低遅延の特徴を持つ5Gの商用サービスが本格化すると、エッジコンピューティングの効率が劇的に向上する可能性がある。

　なおデータプロバイダー層では、自社で収集できないデータも収集・分析の対象となる。そのような外部データの例として、Web上のニュースやSNSへの投稿、建物や施設の情報、そのほか行政やデータ提供事業者から得られるデータがある。

共通インフラ

コミュニケーション基盤

　メール、チャット、ビデオWeb会議、電話帳や情報共有などのコミュニケーション機能と、モバイルや端末などのコミュニケーションデバイスから成る

基盤。時間と場所の制約を排除したシームレスなコミュニケーションを実現する。

セキュリティー基盤

　不正侵入、盗聴、改ざん、情報漏洩など、セキュリティー上の脅威に対して、認証やアクセス制御、暗号化などの対策を講じるための基盤。近年は標的型攻撃やAPDoS（AdvancedPersistent DoS）攻撃など、サイバー攻撃の手口がますます巧妙化しており、システムに対する脅威は増加している。これまでのセキュリティー対策は、インターネットや社内LANのようにネットワークをゾーニングし、その境界ごとにファイアウォールやIDS（Intrusion Detection System：侵入検知システム）、IPS（Intrusion Prevention System：侵入防止システム）を設置して不正な通信を監視・防御する「境界防止型」（ペリメタモデル）が主流だった。ペリメタモデルは、守るべきものは境界の内側にあり、脅威を境界の内側に入れない、信頼されたエリアからのアクセス認証は省略するという考え方である。一度認証したユーザーや端末は信頼できると判断するため、企業システムの内部で発生する脅威には対応しにくい。しかし、近年はクラウドやIoTの導入、モバイル活用、企業間でのAPI連携が進み、ネットワークの境界が曖昧となっている。境界だけを防御しても、安全性を担保するのは難しい。そこでネットワークの内と外を区別せずにすべての通信を検証確認し、厳密なアクセス管理を徹底する「ゼロトラストモデル」という考えが注目されている。「ゼロトラストネットワーク」「ゼロトラストセキュリティー」とも呼ばれる。

運用／DevOps基盤

　システムの安定稼働や維持管理に必要な運用機能と、DevOpsの機能を提供する基盤。運用面では監視やロギングの機能が含まれる。DevOpsは開発部門（Development）と運用部門（Operation）が連携・協力して、サービスデリバリーのリードタイムを短縮する考え方である。

　DX（デジタルトランスフォーメーション）を実現するには、従来のオンプ

レミスシステム前提の運用と、クラウドの運用を統合していく必要がある。また、複数のクラウドサービスを使ってシステムを構築する企業もあるため、マルチクラウドを統合する運用基盤も求められる。コンテナやサーバーレスなど、クラウド上のアプリケーション実行環境の管理機能も必要だ。一般に管理コンソール機能はクラウドサービスごとに異なるため、オンプレミスやマルチクラウドも含めて統一した運用を実現するには、別のインターフェースが必要だ。クラウド事業者やシステムインテグレーターの一部は、こうした複数環境を統合管理するサービスを提供している。DevOps基盤はシステムリリースまでの一連のプロセスにおいて、情報共有機能、CI（継続的インテグレーション）機能、CD（継続的デリバリー）機能などを提供し、開発やテストを支援する。

4-1-3　デジタルアーキテクチャー構想の進め方

企業に適したデジタルアーキテクチャーの必要性

　デジタルアーキテクチャー構想は、従来のアーキテクチャー検討とどう異なるのだろうか。従来は、ビジネス要件・業務要件を受け、事業部門・IT部門が協業して現行の可視化・課題分析から始め、あるべき姿を描くことが多い。それに対してデジタルアーキテクチャー構想は、システムへの期待・ニーズから描かれる、あるべき姿が起点になる。現状・課題を起点とした活動ではなく、デジタル時代のビジネスに向けてシステムが実現するべきことを先に描き、そこから未来起点で検討する。すなわち、事業部門ではなく、IT部門が起点となる。

　事業部門が実現したいデジタルビジネス要件（短期間で対応したい場合が多い）に対して、システムが足かせにならないように備える。具体的なビジネス要件が出てくる前に、デジタルアーキテクチャー構想を通じて迅速なシステム開発やデータ活用を実現できるシステム構造にしておくことで、日々変化するデジタルビジネス要件に短期間で対応できる状態にしておくというわけだ。

準備	システムへの期待整理	新システムの方針検討	全体構想立案
(1) デジタルアーキテクチャー構想計画	(2) 将来のシステムへの期待整理	(5) 改革コンセプトの検討	(8) ロードマップ策定
	(3) システム全体に対するニーズ整理	(6) アーキテクチャー仮説の立案	
	技術動向調査 (4) 技術動向調査	(7) デジタルアーキテクチャーの検討	

図表4-3　デジタルアーキテクチャー構想の検討プロセス
出所：NRI

デジタルアーキテクチャー構想のプロセス

　そのようなデジタルアーキテクチャー構想の検討プロセスは、**図表4-3**に示す順に進める。

(1) デジタルアーキテクチャー構想計画

　デジタルアーキテクチャー構想の背景や目的、検討範囲を明確にしたうえで、スケジュールや実行体制・会議体などを規定し、関係者間で合意をとる。スコープが企業全体になるため、IT部門だけでなく、事業部門や経営層も巻き込んだ活動とすることが重要である。各部門の最終意思決定者も巻き込んだ体制を構築し、節目のレビューに参加してもらう。こうすることで、経営層を含めた企業全体としての方向性とすり合わせながら進めることができる。

(2) 将来のシステムへの期待整理

　経営層や事業責任者が定めている事業計画を踏まえ、10年後を見据えた情報システムに対する具体的な期待や要請を引き出す。多くの企業で中期経営計画などの事業戦略は作られているが、システムへの期待は記載されていないこともあるので、その場合は、経営層や事業部門へのヒアリング、事業計画の確認などを実施する。企業の事業戦略にシステムがどのように貢献できるのか

を改めて検討する。ただし、デジタル化の取り組みは先が見えない場合が多く、具体的なシステムへの期待が引き出せない場合も想定される。その場合は、デジタル化の取り組みにおいて汎用的に求められること（迅速にシステムを改修できること、データ活用できることなど）をベースに検討を進める。

(3) システム全体に対するニーズ整理

　事業部門に対するヒアリングやドキュメントの確認を通じて、システムに対するニーズを整理し、後工程のインプットとする。ここでのポイントは、デジタルアーキテクチャーの全体を見据えたニーズを対象とすることである。目先の細かいニーズ（画面をこのように作り替えたい、など）は除外し、全体のアーキテクチャー策定に寄与する抽象化されたニーズを整理する。例えば、「新たにデータ分析に取り組みたいが、社内にどのようなデータがどこにあるのかが分からない」などが挙げられる。ただし、ビジネスの将来像が不透明な中で、事業部門からこのようなニーズが出てこないことも考えられる。その場合は、第1章で説明したデジタルビジョンやデジタル戦略をインプットに、IT部門側で将来のシステムに求められるニーズを整理する。

(4) 技術動向調査

　最新技術のトレンドや将来的に登場予定の技術を把握し、デジタルアーキテクチャー構想のインプットとする。テクノロジーの変化のスピードは速い。例えばクラウドは今や企業のシステムに欠かせない基盤として広く認知されているが、導入され始めてからまだ10年もたっていない。つまり今はまだ企業のシステムで使われていない技術でも、将来的に広く普及する可能性がある。今後の技術トレンドを把握し、仮説を立てながら検討を進めることが重要である。

(5) 改革コンセプトの検討

　「(2) 将来のシステムへの期待整理」の工程で導き出したニーズを分析し、改革コンセプトを定義する。皆に理解されやすいように、1行程度で収まるものを2〜3個以内で定義するのがよい。例えば、「ビジネス価値を最大化するため、

柔軟にデジタルサービスを提供する」や「データドリブンなビジネスを実現するため、多種多様なデータの分析・活用環境を提供する」などが挙げられる。

(6) アーキテクチャー仮説の立案

　想定される利用シーンに対して、有効に機能するアーキテクチャー仮説を検討・立案する。現在のシステム制約をいったん度外視し、利用者目線でシステムの利用シーンを想定し、あるべきアーキテクチャーとはどのようなものかを考える。現時点での利用シーンだけでなく、将来的に実現したいものも含めて想像する必要がある。例えば、「法制度に素早く対応するため柔軟性が高く疎結合なアーキテクチャー」「リアルタイムに他システムや他社とのデータ連携するためのデータ連携基盤の整備」「マーケティング戦略を立案するため全社のデータを分析する基盤の整備」などの仮説が考えられる。

(7) デジタルアーキテクチャーの検討

　検討したアーキテクチャーの仮説と、ここまで述べて来たデジタルアーキテクチャーの7つの層と3つの共通インフラの構成要素を比較し、検討領域に漏れがないかを確認する。併せて、企業全体のデジタルアーキテクチャーとシステム開発の方向性を定義する。具体的には、アーキテクチャーの仮説や現行システムをベースに、デジタルアーキテクチャーを適用すべきシステムを洗い出す。その後、洗い出されたシステムと論理構成モデルを比較し、システム全体に不足がないことを確認する。システムの種別によって「安定性重視か俊敏性重視か」「競争領域かコモディティー領域か」など、求められる特性は異なるため、種別ごとにシステム開発の方向性を定める。

　例えば、デジタルサービス層のシステムであれば、競争領域であるため新たにスクラッチ開発する方針になる。ビジネスサービス層のシステムは、運用費や予算規模に応じ、塩漬けにするか、パッケージを活用して再構築する方針になる。なおこの時点では、最終的に必要となるすべてのシステムが洗い出されているとは限らない。将来追加するシステムが出てきた際にも適用できるように、システムの種別ごとに開発や整備の方針を決めておくことがポイントである。

(8) ロードマップ策定

　これまで検討してきたデジタルアーキテクチャーの全体像はあくまで机上の結論で、実効性は見極められていない。実際には、描いたデジタルアーキテクチャーに従って構築したシステムを検証し、改革コンセプトが実現できているかどうかを確かめる必要がある。そのため、構築後の効果検証の計画も含めたロードマップの策定が求められる。

　一般的なロードマップのステップは、「プロセス・ルール検討期」「トライアル試行期」「展開期」の3つに分けられる。

　「プロセス・ルール検討期」には、アーキテクチャーの刷新に向けて運用プロセスやルールを検討する。これまでにまとめた机上のアーキテクチャーを、現場の実システム上にどう落とし込むかを具体的に考える。例えば、「共通インフラ機能は既存業務システムに先立って刷新する」といった刷新順の整理や、既存業務システム更新時の新アーキテクチャー刷新可否の判断ルールの整備、などが挙げられる。

　「トライアル試行期」には、実際に既存業務システムの更新案件に対して新アーキテクチャーを適用する。そのうえで、新アーキテクチャーの定めたコンセプトが想定通り機能するかどうかを検証する。システム更改時期などを見極めたうえで、手の付けやすいシステムから試行していくのがよい。そうして小規模な成功体験を積み重ねることで、企業全体のシステム刷新に対する社内の抵抗感を払拭していく。

　「展開期」には、「トライアル試行期」で行ったいくつかのシステム刷新で獲得した新アーキテクチャー適用時のノウハウを受けて、新アーキテクチャー導入時の基本ルールを整理し、定着させていく。プロセス・ルールを定めるだけでなく、必要に応じて新アーキテクチャーに対してアドバイスや設計を行うアーキテクチャー管理組織を立ち上げる。また、管理組織は、新しいシステムがリリースされるたびにルールを検証し、自律的・継続的に改善を図ることも重要な役割となる。

4-2 疎結合

4-2-1　マイクロサービスが生まれた背景

　デジタルビジネスを支えるシステムは疎結合なシステムが求められる。疎結合化の最新のトレンドであるマイクロサービスが生まれた背景を振り返りながら、疎結合の意義を確認しよう。

アジャイルによってアーキテクチャーは変化が求められた

　マイクロサービスとは、個別に開発された小さなサービスを組み合わせ、一つのサービスを提供するITアーキテクチャーの考え方である。マイクロサービスの導入で先頭を走る企業としては、Amazon.comやNetflix、Uber Technologiesなどの米国のWebサービス企業が有名だが、これらの企業はマイクロサービスの登場以前から、スピード・アジリティを獲得するために、**図表4-4**に示すような取り組みを行ってきた。

　Webサービス企業が台頭してきた2001年、アジャイル開発の先駆者たちによって「アジャイルソフトウエア開発宣言」が発表された。アジャイル開発はシステム開発手法の一つであり、その特徴は不確実性への対応に優れて

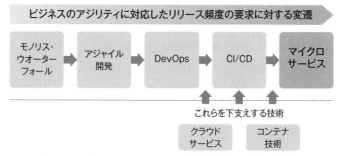

図表4-4　スピード・アジリティを向上させるための技術・手法の変遷
出所：NRI

いる点にある。ITシステムの役割が企業内の業務効率化から一般消費者への価値提供へと拡大する中で、特に一般消費者をユーザーとするWebサービスは変化に対応することが求められた。変化に迅速に対応するには、システム開発後の変更対応が重要なので、時間をかけて緻密な計画を練るよりも小さく始めて徐々に大きくした方が効率的、かつ効果的であることから、アジャイル開発が徐々に取り入れられていった。

その後、DevOpsやCI／CDが取り入れられシステムの変更頻度が増すにつれ、アーキテクチャーも変化への強さが求められるようになった。そこで技術の発展とともに登場したのが、「マイクロサービスアーキテクチャー」である。疎に結合された小さなサービス（マイクロサービス）の集合体として一つのシステムを構成するサービス指向アーキテクチャーの一種である。密結合なモノリシックシステムでは、部分的な改修であっても全体に影響が及ぶため、システム開発を行う際の影響調査範囲やテスト範囲の負荷が大きく、抜け漏れが起きやすい。一方、疎結合なサービスで構成されるマイクロサービスアーキテクチャーでは、こうした様々な事象に対する影響範囲を局所化できる（**図表4-5**）。

マイクロサービスアーキテクチャーは、2014年にジェームズ・ルイス氏と

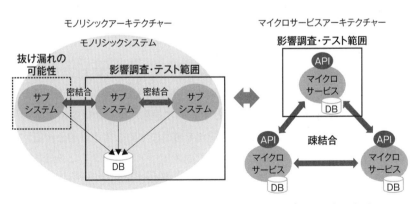

図表4-5　モノリシックアーキテクチャーとマイクロサービスアーキテクチャー
出所：NRI

MSAの主な特徴	概要
サービスによるコンポーネント化 (Componentization via Services)	主要な機能はライブラリやモジュールではなく、別プロセスで動作する独立したサービスとしてコンポーネント化する。
ビジネス機能に基づいた組織編成 (Organized around Business Capabilities)	ビジネスの単位でチームを編成する。 Conwayの法則によれば、チーム構造とシステム構造は同じになる。
プロジェクトではなくプロダクト (Products not Projects)	期限のあるプロジェクトとしてのシステム開発ではなく、プロダクトとして開発 / 運用を継続し、ビジネスとしての価値を高めていく。
スマートエンドポイントと土管 (Smart endpoints and dumb pipes)	サービス間連携で使用する技術は、あくまで「土管」としてシンプルなものを採用する。
分散統治 (Decentralized Governance)	単一プラットフォームの採用や採用技術の標準化では、活動の抑制につながる可能性がある。各サービスの特性に最適な技術の選択を、個々のチームに裁量を与える。
分散データ管理 (Decentralized Data Management)	ビジネス単位でのチーム編成や分散統治の結果、統合データベースではなく、各サービスでデータベースを持つことになる。
インフラストラクチャーの自動化 (Infrastructure Automation)	徹底した自動化とCI/CDの採用。
障害、エラーを前提とした設計 (Design for failure)	サービスを通してコンポーネント化するため、依存する多数のサービスの障害に耐えられるように設計しなければならない。
進化的な設計 (Evolutionary Design)	小さなサービス単位で進化できるように設計する。

図表4-6　マイクロサービスアーキテクチャーの9つの特徴
出所：https://martinfowler.com/articles/microservices.html

マーティン・ファウラー氏が提唱した概念で、9つの特徴を持つ（**図表4-6**）。だが概念的なものであり、明確な定義は存在しない。2000年代初頭にバズワードとなったSOA（サービス指向アーキテクチャー）と混同されることも多い。

　SOAとマイクロサービスアーキテクチャーはどちらも巨大化したシステムを効率よく保守していくためのシステム分割の考え方だが、導入目的が異なる。SOAは再利用と分離を目的とするのに対し、マイクロサービスアーキテクチャーは段階的な機能追加や管理を容易にすることを目的とする。つまり、ビジネスが要求するシステムの変更スピードに追従するためのスピード・アジリティを獲得する手段として生まれたのである。

実店舗とECサイトを展開する小売業の例

　ここで、製造小売業A社の事例を紹介しよう。A社は実店舗に加えてEC
サイトを展開しているが、そのECシステムは度重なる改修によって複雑化
し、様々な問題を抱えていた。特に問題視されていたのは、セール期間中に
ECサイトへのアクセスが殺到してシステムがダウンすることだった。ECサ
イトと実店舗のシステムを共有しているため、ECサイトがダウンするだけ
でなく店舗のシステムまで使えなくなるという問題があった。A社はオンラ
インとオフラインの融合（OMO：Online-Merges-Offline）を推進しており、
顧客情報を一元管理して様々なサービスで活用することを目指していたため、
単純にECサイトと店舗でシステムを分けても解決しない。また、システム
の改修スピードにも問題があった。顧客体験を最大化するにはシステムに頻
繁に変更を加える必要があったが、変更に伴う影響調査やテストに時間がか
かり、改修頻度を高めるのには限界があった。

　そこでA社は、既存のシステム構成ではデジタル化を有機的に推進するこ
とは不可能と判断し、「マイクロサービスアーキテクチャー」を採用し、疎
結合なシステムへの転換を図った。ECサイトと店舗の機能を分離しながら
も、顧客情報を共有する緩やかに結び付いたシステムを実現した。これによっ
てコロナ禍で高まったEC需要にも対応できるだけのシステムの可用性と、
頻繁なシステム改修要求に耐え得るスピード・アジリティの双方を獲得し、
Eコマースの売り上げは好調に推移している。

　ただ、変化の速いWebサービスにマイクロサービスアーキテクチャーを
導入するだけでは不十分である。A社の場合、在庫管理や決済などの基幹シ
ステムとの連携が欠かせない。連携先システム側の改修に時間がかかり、
ECサイトへの機能追加が間に合わないという状態では、デジタルビジネス
を支えるスピード・アジリティを獲得できていない。基幹システムを含めた
企業が保有するシステム全体として、疎結合な状態を実現することが重要な
のである。

4-2-2 疎結合化なアーキテクチャーを実現するための方針策定

スタートアップでもモノリシックからスタート

　スタートアップ企業などがゼロから基幹システムを開発する場合、既存システムの制約がないため疎結合なシステムを実現しやすい。ただし、初めからマイクロサービスアーキテクチャーを取り入れようとすると、サービス分割の検討や実装に伴う様々なオーバーヘッドが発生してしまうため、その分、スピード・アジリティを損ねてしまう。特に新規事業におけるシステム開発はスピードが求められるため、まずはオーバーヘッドの少ないモノリシックなシステムで小さくスタートし、規模の拡大に伴ってマイクロサービスアーキテクチャーの導入を検討することが望ましい。一般的にマイクロサービスアーキテクチャーは一定規模以上のシステムへの適用で効果を発揮するとされる。

スピード・アジリティはビジネスサイドの課題

　一方、既存のモノリシックなシステムを刷新して疎結合なアーキテクチャーを目指す場合は、様々なハードルが存在する。一番のハードルは、アーキテクチャーの刷新に取り掛かることへの意思決定である。「現在問題なく稼働しているシステムをわざわざ作り替えることの正当性を経営層や事業部門に説明することが難しい」という意見をよく聞く。たとえ現場レベルでアーキテクチャー刷新の必要性を感じていたとしても、社内を説得できなければ取り掛かることはできない。また、社内のエンジニアの草の根活動で実現できるWebサービス企業と違い、ユーザー企業ではシステム開発を外部委託していることが多く、新たなコストが発生してしまう点が大きなハードルとなる。

　しかし、スピード・アジリティは、IT部門に閉じた話ではなく、経営やビジネスに大きく関わる課題である。ビジネス要求の変化に耐え得るスピード・アジリティを獲得するには、「システムの改修頻度」はおのずと高くなる。ビジネスサイドが抱える課題とITシステムが抱える課題の双方から疎結合

化の目的とそれに対応する効果を定義し、経営層にシステム刷新の意思決定を促していかなくてはならない。

マイクロサービスアーキテクチャーのメリット・デメリット

　システムの特性や疎結合化の目的を踏まえて目指すべきアーキテクチャー像を検討する。マイクロサービスアーキテクチャーの特徴は、スピード・アジリティだけではない。分権型のシステムとも言われるように、各サービスの独立性が高い点に特徴があるが、その独立性が保たれているが故のメリットとデメリットが存在する（**図表4-7**）。例えば、システム開発のスピード・アジリティを獲得できる一方で、システムを細分化することによって複雑性が増す。また、サービスごとの特性に応じた最適な技術を採用しやすくなるが、採用する技術が増えるのでエンジニアに求められるスキルセットが多岐にわたり、人材確保や人材の流動性の観点で難しさが増してしまう。このようなメリットとデメリットを踏まえて、どこまで疎結合化を行うことが適切なのかを考える。

	メリット	デメリット
システム開発	**開発生産性の向上** ●サービス間の独立性が高く、並行開発が可能 ●既存サービスの再利用が可能 ●システム改修に伴う影響調査範囲やテスト範囲を極小化	**開発難易度の増加** ●設計開発フェーズにおける試行錯誤が必要 ●マイクロサービス特有の設計上の考慮点が増加
リソース管理	**リソース(モジュール、データ)管理の効率向上** ●一つの組織で管理すべき範囲が小さいため、当該組織ではリソース管理がしやすい	**リソースの全体管理の複雑化** ●多数のサービスが複数の組織で個別に管理されるため、全体整合性確保を従来の仕組みで行うことは困難
運用	**スケーラビリティの向上** ●サービスごとの特性に応じ柔軟な構成・スケールが可能	**問題対処が難化** ●サービスをまたがる通信が多数発生するため、トラブル発生時の原因特定が困難（ツールの導入で緩和可能）
採用技術	**技術的多様性の許容** ●様々な技術を比較的自由に採用できるため、サービスの特性に応じた言語やプロダクトを選定可能	**人材流動性の低下** ●多様な技術に対応するために各エンジニアのスキルセットが多岐にわたるため、サービスをまたぐ人材の異動が困難

図表4-7　マイクロサービスアーキテクチャーのメリット・デメリット
出所：NRI

デジタルビジネスを支えるECサイトのようなシステムであれば、まずはマイクロサービス化を検討すべきだろう。Amazon.comは10秒に1回ものスピードでシステムリリースが行われているとされる。そのような世界で戦っていくのであれば、特にスピード・アジリティが求められる領域は不足しているケイパビリティを補ってでもマイクロサービスアーキテクチャーを目指すべきである。

　企業が保有するシステム全体をマイクロサービス化するのは最良の選択ではない。マイクロサービスを提唱したマーティン・ファウラー氏は、自身のブログにおいて、「モノリシックなシステムとして管理するには複雑すぎる場合にマイクロサービスを検討すべきである」としている[1]。この点で興味深い事例がある。マイクロサービスを実現する技術要素に「サービスメッシュ」という仕組みがあり、それを実装するオープンソースソフト「Istio」において、複数のプロセスが協調する形からモノリシックな方式にアーキテクチャーが変更されたのだ[2]。マイクロサービスからモノリスへの回帰である。Istioでは、開発期間の短縮や開発範囲の局所化というメリットと、複雑性が増すことによる開発・運用の負担増というデメリットをてんびんに掛け、さらにセキュリティー設計の考え方を取り入れることで、モノリシックなシステム回帰が適切と判断したとされた。

---

[1] https://martinfowler.com/bliki/MicroservicePremium.html
[2] https://istio.io/blog/2020/tradewinds-2020/

PoCで効果とリスクを洗い出す

　アーキテクチャーの刷新を実現するには、疎結合化の目的とそれに対応する効果を定義し、経営層にシステム刷新の意思決定を促す必要があると先に述べた。そのために有効な手段として、PoC（Proof of Concept：概念実証）による検証がある。システム開発に取り掛かる前にどのような効果が得られるのかを実際に検証するものだが、その目的は効果測定だけではない。疎結合化は従来のシステム開発とは異なるアプローチで取り組むことが望ましいため、PoCを事前に行うことでシステム開発のリスクを低減できるのだ。

　マイクロサービスアーキテクチャーの導入で先頭を走るNetflixも、まずはPoCから始めた。少しずつ適用範囲を広げるスモールスタートのアプローチをとり、小さなプロジェクトを重ねて課題を洗い出し、価値を証明した結果、今ではNetflixのサービスは多数のマイクロサービスで構成されるまでに広がった。新しい考え方を取り入れるには、PoCによる検証が有効である。

　疎結合化の進め方にも工夫が必要となる。一括でのシステム切り替えはリスクが伴うため、段階的に切り替えていくことが一般的だ。特に長期間稼働しているシステムは、改修を重ねて大規模になっている場合が多く、大規模システムの一括切り替えは、リスクが高くコントロール不可能なプロジェクト規模になってしまう。そこで、まずはシステム間連携を担うゲートウエイを用意し、システム間通信をゲートウエイ経由に切り替えてから、徐々に切り替える。内部の詳細な作りは外部に公開せず、システム間連携における接続仕様が変わらない限り連携先は気にする必要がない状態にすることで、切り替えの影響を最小限に抑えることができる（**図表4-8**）。このような切り替え方式は「Stranglerパターン」と呼ばれ、段階的に切り替える際に広く用いられている（ただし、企業やシステムの置かれた状況によっては、一括切り替えも選択肢の一つとなる）。

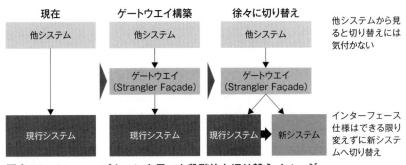

図表4-8　Stranglerパターンを用いた段階的な切り替えイメージ
出所：NRI

4-3-1　クラウド活用で直面する課題

　社会や市場のニーズの変化に迅速に対応するには、新規ビジネスを展開するためのシステムを一から作っていては、そのスピードに追従できない。システム構築・改修にかかる時間を大幅に短縮するために、各種クラウドサービスを活用することが、DX時代を勝ち抜くためには必要である。これまでも、オンプレミスで稼働しているコーポレートITのクラウド活用は進んでいるが、その多くはIaaSの活用止まりとなっており、期待していたほどスピード・アジリティが向上していないことが多い。ビジネスITではスピード・アジリティがより重要になるため、オンプレミス時代のアーキテクチャーから、クラウドサービスを最大限活用したアーキテクチャーへと移行させていく必要がある。

　しかし、クラウドサービスの導入・活用を進めている企業は様々な課題に直面している。まず、クラウド活用に関してよく聞く4つの課題を説明する。

課題①クラウド活用の検討が進まない

　クラウド活用の検討を進めたいが、経営層に目的や効果を定性的／定量的に説明できず、社内合意が難しい。具体的には、「どういったタスクが必要なのか全体像が分からない」「自社で利用すべきクラウドはどれを選べばよいか分からない」「セキュリティーなどの懸念点やリスクに対してどのように対処すればよいか分からない」といった理由で検討が進まない。

　これらの課題に対しては、経営戦略と現状の課題をひも付け、クラウドを積極活用する方針を立てて検討を進めていくことが重要となる（4-3-2参照）。

課題②乱立するクラウド環境

　クラウドサービスは比較的容易に利用できるため、部門単位でクラウド

サービスを独自に導入・利用するケースが増えている。これを「シャドーIT」と呼ぶ。IT部門は社内で利用しているシャドーITを把握できておらず、企業内で定めるセキュリティールールの順守などが管理できなくなる。

　この課題に対しては、統制の取れた標準の環境に集約していくことを考える必要がある（4-3-2参照）。

課題③期待していたほどのコスト削減効果が出ない

　コスト削減を目的として個別のクラウドに移行を検討したが、かえってコストが高くなったという話をよく聞く。特定のシステムだけをクラウド移行したり、現在のシステム構成や運用方法を変えずにそのまま移行したりすると、余計なライセンスコストや無駄なリソースを確保することになり、また、障害対応や監視の仕組みを新たに構築する必要があるなど、かえってコスト高になる場合がある。

　この課題に対しては、無駄を省くため、企業システム全体でコストの最適化を考えていくことが必要となる（4-3-2参照）。

課題④クラウドに移行したが期待していたほどアジリティが向上しない

　クラウドに移行してインフラの調達期間は短くなったが、システム全体としての改修時間はそれほど変わらないといった話もよく聞く。クラウドへ移行した際、アーキテクチャーや設計思想、開発／運用方法を変更せず、インフラを変えただけでは、アジリティを高めることは難しい。この課題に対しては、クラウドの特性を踏まえた設計／構成変更が必要だ（4-3-3参照）。

4-3-2　クラウド活用基本構想の検討フレームワーク

　上記課題①〜③を解決するためのフレームワークを紹介しよう。全社的なクラウド活用方針を策定するための検討フレームワークで、6つのステップからなる（**図表4-9**）。

図表4-9　全社的なクラウド活用方針策定の検討フレームワーク
出所：NRI

Step1　クラウド活用方針策定と現状調査

　最初に、経営戦略や事業戦略、ITもしくはデジタル戦略を確認したうえで、クラウド活用の方向性を検討する。クラウドを導入するには経営層の賛同を得ることが重要であるため、クラウドに対する経営層の懸念を解消し、経営レベルでの戦略や課題を解決するための手段として、クラウド活用がいかに有効かを説明する。コストが最適化される、迅速な新サービスの立ち上げや展開が可能になる、AI技術をはじめとする先進ITを活用しやすい、といった利点があることを説明すると効果的だ。

　次に、現状のIT環境を調査し、IT部門や利用部門が抱えている課題や要求にクラウド活用が有効かどうかを検討する。例えば、重要なシステムであるにもかかわらず災害対策が進んでいないという課題があるなら、オンプレミスで新たに災害対策環境を整備するよりもクラウド活用は有効であると判断できる。

Step2　クラウド利用基準策定

　このステップでは、各システムがクラウドへ移行できるかどうかの判断基準となる「クラウド利用基準」を策定する（**図表4-10**）。クラウド利用基準によって、「クラウドを積極的に適用すべきシステム」「適用するにはリスクがあるシステム」「適用すべきでないシステム」が明確になる。

　クラウド上で実現できない要件（ノックアウトファクター）と、移行する

項目		判断基準
可用性	目標復旧時間	非常に短い停止時間の要求があるか（例：稼働率 99.999%） 大規模災害時にどの程度で復旧させる必要があるか
	目標復旧ポイント	厳しい復旧要件が求められる（例：数秒～数分前の状態等）
性能・拡張性	レスポンス	非常に短いレスポンス時間の順守が必要
	スペック	クラウドで提供されていない非常に大きなサーバースペックが必要か
運用・保守性	オンサイト	オンサイトでの帳票出力や DVD へのデータ書き出しなどがあるか
移行性	利用 OS	クラウドで稼働できない OS が存在するか（例：IA 系 OS 以外等）
	ミドルウエア・製品	クラウドでサポートされないミドルウエア・製品が存在するか（例：HICS、CICS 等） クラウド利用した際の課金体系が整備されていない製品を使用しているか （例：物理サーバー単位など）
	開発言語	クラウドでサポートされない開発言語が存在するか（例：RPG 等）
	仮想化対応	IA 仮想化されているか
	システム間連携	外部とのシステム間連携、閉域網接続が多いか
	特殊要件	クラウドで使用できない特殊なアプライアンスや専用機器を使用しているか
セキュリティー	機密性	個人情報など、情報漏洩、消失により企業存続に影響を及ぼす機密データが存在するか
	特殊データ有無	兵器や原子力など人命や国家機密にかかわる特殊なデータを保持しているか
法制度		法的な理由でシステムの設置場所に制限がある クラウド事業者の対応が困難な特殊な法制度がある

図表4-10　クラウド利用基準（例）
出所：NRI

とリスクのある要件を洗い出しておく。例えば、AWS（Amazon Web Services）が提供する仮想マシンサービス「Amazon EC2」(Amazon Elastic Compute Cloud)のSLA（Service Level Agreement）で設定している稼働率は最大99.99%であることから、99.999%の稼働率が必要なシステムは要求を満たすことができない。

Step3　現状アセスメント

　このステップでは、クラウド利用基準に基づいて現行システムをアセスメントし、クラウドに移行するシステムの候補を選別する。移行するにはリス

クがある場合、対策が可能か、リスクは許容範囲内かを確認したうえで、適用の可否を判断する。

Step4　クラウドサービス選定基準策定とクラウド選定

大きく2つの観点から「クラウドサービス選定基準」を策定する（**図表4-11**）。

1点目は、クラウド利用基準に基づき、クラウドへ移行すると判断したシステムの要求事項を整理する。要求事項には、利用可能なOS、ミドルウエア、可用性、耐障害性、セキュリティー機能（暗号化、通信制御など）、災害対策環境の要否、運用要件、移行の容易性などが挙げられる。2点目はクラウドサービス事業者のサービスにおけるリスク項目を整理する。リスク項目とは、事業継続性、実績、セキュリティー（国際的な認証やID管理など）、法令対応（GDPRなど）、サポートレベル、契約期間など。リスク項目は、米国国立標準技術研究所（NIST）の「パブリッククラウドコンピューティングのセキュリティーとプライバシーに関するガイドライン」や、経済産業省が出している「クラウドサービス利用のための情報セキュリティーマネジメントガイドライン」なども参考にする。

これらをまとめてクラウドに求める要件として整理し、「クラウドサービス選定基準」を作成する。そして、策定した基準の適合などを基に、AWS、Microsoft Azure、Google Cloud Platformなど主要なクラウドサービスの中から自社に合うサービスを選定する。その際、必ずしもクラウドサービスを一つに絞る必要はない。現在の利用状況、コスト最適化の程度、各システムの特性を考慮し、移行先を複数のクラウドサービス（マルチクラウド）にするという方法もある。

Step5　クラウド利用標準ガイドライン策定

自社システムの設計・運用方針、セキュリティー規定などを考慮し、自社にとって最適な「クラウド利用標準ガイドライン」を策定する（**図表4-12**）。このステップを実施することにより、クラウド上のシステムの統制がとれ、

評価項目		クラウドサービスに求める要件	AWS	Azure	GCP
基本機能	利用可能なソフトウエア	現行システムで利用されている OS、ミドルウエアが利用可能なこと			
	事業継続性	実績は十分か、過去 5 年間で重大なセキュリティー事故（情報漏洩等）を起こしていないか			
	複数のデータセンターでの運用	複数のデータセンターでの運用を行っており、クラウドデータセンター被災時の DR 対応がされていること			
	クラウドへの接続	インターネットおよび IP-VPN から接続可能なこと			
耐障害性	リソースの分散配置設計	可用性向上のため、複数のデータセンターに仮想サーバーを分散配置できること また他のデータセンターへのコピーが自動的にできることが望ましい			
運用	稼動率	サービスを利用できる確率が 99.95%（停止時間 4.38 時間 / 年）以上なこと			
	サポート	自社の要求するサービスレベルを満たすか（例：24 時間 365 日監視、通知、問い合わせが可能）			
	運用容易性	標準的な API（例えば Amazon 互換など）が公開されており、それを利用しクラウド制御が可能なこと			
	監視	監視機能が提供され、監視項目、監視間隔が自社の要求するレベルになっていること			
移行	オンプレミスからの移行	オンプレミスの仮想サーバーからの移行が容易であることが望ましい （移行ツールの有無、イメージ持ち込み可否など）			
	他クラウドサービスへの移行	クラウドサービスの終了に伴う他クラウドサービスへの移行やよりコストメリットのあるクラウドサービスへの移行などを想定した場合に移行が容易であることが望ましい （移行ツールの有無、標準的な管理 API など）			
DR 機能	国内での DR	日本国内に複数のデータセンターを所有しており、300Km 以上離れていること（例えば東京と大阪）			
	バックアップ	RPO に従い DR サイトへの効率的なバックアップが可能なこと			
セキュリティー	公的認証資格	ISO27001、ISO27017、ISO27018、PCI-DSS 等の認証を取得しているか			
	機能	データは暗号化できるか、通信制御機能はあるか、適切な ID 管理ができる認証・認可の仕組みがあるか 適切にデータ破棄されることを確認できるかなど			
	その他	データの所在地は明確になっているか、データの所有権が自社になっているかなど			
契約		最低契約期間が 1 カ月以上等の縛りはないか、契約解除時の規定は問題ないかなど			
法律 / 規制		EU 一般データ保護規則（GDPR）に準拠しているかなど			

図表4-11　クラウドサービス選定基準（例）

出所：NRI

■システム開発標準
●開発要件
 ▪ アプリケーション処理要件
 ▪ サーバー要件
  クラウドで実装するサーバー構成の要件
 ▪ 開発基盤要件
  クラウドでの開発に必要な開発基盤要件
 ▪ ネットワーク要件
  クラウドへのネットワーク要件
●開発標準化
 ▪ デザイン方針
 ▪ アプリケーションデザイン標準化
  クラウドサービスの提供部品を利用した処理方式
 ▪ サーバー標準化
  ストレージ、OS、ミドルウエアなど
 ▪ 開発基盤標準化
  開発環境、テスト環境、リモート接続など
 ▪ ネットワーク標準化
  アクセス制御、サブネットなど

■運用方式標準
●運用要件・運用方式標準化
 ▪ リブート
 ▪ バックアップ/リストア
 ▪ ログ運用
  ▫ 監査ログ
  ▫ OSログ（イベントログ/messages
   ログ）
  ▫ ミドルウエアログ
  ▫ アプリケーションログ
 ▪ 時刻同期
 ▪ 名前解決
 ▪ 構成管理/デプロイ
 ▪ バージョン管理
 ▪ 障害運用
  ▫ 障害運用方式
 ▪ 監視運用
  ▫ ノード監視
   …

図表4-12　クラウド利用標準ガイドライン　目次例
出所：NRI

運用体制やライセンス、サービスなどを集約し、コストの最適化が図れる。ここでポイントとなるのは、クラウドサービスに依存しない共通設計と、クラウドサービスごとの実装方式を決めることだ。先に共通設計を策定し、それを特定のクラウドサービスで実装する際のガイドライン（実装方式）を作成する。例えば、監査ログの取得対象と保管期間、保管先を定義する標準設計を記載し、クラウドサービスごとにどのようなサービスを用いて実装するかを記載する。

　クラウドは日々新しいサービスがリリースされるので、定期的に見直して必要なら更新する。また、実際に標準ガイドラインを利用してクラウド上にシステムを構築した各担当からフィードバックをもらい、そのフィードバックが全社にとって有効な内容なら標準ガイドラインに加える。そうすれば、自社に合った標準ガイドラインになっていく。ガイドラインは陳腐化させないことが重要なので、半年に1回でもいいので定期的に更新する仕組みを取り入れておくとよい。

Step6　クラウド活用グランドデザイン策定

　Step1からStep5の検討を踏まえて、最終的な全社システムのあるべき姿と、そこに到達するまでのロードマップを描いておく。これが「クラウド活用グランドデザイン」である。まずは、オンプレミス環境を含む現行システムと、それを支えるインフラのEOSL（End Of Service Life、製品やサービスの提供・サポートの終了）を考慮し、クラウド移行の実施時期を検討する。どのような移行ステップが必要かを検討し、ロードマップとしてまとめる。さらに、各ステップの概算コストとオンプレミス側のコスト削減効果を算出し、構築や運用にどのような体制が必要かを整理する。ロードマップをまとめる際には、クラウド移行の効果を早期に享受するため、EOSLを考慮したうえで、移行の効果が高いシステムを優先する。

4-3-3　クラウドネイティブ化によるアジリティ・スピードの獲得

　ビジネスITは、ビジネスの変化に迅速かつ柔軟に対応することが特に重要で、システムにはアジリティ・スピードが求められる。アジリティ・スピードを優先するなら「クラウドネイティブ」を検討したい。

「クラウドネイティブ」とは

　クラウドを前提に構築したシステムを「クラウドネイティブなシステム」と呼ぶ。インフラ環境にクラウドを使用するだけでなく、そのうえで実行されるアプリケーションもクラウド前提で設計することを指している。「クラウドネイティブ」を推進する非営利団体のCloud Native Computing Foundation（CNCF）は、「CNCF Cloud Native Definition v1.0」でクラウドネイティブを以下のように定義している（以下、引用します）。

　クラウドネイティブ技術は、パブリッククラウド、プライベートクラウド、ハイブリッドクラウドなどの近代的でダイナミックな環境において、スケーラブルなアプリケーションを構築および実行するための能力を組織にもたら

します。このアプローチの代表例に、コンテナ、サービスメッシュ、マイクロサービス、イミュータブルインフラストラクチャー、および宣言型APIがあります。

　これらの手法により、回復性、管理力、および可観測性のある疎結合システムが実現します。これらを堅牢な自動化と組み合わせることで、エンジニアはインパクトのある変更を最小限の労力で頻繁かつ予測通りに行うことができます。

　*Cloud Native Computing Foundation*は、オープンソースでベンダー中立プロジェクトのエコシステムを育成・維持して、このパラダイムの採用を促進したいと考えてます。私たちは最先端のパターンを民主化し、これらのイノベーションをだれもが利用できるようにします。

（『*CNCF Cloud Native Definition v1.0*』から引用）

　上記に「スケーラブルなアプリケーションを構築および実行するための能力を組織にもたらします」とあるように、クラウドネイティブには「組織としての能力を獲得すること」を含んでいる点に注意したい。そのために運用プロセスや組織体制を見直す必要がある。CNCFはクラウドネイティブの特性として「回復性」「管理力」「可観測性」「疎結合」「自動化」を挙げている。

クラウドネイティブの特性①回復性

　クラウドネイティブでは「システムは壊れるもの」という前提で、壊れてもすぐに復旧できるように、インフラとアプリケーションを設計する。これを「回復性」という。オンプレミスでは、障害が発生しないようにシステムが求める稼働率を基にシステム構成を検討していたが、そのシステムを構築するには多くの時間とコストが必要となり、アジリティ・スピードを阻害していた。クラウドネイティブでは、壊れてもすぐに復旧できる回復性を実現するための機能が盛り込まれている。ある物理ノードで障害が発生した際に、ほかの物理ノード上でコンテナを復旧させる機能が代表的である。コンテナとは、OS上のアプリケーションの動作環境を仮想的に複数に区切った単位

のことである。各コンテナはOSやほかのアプリケーションのプロセスから隔離されているため、システム変更が容易で、再利用性が高くなる。

　アプリケーション側は、障害発生時にリトライする設計にするのが望ましい。例えば、クラウド上のアプリケーションが特定のサービスにリクエストを試みたとする。サービスが動いているコンテナに一時的な障害が発生した場合、アプリケーションにエラーが返ってくる。このとき、アプリケーションを終了するのではなく、そのサービスに再リクエストを送ってできる限り処理を継続し、早期に復旧できるような実装にしておくといった設計である。

クラウドネイティブの特性②管理力

　管理力とは、サービスの稼働状況やサービス間の依存性を容易に管理できるように設計することである。例えば、「どのコンテナでどのサービスが動いているのか」「そのサービスは何台のコンテナで動いているのか」「インフラ環境やアプリケーションはすべて同じになっているのか」など、マイクロサービス化を推進するとコンテナの数が膨大になり、分散したトランザクション管理やサービス間の依存性検証プロセスが複雑になる（数千台のコンテナをExcelなどで管理するのは現実的ではない）。そのため、分散トレーシングや、サービスの迅速かつ継続的な更新など、複数のサービスを統合的に管理できるツールを導入し、人が管理しやすい状態にすることが必要である。

クラウドネイティブの特性③可観測性

　可観測性とは、障害やボトルネックが発生した際、人がシステムの詳細な部分まで正確な情報を取得できることを指す。取得するのは、「メトリクス」「ログ」「分散トレーシング」の3項目である。メトリクスとはディスク使用率のような一定間隔で時系列に収集されたデータのことで、ログとはシステムイベントの記録である。分散トレーシングとは、マイクロサービスのような複数のサービスで構成される分散システムにおいて、複数サービスを経由するリクエストのパスをエンドーツーエンドで把握することである。コンテナ台数が増えると、個々のコンテナにログインして確認する方法は現実的で

はない。そこで、後で分析しやすいように情報を取得し、一元的に管理できる場所に集めておく。これを「テレメトリー」と呼ぶ。

クラウドネイティブの特性④疎結合
　疎結合とは、システム間あるいは細分化された個々のシステム構成要素間の結び付きが比較的緩やかで、互いの依存関係が弱く、個々の独立性が高いことを指す。独立性が高いため、システム改修を行う際の影響調査範囲やテスト範囲が局所化され、システム改修のスピードが向上する（4-2節を参照）。

クラウドネイティブの特性⑤自動化
　自動化はオンプレミスの時代から検討・実装されているが、クラウドネイティブでは、環境構築、アプリケーションのリリース、障害検知、復旧に至るまで、最大限自動化を目指す。インフラ環境の構築工数の削減や、テストの自動化、人為的ミスによる障害の排除を目的として、インフラ環境の構築や更新はコード化（Infrastructure as a Code）して自動化する。これにより、インフラ設定は統一され、コードで管理されるので管理力強化にもつながる。
　アプリケーションのテストおよびリリース工数の削減や、人為的ミスによる障害の排除を目的として、開発したソースコードのビルド、テスト、デプロイのプロセスも自動化を図る。これは「CI（継続的インテグレーション）」「CD（継続的デリバリー）」と呼ばれる。運用負荷の軽減やコスト抑制、回復性向上を図るために、システムに負荷がかかったとき、自動的にスケールアップ（またはスケールアウト）し、負荷が落ち着いたときにスケールダウン（または削除）するオートスケール機能を利用するなど、障害が発生したら自動で検知してインフラからアプリケーションまで復旧するように設計と設定を行う。

クラウドネイティブのメリット
　クラウドネイティブの主なメリットは「運用負荷の軽減」と「アジリティ・スピード」の2点である。

インフラの環境構築やアプリケーションのリリースなどを自動化すれば、構築・テストにかかる手間や人為的なミスを削減できる。また、一時的なアクセス増加にはオートスケール機能を利用し、障害が発生したら自動復旧する設計にしていれば、夜間の障害対応に悩まされることもなくなり、現場のエンジニアにとっては運用負荷が減って本来の業務に注力できるようになる。デジタル系のビジネスは、企画を思いついたらすぐにリリースしたくなるため「アジリティ・スピード」は絶対に必要な条件となる。そのスピード感に応えられるのは「クラウドネイティブなシステム」である。

こうしたメリットはあるものの、すべてを一気にやろうとするとハードルが高いので、まずはインフラ環境の構築自動化やアプリケーションのリリース自動化のように、自社の環境に応じて取り組めそうなところを探して進めるのがよい。

4-4 データ活用基盤

4-4-1 データ活用基盤に求められる機能

データ活用基盤の必要性

　ビジネスITでは、収集したデータから知識を得て、新たな価値を創造し、競争力を向上させることが求められる。そのためには、各部門が収集・蓄積しているデータを全社的に活用できる仕組みが重要となる。ただ、従来の情報系システムでは経営に必要なデータのみを統合し、経営の意思決定以外の分析は企業の各部門単位でデータ活用を進めるアプローチをとってきたので、このままでは部門をまたいだデータ活用のニーズに応えられない。基幹システム、部門システム、顧客向けのWebアプリケーション、IoTセンサー、社外の公開情報など様々なデータソースからデータを収集し、活用できる形式に整形、蓄積し、部門をまたいだ全社的なデータの活用を可能にする「データ活用基盤」が求められる。

データ活用基盤の機能構成

　データ活用基盤は、企業をとりまくあらゆるデータを蓄積し、必要に応じて取り出して活用するためのシステムである。既存のシステムやデバイスと接続することで、様々なデータの一元的な収集・保管を可能にする。データを蓄積するデータベースのみでなく、データを収集・整形・活用するための機能も整備し、データの収集から活用に至るまでの一連の処理を自動化する。具体的には、自社のシステムやSNSなどのデータソースからデータを連携し、使いやすい形にデータを整形してデータストアに蓄積する。さらに、顧客に対するアプローチ機能を有するシステムなどと連携することで、蓄積されたデータの分析から施策の実行までをデータ活用基盤上で一貫して行えるようにする。

　データ活用基盤は、その機能を洗い出すために、「データ分析プロセス」「扱

うデータの構造」「処理方式」の3つの観点で検討することが重要である。

　データ分析プロセスは3-2節で紹介したCRISP-DMが有効で、「ビジネス理解」「データ理解」「データ準備」「データモデリング」「評価」「展開」のプロセスがある。これはデータの発生から価値を生み出すまでの流れをデータのライフサイクルとして捉えたものであり、データ活用基盤に必要な機能はこのライフサイクルを意識して、「データを収集する階層」や「データを保管する階層」などの複数の階層に分解して整理できる。また、分解した階層ごとに必要な機能は、扱うデータの構造と処理方式で洗い出すことが可能

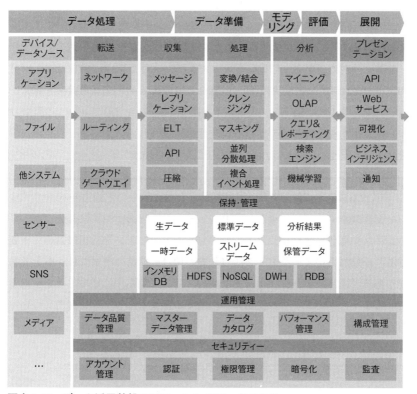

図表4-13　データ活用基盤のリファレンスアーキテクチャー
出所：NRI

となる。

　扱うデータの構造には、構造化データと非構造化データがある。構造化デー
タとはデータ構造を定義してリレーショナルモデルをベースとしたデータ
ベースに格納できるデータであり、非構造化データとは文書や画像のような
データ構造の定義が困難なデータである。この2つのデータ構造を考慮して、
必要な機能を検討する必要がある。

　処理方式は、一定期間データを蓄積して処理するストック型の処理と、時
系列に発生するデータを連続的に処理するフロー型の処理の2つに大別でき
る。IoTセンサーが生み出す大量データをリアルタイムで分析するような処
理は、後者のフロー型処理に該当する。

　データ活用基盤に求められる機能要素を8つの階層で整理・体系化した（**図
表4-13**）。データ活用基盤の機能構成を示すリファレンスアーキテクチャー
（「転送」「収集」「処理」「分析」「プレゼンテーション」）の6階層はデータ分
析プロセスに基づいて階層分けし、データ特性・データ処理方式を考慮した
機能要素を含んでいる。残る2つの「運用管理」「セキュリティー」の階層は、
データ活用基盤全体で必要となる機能群で構成される。

4-4-2　データ活用基盤の主な課題

　ビジネスやサービスの変化に応じて、データ活用のニーズは変化する。そ
のニーズの変化に柔軟かつ迅速に対応できることがデータ活用において重要
であり、それを踏まえたデータ活用基盤の検討・構築のアプローチをとる必
要がある。ただ、データ活用基盤を検討・構築・利用する中で、課題を抱え
ている企業は多い。データ活用基盤に関する企業が陥りやすい課題について
紹介する。

データ活用基盤の課題①成果が出ずに頓挫する

　データ活用を進めるうえで、その目的が定まっていないことが多く、デー
タ活用基盤の構築が自己目的化してしまうケースがある。データ活用基盤を

実現するには各種サービスやツールが必要となるが、データ活用は一定の成
果が出せる試行錯誤を伴うため、短期的な投資対効果が見えにくい。大きな
投資を行うと、思うような成果が得られず、データ活用プロジェクトが頓挫
することもある。

データ活用基盤の課題②データフローの複雑化により保守性が悪化する

　データは複数のシステムにバラバラに存在するが、これまで組織横断的な
データ活用を考えてこなかったので、データを集約することが難しくなってい
る。データ活用の目的が定まっていないことにも起因し、必要なデータやデー
タソースの整理ができていないことも多い。最近では、自社内のデータのみで
なく、社外のデータを活用するニーズも増えている。多様なシステムと連携す
ることが求められる中で、データフローが複雑化し、運用の負荷が増大し、リ
リース後の運用に大きなコストがかかってしまうケースが多く見られる。

データ活用基盤の課題③機能拡張に時間とコストがかかる

　ビジネスや組織の変化に応じて扱うデータやデータの活用ニーズが変動す
るため、データ活用基盤はその変化に柔軟かつ迅速に対応し続ける必要があ
る。そうした中で、機能の追加に時間やコストがかかり、変化に追従できな
いケースが多い。「周辺システムの機能変更の影響を受け、そのたびにデー
タ活用基盤も機能変更を強いられる」「新しいサービス提供のための機能拡
張が難しく、サービス提供に時間がかかる」などの課題をよく耳にする。

データ活用基盤の課題④データの活用に手間がかかる

　データ活用基盤を整備したものの、「どこに必要なデータが蓄積されてい
るのか分からない」「データ分析の準備に時間がかかる」といった声を頻繁
に聞く。多様なデータの中から利用に適したデータを見つけることは難しく、
蓄積されているデータの内容を表す情報が不足している場合、項目名などか
らデータの内容を類推するしかなく、本当に利用したいデータかどうかが分
かない。

4-4-3　データ活用基盤構築におけるポイント

　データ活用基盤をどのように構築していくべきか。前項の課題に対応するためのポイントを**図表4-14**に示す。

対応ポイント①スモールスタート

　データ活用は試行錯誤を伴うため、短期的な投資対効果が見えにくい。そのため、最初から特定ツールを一括で導入するのではなく、初期投資を抑えながら、早期に効果が見込める領域や、活用方法が具体化されている領域で、必要な機能に絞って構築を進めることが望ましい。初期投資を抑え、すぐにできるところから小さくスタート（スモールスタート）し、効果を上げていく中で経営層や関係者を説得しながら進めていく。

　例えば、構造化データのみを扱うサービスを実現することが目的であれば、まずは構造化データを扱う機能のみを構築する。非構造化データを扱う機能については利用する目的が明確になった段階で追加構築するなど、利用用途や優先順位に応じて必要最低限の機能を素早く構築していく。

　スモールスタートで構築するには、初期投資を抑え、かつ変更しやすいオープンソースのソフトウエアやパブリッククラウドサービスを活用することが重要となる。特定ベンダーのツールは、多くの便利な機能を備えていることも多いが、そのツールに習熟したデータサイエンティストが必要となり、ベンダーロックインとなる可能性もあるため、注意が必要である。

図表4-14　データ活用基盤の課題と対応ポイント
出所：NRI

対応ポイント②全体的な視点でのデータ活用基盤のデザイン

データフローが複雑化しないようにするには、データ活用基盤の全体像を整理することが重要となる。データ活用基盤の全体像を見据えずに個別機能の構築を進めると、システムやデータのサイロ化が進み、運用の負荷が増大する恐れがある。また、個別機能のみに目を向けると、データ活用基盤全体で必要な機能の抜け漏れにもつながる。

図表4-13のリファレンスアーキテクチャーをベースにデータ活用基盤の全体像を描くことで、全体の整合性を確保し、機能検討の抜け漏れを防止できる。「収集」「処理」の機能を可能な限り共通化するなど、データフローを意識してシステム構成を整理することで、リリース後の運用負荷増大を避けられる。このとき、前述した通り、リファレンスアーキテクチャーが示す全体像を一気に構築するのではなく、全体像を見据えながら、小さく始めていくことが重要となる。

対応ポイント③柔軟性・拡張性の確保

データ活用基盤は社内外の多様なデータソースと連携し、データを収集・蓄積することが求められる。新しいデータソースの追加や、継続的なデータの蓄積により、接続するシステム数やデータボリュームも増加していくことが予想されるため、データの収集から活用までを柔軟性・拡張性を持った形で実現しなければ、ビジネスの変化に柔軟かつ迅速に対応することは難しい。全体的な視点でのデータ活用基盤のデザインを行う中で、周辺システムとの連携の方針や拡張の考え方を整理し、その方針にのっとって構築を進めることが重要である。

柔軟性・拡張性を確保するうえで重要な要素は、データの種類やデータボリュームの増加に応じて拡張できること、機能の拡張・縮小に柔軟に対応できること、データ活用基盤に接続するシステムの増加に対応できることである。データボリュームの増加や機能の拡張に柔軟に対応するには、パブリッククラウドサービスを活用することが望ましい。必要に応じてリソースを確保でき、迅速に機能を拡張することが可能となる。柔軟な接続を確保するに

は、データ活用基盤と社内外の各種システムとのデータ連携を、API連携方式で実現することが望ましい。データ活用基盤と周辺システムを疎結合な構成にすることにより、周辺システムの改修の影響を受けにくく、接続するシステムの拡張も容易となる。基本的にはAPI連携方式を前提とし、データソースの特性上API連携が難しい場合は、ファイル連携やメッセージ連携、DB連携方式を検討する。

対応ポイント④データ活用をサポートする機能の整備

　データ分析においては、分析データの収集や準備に多くの時間を費やすことが多く、効率的なデータ活用のための機能の整備が重要となる。どこにどのようなデータが存在するのかという情報を整理・公開することで、必要なデータの準備を効率的に行える。データ活用基盤に蓄積されているデータの検索を可能にし、データの所在地や定義、形式、来歴、品質などの情報を参照できるようにすることが重要である。このとき、これらのデータを表す情報は、常に最新化されていなければ有効とは言えない。データの更新や、項目の追加に応じて、情報を更新していく必要がある。

　また、データ活用に関するナレッジを整理することも重要な要素となる。データ分析手法やツールの活用方法、自社におけるデータ分析事例を整理することで、属人化しやすいデータ分析のナレッジを共有することができる。

　データの所在地や定義などを明確にし、データの透明性を確保するための仕組みとして、データカタログに注目が集まっている。データカタログとは、前述のデータの定義や形式など情報を整理・可視化し、データの利用者が参照できるようにする機能である。大量のデータを扱う場合、データカタログの整備も膨大な作業となることが多い。近年では、ツールを利用して、自動的に詳細なメタデータを収集し、AIを活用して類似するデータの検出などを行うことも可能となっている。このようなツールをうまく利用しながら、運用の負荷を抑制することも重要となる。

4-5 共通インフラ

4-5-1 ビジネスITを推進する共通インフラの役割

4-1節で述べたように、共通インフラは複数のサービスが提供する機能を統合して共通化し、システムインフラとして提供するものである。すべての機能を個別サービスごとに独自開発していては、品質、コスト、スピードのすべてにおいて全体最適の視点からは非効率になるが、共通インフラ化を推進していく際は、行き過ぎた全体最適にならないようにしないといけない。

ビジネスITは、顧客にいち早くサービスを届け、サービスを利用してもらい、その結果を計測し、新しい機能やサービスの改善に役立てるという一連の流れを早く実施し、継続的なサービス改善を行っていくのが重要である。共通インフラで提供する機能を増やせば増やすほど、サービスの立ち上げを

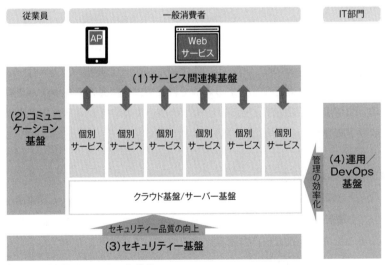

図表4-15 共通インフラの全体像
出所：NRI

迅速にできるメリットがある半面、個々のサービスの機能は共通インフラが提供する機能に縛られ、個々のサービスの継続的な改善が制約されるというデメリットもある。個々のサービスのニーズに応えようとして共通インフラの機能を変更しようとすると、共通インフラで提供する機能は複数のサービスで共通して利用し、その機能を利用しているすべてのサービスに影響を及ぼすため、変更しにくい。共通インフラ化は、継続的なサービス改善に影響を及ぼさない周辺の機能であり、かつサービス提供に必要不可欠な機能に絞って実施すべきである。具体的には4つの基盤がある（**図表4-15**）。

(1) サービス間連携基盤

4-1節デジタルアーキテクチャー全体像で紹介したサービス連携層を共通インフラ化した基盤である。サービス間連携基盤は様々なシステムを連携するために必要不可欠な機能を提供する。

(2) コミュニケーション基盤

ビジネスITを推進していくうえで、社内外のコラボレーションは欠かせない。顧客が利用するサービスとは直接関係ないが、重要な機能となる。

(3) セキュリティー基盤

顧客サービスの機能を提供するわけではないが、顧客のデータを不正侵入、盗聴、改ざん、情報漏洩などのセキュリティー上の脅威から守るためには欠かせない機能である。

(4) 運用・DevOps基盤

DevOpsは開発部門（Development）と運用部門（Operation）が連携・協力して、継続的なサービス改善を支援する考え方だが、この継続的なサービス改善とシステムの安定稼働を支える基盤として、運用／DevOps基盤がある。以降、それぞれの基盤を順次解説する。

4-5-2　サービス間連携基盤

　顧客向けサービスが拡大するに従い、社内外のサービスと連携して提供機能を拡充したり、デジタル上のユーザー行動ログを分析してマーケティングに活かしたり、基幹系システムと売上計上のための情報を連携したりする必要がある。サービス間連携は以前から必要だったが、顧客向けサービスでは、継続的なサービス改善が重要となる。4-2節「疎結合化」で述べたように、高頻度でサービスをリリースするには機能ごとに疎結合なサービスに分割するので、サービスの数は増えていく。また、機動性を損なわずに開発するには、サービスごとに異なるチームを配置することになるが、チームの境界となるサービス間の連携の課題は放置されやすい。そのためサービス間の連携にはより注意を払わなくてはならない。

　サービス間の連携機能として特に重要なのは、サービス間でのユーザーの認証情報を受け渡しする「共通認証基盤」、サービス間でデータの受け渡しをする「サービス間データ連携基盤」がある。

認証情報の連携を行う共通認証基盤

　デジタル空間で顧客向けサービスを提供するには、顧客をID化して特定し、デジタル空間での顧客の行動を追跡することが重要となる。顧客を特定することで、個人を特定したマーケティングや、顧客の行動ログによるサービス改善が可能となる。複数の顧客向けサービスを共通のIDで利用できるようにするには、共通IDの発行、顧客の認証・認可を共通インフラ化するのがよい。

　図表4-16に示すように、共通認証基盤は複数サービス間での行動分析のほかに、複数のサービスに同一のID・パスワードでログイン可能なシングルサインオン、データ活用の同意管理、サービスが個別に実装するのは困難な認証セキュリティー機能の提供を行う。認証セキュリティーについては、4-5-4も参考にしてほしい。

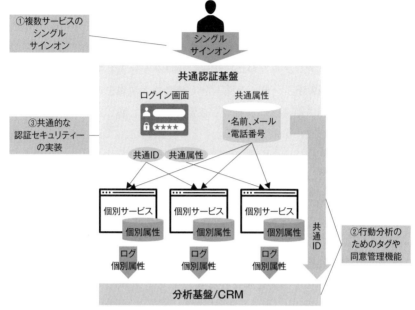

図表4-16　共通認証基盤の概要
出所：NRI

データを連携するサービス間データ連携基盤

　継続的にサービスを改善するには、機能ごとに疎結合な個別サービスに分割する必要があるが、サービスが増えれば、個別サービス間のデータや機能を連携する必要性が増えていく。個別サービスの開発はそれぞれ別の開発チームが担うことが多く、サービス間の連携の実装は開発チーム間のコミュニケーションの食い違いによる考慮漏れが発生するリスクが高まる。そこでサービス間の連携はインターフェースのルールを共通インフラ化することで、サービスを横断した品質を維持することが可能となる。

　個別サービスの連携を考える場合には、その連携先により外部連携か内部連携に分けられる。外部連携では、ブラウザーやスマートフォンアプリケーションなどのクライアントアプリケーションや、サードパーティアプリケー

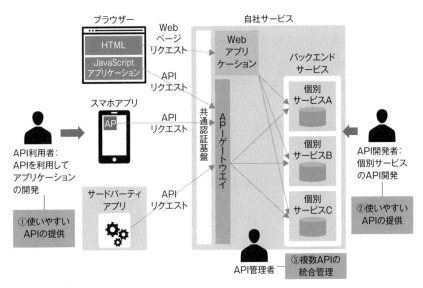

図表4-17　外部連携とAPIゲートウエイ
出所：NRI

ションにデータや機能を連携する。連携先の端末環境や接続ネットワーク環境が多様であるため、シンプルな連携が求められる。内部連携では、機能分割をした個別サービス間でデータを連携する。外部連携と異なり環境を統制しやすいが、複数サービスをまたがった処理を適切に管理する必要があり、連携方法は複雑になる。内部連携でも共通インフラ化による品質維持は重要であるが、技術的な実装に踏み込んだ話になるため、ここでは外部連携を中心に説明する。

　個別サービスが外部連携をする際はAPIを用いる（**図表4-17**）。ブラウザーやスマートフォンアプリケーションなどのクライアントアプリケーションや、サードパーティアプリケーションは、バックエンドサービスに対しAPIを呼び出して必要なデータを取得する。APIゲートウエイを仲介することで、連携先のサービスが複数に分割されたり、バックエンドのサービス間の内部連携が複雑になったりしても、APIゲートウエイでその複雑さを吸収できる。APIゲー

トウエイは、APIを利用してアプリケーションを開発するAPI利用者に対して、データ連携機能の多くを提供する。それによりAPI利用者はユーザーインターフェースの向上といった本来の開発に集中できる。API開発者には、セキュリティー機能を提供し、安全なAPI公開が可能となる。API開発者は、本来のAPIで提供する業務ロジックの開発に集中できる。API管理者には、複数のAPIの利用状況把握や課金管理などの統合管理機能を提供する。

4-5-3　コミュニケーション基盤

　顧客向けサービスを運営するときは、社内外とのコラボレーションが欠かせない。協業が自社やグループ企業内だけでなく社外コミュニティーに及んでも、サービス展開のスピードを落とさないコミュニケーションが必要となる。コミュニケーション基盤は、時間や場所の制約を排除し、効率よくコラボレーションできるデジタル環境を提供する。

　コミュニケーション基盤の導入を考える際は、情報を取り扱う業務イメージのあるべき姿から検討したい。働き方の異なるグループごとに、入力・処理・出力、保管・検索、交換・対話、会議・協働といった情報を利用した業務がどうあるべきかを検討し、目的にかなうツールを選定していく。これらのツールは、クラウドサービスが充実している。Microsoft365やG Suiteといったグループウエアはコミュニケーション基盤で必要な機能をおおよそカバーするため、これらのグループウエアを核に据え、それだけでは満たせない要件を様々なクラウドツールで補っていくことになる。

　様々なクラウドサービスを利用することになると、それらのサービスへのログインが問題となる。サービスごとに異なるIDとパスワードを利用するようでは使い勝手が悪いので、社内システムと同じIDとパスワードでログインできるように従業員向け認証基盤との連携が重要となる。また、クラウドサービスの利用が進むと、これまで自社データセンター内に閉じていたデータが社外に分散することになる。分散したデータを守るには、セキュリティーの考え方を変えねばならない。自社ネットワーク内は安全といった境

界防御の考え方から、利用者、利用端末、ネットワークが何であれ、常に接続を確認し、厳密な最小限のアクセス管理を徹底するゼロトラストモデルへの移行を考えたい。セキュリティーについては、次項で説明する。

4-5-4　セキュリティー基盤

　サイバーセキュリティーは、あらゆる企業や組織の重要課題であり、重大なセキュリティーインシデントは、企業の信用を失墜させる。デジタルサービスにおいても、機能性だけでなくセキュリティー品質を高めていくことは必須である。セキュリティー対策は、ハードウエアの物理的なセキュリティー、転送中や蓄積中のデータの暗号化、認証と認可、ソフトウエアの脆弱性対応など、多岐にわたる対応が必要となる。大半の観点は既存システムでもデジタルサービスでも変わらないが、デジタルサービスは、複数の個別サービスを組み合わせて実現するため、守るべきデータが分散しやすいという特徴がある。分散したデータを守るには、アクセスを常に確認して最小権限でアクセス管理を実施し、すべての通信を暗号化し、ログを相関分析することで巧妙な手口を見逃さない、といった対策が必要となる。本項ではこれらを実現する「認証・認可」「通信の暗号化」「ログの監視」の3つについて取り上げる。

　個別サービスでセキュリティーを意識して開発していくことは大切であるが、個別サービスが必要な対策をすべて個別に検討するのは効率が悪く、また考慮漏れによる重大な欠陥が生じるリスクもある。重要なセキュリティー対策は共通インフラとして提供し、個別に検討しなくても安全にサービス提供できるようにしたい。

セキュリティー基盤1　認証・認可

　アプリケーション上のデータを守るには、アクセスしようとしている人やIoT機器を特定する「認証」と、特定の人やIoT機器がデータに対してアクセス権を有しているかを判断する「認可」が重要となる。現在はIDとパスワー

ドによる認証が主流であるが、コンピューターの計算能力の向上に従い、短時間でのパスワード解析が可能となっている。また、ユーザーがIDとパスワードをほかのサービスで使い回していれば、悪意ある攻撃者が脆弱性のあるほかのサービスから入手したIDとパスワードで不正にアクセスしてくる可能性も排除できない。そこで、認証基盤は、IDとパスワードに加えた「不正認証防止機能」と、もし不正なアクセスがあったとしても気付くことのできる「不正認証検知機能」を備えておく必要がある。

不正認証防止機能

　不正認証防止機能には、「ロックアウト」「多要素認証」「リスクベース認証」などがある。

　「ロックアウト」とは、認証回数がしきい値を超えた場合、一定期間ログインを禁止する機能である。パスワードを総当たりでクラッキングしようとしても、数回失敗するごとにロックアウトがかかる仕様になっていれば、解析時間は十分に長くなる。

　「多要素認証」とは、パスワードといった知識認証、IDカードや暗号鍵といった所有物認証、指紋・静脈パターンといった生体認証のうち、2つ以上を組み合わせて行う認証である。よく用いられるのは、IDパスワードに加えて、メールやSMSにワンタイムパスワードを送付することである。電話番号を取得するのにコストがかかるため、メールに比べてSMSの方が不正利用されにくいが、ワンタイムパスワードを送付するたびに数円から十数円かかるため、コストも含めて考慮する必要がある。

　「リスクベース認証」とは、通常とは異なる端末環境、アクセス元などを判定する認証である。多要素認証を常に実施した場合、ログイン時の利便性を損ない、ユーザーエクスペリエンスを阻害する要因となり得る。リスクベース認証を導入すれば、リスクの高いときだけ追加認証するようにできる。リスクベース認証の設定にはログの分析が必要となるため、ログが十分に蓄積された後に機能を有効にする必要がある。

不正認証検知機能

　不正認証検知機能には、「ログイン通知機能」と「ログイン履歴確認機能」がある。「ログイン通知機能」は、通常と異なる端末やアクセス元からのアクセスを検知し、リスクがある場合には、ユーザーや管理者に通知をする機能である。「ログイン履歴確認機能」は、ユーザーがマイページでログイン履歴を確認し、ユーザー自身が身に覚えのないログイン履歴に気付く機会を提供する機能である。

セキュリティー基盤2　通信の暗号化

　悪意ある第三者に通信の中身を盗み見て悪用されることを防ぐために、サービス通信の暗号化は必須となる。ブラウザーから非暗号化サイトにアクセスすると「保護されていない通信」の警告が表示されるなど、常時暗号化するのが標準となってきている。通信の暗号化には電子証明書が利用されるが、電子証明書の有効期限切れになり、サイトにアクセスできなくなるといったトラブルは非常に多い。大手ITプラットフォーマーのサービスでも電子証明書期限切れでサービスがダウンした例もあり、証明書の管理は重要なテーマとなっている。

　通信の暗号化は、外部アプリケーションからのWebアクセスだけでなく、バックエンドサービス間の通信やIoT機器への導入も進んでいる。それに伴い、管理しなくてはならない証明書の数は増え続けており、人手で管理していくのは困難となる。また、セキュリティーの観点から入手可能な証明書の有効期限は短くなってきている。短いサイクルで証明書の更新が必要となり、これも管理負荷を上げる要因となっている。電子証明書の発行、配布、検知、更新といったライフサイクル管理や、これらの管理を自動化していくための共通インフラが必要となる。

セキュリティー基盤3　ログの監視

　昨今のサイバー攻撃の手口は極めて高度化・巧妙化しており、防御の対策だけでは不十分で、侵入を許した場合にも備えておく必要がある。セキュリ

ティーインシデントの予兆や痕跡はたいていログの中に残されている。しかし、単体のログを確認するだけでは見つけることが困難であり、アプリケーション、DNS、認証、セキュリティー機器といった複数のログを横串で時系列を追いながら相関分析を行うことで検知可能となる。この分析を行うには、あらゆるログを収集する共通インフラが必要であり、大量のログを分析するためのソリューションが必要となる。

　また、インシデントによる被害を最小化するには、ログを監視しサイバー攻撃の予兆や痕跡を検知するだけでは意味がなく、検知後の対策、復旧を早急に実施できる運用体制も整備しておかなくてはならない。

4-5-5　運用・DevOps基盤

　顧客向けサービスを継続的に改善していくには、開発チーム（Development）と運用チーム（Operation）が密接に連携・協力をするDevOpsの実践が欠かせない。DevOpsを支える仕組みとして、「CI（継続的インテグレーション）」と「CD（継続的デリバリー)」という支援機能がある。CIは、開発チームが頻繁にコードの改修を行う際のビルドとテストを自動化する機能を提供する。一方のCDは、テスト環境や本番環境へのアプリケーションの配置を自動化する機能を提供している。自動化した共通インフラを提供することで、サービス品質を高く、効率的に実行することが可能となる。

　また、アプリケーションやアプリケーションを稼働させる技術要素については、リリース後も引き続き独立したチームが保守することになるが、運用機能は統合し、サービス横断で実施した方が効率的である。サービス横断で運用するには、各サービスからの情報を集約し、観測可能な状態にしなくてはならない。

　図表4-18に示すように、開発者、運用者が個別サービスのリリースや運用を効率的に実施できるように、「(1) CI（継続的インテグレーション）」「(2) CD（継続的デリバリー)」「(3) 運用基盤」の共通インフラ化が必要となる。

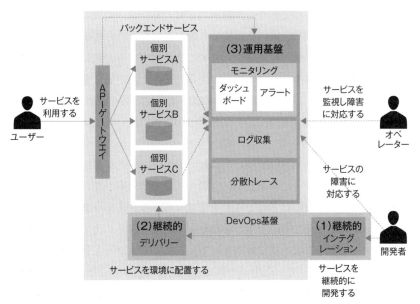

図表4-18　運用／DevOps基盤の概要
出所：NRI

(1) CI (継続的インテグレーション)

　サービスを継続的に改善していくためには、開発チームは頻繁にプログラムをコーディング・修正し、ビルド（システム機能を実行するソフトウエアの作成）を行い、テストする必要がある。CIは、バージョン管理の仕組みと連携した自動ビルドや自動テストの仕組みを提供する。これらの仕組みがあることで、開発者は改修したコードが正しく動くことを頻繁に確認することができ、開発の生産性を上げることが可能となる。

(2) CD (継続的デリバリー)

　開発したサービスは、テスト環境に配置し、結合テストや総合テストを行ったうえで、最終的に本番環境に配置されリリースとなる。個々のサービスはほかのサービスと連携して顧客向けサービスを提供しており、接続のための

設定値は各環境によって異なる。継続的デリバリーは、環境ごとに異なる設定値を読み取りながら、適切な環境に自動配置するための仕組みを提供する。設定値は機械的に環境に反映されるため、人が解釈する余地はなく、何度実行しても同じ結果になることが期待できる。また、設定値にまつわるノウハウは、設定ファイルとして集約されるため、属人化を防ぐことも可能となる。

(3) 運用基盤

本番サービスの監視や管理の大部分はオペレーターが担当するが、オペレーターが複数のサービスを個別に管理していては効率が悪い。各個別サービスが正常に稼働しているかどうかを確認するヘルスチェックの結果やログを集約し、共通画面で確認できる必要がある。そうすることで、モニタリングやリソース管理などの通常時のオペレーションやアラート受領時の障害時の1次オペレーションを、運用チームで透過的に実施することが可能となる。

横串で管理すべき基本的な運用機能は、既存のシステムとほとんど変わらない。ヘルスチェックとログの収集である。これに加えて、顧客向けサービスは複数の個別サービスが連携した構成のため、サービスにまたがったリクエストの開始から終了までの呼び出しをトレースできる仕組みも必要となる。

共通インフラでサービスを横断して管理できるように、個別サービス側でもヘルスチェックのためのAPI側の識別子（APIエンドポイント）を公開してログを書き出し、外部リクエストに対して一意のIDを持ち、複数サービスをまたがるリクエストの流れを追跡できるようにする必要がある。これらをルールとして開発ガイドラインにまとめ、個別サービスの開発チームが守れるように仕組み化する必要がある。

「デジタルアーキテクチャー・デザイン力」の自己診断

問①　デジタルビジネス実現に必要となる、デジタルアーキテクチャー全体像を描き、その実現に向けたロードマップを整理しているか。

- ☐ 整理されていない
- ☐ 部分的に整理されている
- ☐ 全体像が整理されている

問②　システム横断的にシステム間を疎結合化する仕組を整えているか。

- ☐ システム間を疎結合にする仕組みが整備されていない
- ☐ システム間を疎結合化する仕組みが整備されているが、各システムの疎結合化は一部にとどまる
- ☐ 大半のシステムで疎結合化が実現されている

問③　クラウドを安全かつ迅速に利用できるルールが整備されており、クラウドネイティブ化（クラウドの利点を最大限活用したシステム構築・運用）が行われているか。

- ☐ 各部署・プロジェクトで独自にクラウドを活用している
- ☐ クラウドを安全かつ迅速に利用できるルールが定義されているが、クラウドネイティブ化されたシステムは一部にとどまる
- ☐ クラウドを安全かつ迅速に利用できるルールが定義されており、大半のシステムでクラウドネイティブ化が行われている

問④ 社内外のデータを収集・蓄積し、分析・活用するためのデータ活用基盤が整備されているか。

☐ データ活用基盤が整備されていない

☐ 一部の組織・領域においてデータ活用基盤が整備されている

☐ 全社横断のデータを対象にしたデータ活用基盤が整備され、活用されている

問⑤ サービス間連携、コミュニケーション、セキュリティー、運用など、デジタル化における共通機能はシステムごとに個別構築せずに利用できる環境が整っているか。

☐ 共通機能を、各システムが個別に構築している

☐ 一部の共通機能については、システムごとに個別に構築せずに利用できる環境が整っている

☐ 一通りの機能は、システムごとに個別に構築せずに利用できる環境が整っている

第5章

デジタル組織マネジメント力

第 1 章から第 4 章まで、「デジタル化のための組織能力」、すなわち「デジタルケイパビリティ」について説明してきた。その能力を行使するのは個人（経営者・社員）であるが、行使した能力を機能させるには、個人の能力を組織として結集し、成果を最大化しないとデジタル化は成功しない。本章のテーマはデジタル化に関わる「組織力・チーム力」である。

　組織力・チーム力を高めるには、以下の 6 つの要素が必要である。このうち (1)(2) は既に説明しているので、本章では (3) ～ (6) を説明する。

(1) 目的や目標が明確であること（第 1 章）
(2) プロセスやツールが整備されていること（第 2 章、第 3 章、第 4 章）
(3) リーダーシップが発揮されていること（5-1節）
(4) 目的に合致した推進体制が確保されていること（5-2節、5-3節）
(5) 個人が最大限のパフォーマンスを発揮できること（5-4節）
(6) チームが価値観を共有していること（5-5節）

　5-1節では、デジタル化を主導する責任を負うデジタル担当役員について解説する。デジタル化やDX（デジタルトランスフォーメーション）は現場だけに任せていても決して進まず、経営層が主導しなくてはならない。デジタル担当役員の役割と乗り越えるべき壁について、事例とともに紹介する。

　5-2節では、デジタル化を推進するための組織機能や組織形態について解説する。デジタルケイパビリティを確保する方法に、唯一絶対の解があるわけではない。自社のデジタル化に対する考え方や実施内容、中核機能の位置付けなどは、経営者の意思により定まる。デジタル化で先行する他社事例を紹介しながら、有効な組織機能や組織形態について解説する。

　5-3節では、デジタル化を進めるうえで必要不可欠な外部パートナーについて解説する。新たなビジネスを共に推進するためのパートナーや、自社が提供するサービスを組み上げるためのパートナーなど、デジタル化を素早く進めるには適材適所のパートナーを見つける必要がある。特にスタートアップ企業は、その企業でしか持ち得ない技術やサービスを有するなど魅力的な

面もあるが、付き合ううえでの留意点もある。様々な外部パートナー企業やパートナリングの形態について解説する。

　5-4節では、デジタル化を進めるうえで課題となる人材確保・育成について解説する。日本全体でITエンジニアに対する需給差が年々拡大する中、デジタル人材の確保はデジタル化の成否を左右する。デジタル人材の確保、育成、評価方法について紹介するとともに、特に自社の人材が果たさなくてはならない「デジタルリーダー」という役割について解説する。

　5-5節では、組織文化について解説する。組織文化は捉えにくいものだが、経営者のマネジメント対象であり、いかにして組織文化を形成するかについて、事例を交えながら解説する。

5-1 デジタル担当役員の役割と乗り越えるべき壁

5-1-1 注目されるデジタル担当役員

　デジタル技術を巧みに活用した新しいビジネスを立ち上げ、既存の市場や業界を破壊するディスラプターは、今では珍しい存在ではなくなった。Amazon.comの躍進による小売店舗の消滅、Uber Technologiesによるタクシー業者の倒産、Netflixによるビデオレンタル業者の消滅など、業界の勢力図が短期間で変わってしまった事例はいくつもある。

　本書では、デジタル時代に企業が生き残るための変革の必要性を繰り返し述べてきた。そうした変革は、日本企業が得意とする現場での業務改善の延長線上にはなく、ましてや自然発生的に企業内で起こるものでは当然ない。経営層が率先し、変わらなければならない理由や将来のありたい姿（デジタルビジョン）、それを実現するまでの道筋（デジタル戦略）を説明し、全従業員に変革活動に対して前向きな気持ちになってもらう必要がある。DXはボトムアップの活動では実現しない。IT部門だけに任せることでもない。経営層が主導すべき経営課題なのである。

　しかし、DXに対して、役員が明示的に責任を持つ企業はまだ多くはないのが実態である。NRIが2019年度に実施した「ユーザ企業におけるIT活用実態調査」では、「全社のデジタル化の推進について責任を持つ役職を置いていますか」という問いに対して、80.8％が「置いていない」と回答している（**図表5-1**）。一方、「置いている」と回答している企業は9.6％であるが、売上高が大きくなるに従いその割合も大きくなり、売上高1兆円以上の企業においては回答企業の31.3％が置いている。「置いている割合」を経年で見てみると、全体では緩やかな増加にとどまるが、売上高1兆円以上の企業では3年間で10％増加している。

　さらに同調査において、「全社のデジタル化の推進について責任を持つ役職は、CIO（Chief Information Officer：最高情報責任者）と同じ方が担当し

全社のデジタル化の推進について責任を持つ役職
を置いていますか(Yesと回答した企業の割合：%)

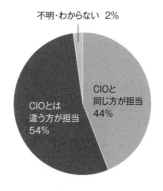

全社のデジタル化の推進について責任を持つ
役職は、CIO(最高情報責任者)と同じ方が担
当していますか

不明・わからない 2%

CIOと
同じ方が担当
44%

CIOとは
違う方が担当
54%

図表5-1　デジタル化の推進について責任を持つ役職の設置 (NRI)
出所：NRI「ユーザ企業におけるIT活用実態調査」(2019)

ていますか」との問いに、2019年度は半数以上が「CIOとは違う方が担当」
と回答している。

　デジタル化やDXを戦略として掲げる大企業において、デジタル化に責任
を持つ役職を設置する割合は今後も増加すると思われる。また、CIOとは別
の役職者がデジタル化に責任を負うことも珍しくなくなるだろう。別の役職
者とは、社長や経営企画担当役員が務めることもあるが、Chief Digital
Officer、もしくは、Chief Data Officerという名称で設置されることが多い。

5-1-2　自社に適したデジタル担当役員の登用

　デジタル担当役員とはどのような人物を登用すればいいのだろうか。実在
するデジタル担当役員を見てみると、強みの特徴として大きく4つに分類で
きる。それぞれのタイプを、活躍事例とともに見てみよう。

役員のタイプ1 「ビジネスモデル創出型」

　デジタル技術の活用抜きでは成し得なかったビジネスモデルの創出に力を発揮するタイプである。

　化粧品メーカーのA社では、コンサルティング企業や製造業のデジタルマーケティング部門などを歴任してきた人物をデジタル担当役員として招いた。彼は、一般消費者向けに、スマホアプリを用いたバーチャルメイクアップ・シミュレーターを開発し、画面上で様々なメイクアップ体験を提供するサービスを実現した。従来は店頭の接客を通じて収集していた顧客の生の反応を、デジタルチャネルを通じて直接得ることに成功した。アプリから得られた顧客の反応の情報は、その後のキャンペーン施策やSNSでの広報活動、商品開発にまで活用された。それまでリーチできていなかった顧客セグメントへのアプローチや、手に取ってもらえなかったような商品の販売機会の創出も含め、データに基づく新たなビジネスモデルの創出に貢献している。

役員のタイプ2 「業務機能強化型」

　デジタルマーケティングやサプライチェーンなどの特定業務機能に精通し、これまでのやり方では実現し得なかった業務オペレーションを実現するタイプである。

　大手飲料メーカーB社では、保険会社や旅行会社のマーケティング部門を経験し、高い実力と実績を有する人物をデジタル担当役員に招いている。彼はこれまでの経験を生かし、主にマーケティング分野でデータ戦略を策定し、業務プロセス改革に着手した。自動販売機や顧客店舗、配送センター、営業車両から位置情報と合わせた在庫情報を瞬時に把握できる仕組みを作り、欠品の解消、リードタイムの短縮、配送センターの削減、配送車両の運用効率化といった成果をもたらした。

役員のタイプ3 「社外コネクション構築型」

　スタートアップや異業種の企業などへの人脈を生かし、自社にとどまらない協業体制を構築するタイプである。

　大手保険業C社では、商社出身で、米国のスタートアップでの経験を生かし、シリコンバレーにおける人脈も豊富な人物をデジタル担当役員に招いている。彼は、これまでの経歴や人脈を生かし、シリコンバレーにデジタルラボを設立した。技術トレンドを踏まえて先進技術を取り込み、ブロックチェーン技術を用いたFinTechサービスに適用することで、新サービスの立ち上げに貢献している。

役員のタイプ4「社内共創・協業型」

　長年にわたり自社の中核事業で培った経験や信頼を生かし、デジタル化に向けた社内の協業・共創体制を確立するタイプである。

　プラント事業を手掛ける製造業D社では、事業畑出身で、海外含む系列会社の社長を歴任した人物をデジタル担当役員に登用した。加えて、人事担当役員を兼務し、人材・組織開発とセットで変革を進めている。

自社にふさわしいタイプは？

　どのようなタイプが自社に望ましいかは、デジタルビジョンやデジタル戦略の内容がどのようなテーマを中核としているか、また現在デジタルケイパビリティをどの程度備えているかによって変わる。

　新たなデジタルビジネスやデジタルサービス提供を考えているならば「ビジネスモデル創出型」や「社外コネクション構築型」に該当する人物を社外から獲得して配置するケースが多い。一般的に、中核事業の強い企業ほど、これまで新規事業の必要性が低かったため、新規事業創造を経験したことのある人物は少ない。また、新しい事業の発想は異なるバックグラウンドを持つ多様な人材との交流が鍵と言われることも多く、同業他社だけでなく、幅広い社外とのコネクションは有用である。

　中核事業におけるデジタル化を重視し、特定の業務機能の変革を推進する場合は「業務機能強化型」の人物が適任である。特にデジタルマーケティングにおいては、商品・サービスが違っても、当該分野におけるノウハウは生かしやすいため、外部から獲得するケースが多い。一方で調達や製造など、

以前から企業のコアコンピタンスとしている分野は、業務の独自性が高い場合もあるため、変革推進は社内の業務に精通した人物が適任である。

複数組織が関連するテーマであれば、社内関係各所との調整にたけている「社内共創・協業型」の人物が望ましい。特に伝統企業においては、独自の企業文化や役員同士の力関係が、外部の人間では想像できないほどに複雑であり、根回しなどのプロセスが重んじられることもある。そうした企業文化に理解があり、社内で信頼・評価の高い人材が適任である。

5-1-3　デジタル担当役員の役割

デジタル担当役員は、企業全体の組織能力であるデジタルケイパビリティを高める役割を担っている。前項で示したタイプによらず、共通して果たすべき役割として次の5つがある。

役員の役割1「デジタルビジョンと戦略の策定」

経営幹部の一員として、社会や生活者の動向を踏まえ、デジタル技術を活用してどのような世界を実現するのかをビジョンとして定義する。そのうえで、自社の強みや弱み、競合他社動向を踏まえ、成長シナリオと戦略を策定し、社内外に向けて発信する。

役員の役割2「経営層全員との合意形成」

デジタル戦略における実行施策の担当役員を定め、KPI（Key Performance Indicator：重要業績評価指標）へのコミットメントを獲得する。デジタル戦略の推進は、デジタル担当役員だけで実行するものではない。デジタル戦略により、「会社はどのような恩恵を受けるのか」「そのために必要な変革は何か」「変革の代償としてどのような痛みが伴うのか」「それでもデジタル戦略を実行すべき理由は何か」など、経営層全員が納得するまで説明し、合意を得る。

役員の役割3 「現場社員の啓発」

ビジョンと戦略が現場社員まで浸透するよう、対面での会話やオンラインチャネルを駆使し、全員に対し、ビジョンと戦略を可能な限り自分の言葉で伝える。「なぜデジタルに取り組まなければならないか」「取り組まないとどうなるか」「取り組むとどのようなうれしさがあるか」などについて、現場社員が理解し、行動を起こすまで繰り返し説明する。

役員の役割4「デジタル戦略の実行状況のモニタリングと達成度合いの評価」

デジタル戦略で設定したKPIの達成状況について、定期的にモニタリングを行う。施策の実施状況を把握し、課題やリスクへの対策を打つ。達成度合いには客観性を持たせ評価する。必要なデータを定義し、不足している場合は「製品や配送車両、店舗などにセンサーを設置することで入手できないか」「ほかのデータで代替できないか」「外部から購入することは可能か」などについて検討したうえで、データを収集、評価し、必要なら対策を打つ。その実現のためには、IT部門や外部ベンダーと協力し、必要なデータを収集・蓄積・分析するためのデータ活用基盤を確立する。

役員の役割5 「組織整備と人材確保・育成」

デジタル化を推進する機能が弱ければ、組織を新設・再編する。データ分析などの専門知識を有する人材が足りなければ、社内外から人材を確保する。外部パートナーを活用することも有効である。データを分析し、意思決定につなげる文化が足りなければ、小さなところから成功体験を積み上げることで機運を高める。そうした活動を通して、持続可能な体制づくりを進める。

5-1-4　デジタル担当役員が乗り越えるべき壁

デジタル化の成功に向け、デジタル担当役員が乗り越えるべき壁は5つある。

役員を待ち受ける壁1 「予算確保」

「変革」と呼ばれる活動の共通課題ではあるが、予算の裏付けがなければ変革は進まない。確保できる予算規模により、選択できる打ち手も大きく変わる。ここに突破すべき壁がある。

例えば主要製品へのセンサーの取り付けが必須の変革で、PoC（Proof of Concept：概念実証）実施程度の予算しかなければ変革は進まない。予算は前年度中に総枠が決められることが多く、後から多額の予算を確保しようとしても経営層の理解は得られない。

デジタル担当役員が最初にビジョンや戦略を策定する際、どの程度の予算をどのタイミングで取れるのか、ビジョンや戦略が絵に描いた餅にならないよう、初めに経営層で合意しておくことが重要である。デジタル化を進めることに非協力的だったり、効果に懐疑的だったりする経営層がいる場合も少なくなく、そうした経営層に対してはデジタルの有用性を啓蒙しなくてはならない。少なくとも、自らの裁量で執行可能な予算をある程度確保しておくことで、アジャイルにデジタル化を前に進めることができる。

役員を待ち受ける壁2 「社内実力者」

既存事業で実績を上げた人ほど、社内の信頼も厚く、発言権も強い。そこに壁がある。新たにデジタルビジネスを始める場合、従来中核事業へ割り当てていた予算を一部削減して新規事業へ割り当てたり、事業内容によっては自社の事業間での競合が起こってしまったりする。例えば、シェアリングビジネスを進めれば、既存の製品販売は打撃を受けることになる。Eコマースなどの新しい販路を築けば、既存の店舗販売は打撃を受ける。デジタル担当役員は、この点に充分注意して社内調整に当たる必要がある。

役員を待ち受ける壁3 「現場」

伝統的な大企業ほど、現業に最適化された仕事の進め方がある。慣れや固執もある。実はそこに大きな壁がある。例えば、普段の業務に、データ収集のためにひと手間加えれば、現場は必ず難色を示す。現場要員の大幅な再配

置や削減を伴う合理化に、抵抗を示す現場は多いだろう。デジタル担当役員
は、この点にも十分留意して、粘り強い啓発活動や地道な仲間づくりが求め
られる。

役員を待ち受ける壁4　「データ収集」

　デジタル化の活動において必要となるすべてのデータを入手するのは困難
なことが多い。ここに大きな壁がある。例えば、配送コストの削減やドライ
バーの労働時間の削減に向けた分析をする際、配送車両ごとの積載率や配送
ルートの履歴などのデータを得る必要があるが、そうしたことができるセン
サーは、通常のトラックには搭載されていない。センサーを新たに付けよう
とすればコストがかかる。手作業での登録を求めれば、現場の負荷が上がる
ため浸透しない。また、機密情報取り扱いの観点から、外部とのデータ連携
ルールが厳格過ぎて対応に時間を要する場合もある。

　短期的には、すべてのデータを収集するのではなく、分析効果が最も期待
できるデータを厳選し、どうしても難しければ取得可能な情報で代替するな
どして前に進めることが求められる。中期的には企業内に散在しているデー
タを整備し、データ活用を促進することが必要だ。

役員を待ち受ける壁5　「硬直的な人事制度」

　デジタル化を進めるには、専門知識を持った人材を確保する必要がある。
ここにも突破すべき壁がある。例えば、データの分析・活用を推進するには、
そうした経験や知見を持った人材を集める必要がある。社内に人材を求める
場合、現場業務に精通したエース人材であることが大半であるが、そうした
人材を引き抜こうとしても、現場の上長は首を縦に振らないことが多い。そ
うした人材を社外から求める場合、自社が全社一律で定める処遇と条件面で
は折り合わず、思うように進まないことが多い。転職市場ではデジタル人材
が不足しており、優秀なデジタル人材の獲得競争は激しさを増しており、年
俸数千万円を提示する企業も出ている。自社で特別枠を用意しようとしても、
「そういった制度は前例がない」として、人事部門に阻まれるのだ。

5-1-5　デジタル担当役員の成功事例

　大手飲食メーカーE社を例に、デジタル役員の成功事例を紹介する。E社は、大規模なテレビCMと力業の営業ではいずれ淘汰されるという危機感を持っていた。金融、製造、Eコマース事業など、様々な業界を経験してきたF氏は、デジタル技術を活用したマーケティング力を買われ、デジタル担当役員として招かれた。F氏の入社当時、E社にはデジタル戦略はなく、勘と経験と気合（3K）によるマーケティングが主流であった。改革を推し進め、デジタル化を成功させたF氏の施策を、前項の5つの壁に沿って紹介しよう。

施策1（予算の壁に対応）「予算と権限の確保」

　F氏は、デジタル担当役員に就任するやいなや、変革の進め方について社長と綿密な議論を重ねた。その中で、目的を達成するためには相応の費用がかかることを、過去の経験も踏まえた実例と共に共有し、会社の置かれた状況、収支も踏まえ、許容される予算の上限を大筋で合意した。小規模に取り組みをスタートさせるにしても、最終ゴールがどこで、どの程度の施策まで選択肢に入れられるのか、自分の裁量はどこまでかなどについて、共通の認識に立ったうえでプランの具体化を進めた。

施策2（社内実力者の壁に対応）「経営層の意識改革と、共通認識の確立」

　デジタル戦略を作るために、役員を集めた3日間の合宿を開催した。そこでは、「どうすればいいのか（HOW）」の議論ではなく、「そもそも何をしたいのか、それはなぜか」というWHYの議論から始めた。そのうえで「何が課題なのか」「必要なデータは何か」「どうつなげるか」といったことを徹底的に議論し、意思決定に必要なKPIも厳選した。事前に社長と合意した予算と取り得る選択肢も考慮し、優先順位を含め議論をし尽くした。この集中討議を通じて、F氏はデジタル化に対する経営層全員のコンセンサスを得る。それをデジタルビジョン・デジタル戦略として取りまとめ、成長シナリオと共に全社に向け発信した。

施策3（現場の壁に対応）「率先垂範の現場教育・啓発」

　経営層が定めた戦略を実現するには、現場の理解と協力が欠かせない。F氏は、策定したビジョン・戦略を従業員に対して自ら説明した。全員に対面というわけにはいかないが、オンライン会議を活用するなどして可能な限り説明の機会を作り、賛同者を増やす活動を続けた。戦略に沿ったアイデアを現場から採用する仕組みを整備した。現場にいきなり「ビジネス・ケースを書け」と言っても難しかったため、F氏自らが「社内YouTuber」となり、ビジネス・ケースの書き方をレクチャーしていった。有望と判断されれば、必要な予算とリソースをつける仕組みを確立した。

　また、Webデザイナーとしての経歴を生かし、自らがHTMLやJavaを用いて社内Wikiを作成するなど、データになじみのない従業員に対する啓発活動を推進した。役員自らがノウハウを伝授する姿に現場は大いに刺激される。次第に現場のマインドに変化が表れ、デジタル変革が「自分事」に代わっていくのを実感していった。

施策4（データ収集の壁に対応）「データ精度アップとITインフラの構築」

　的確な分析をするために、信頼できるデータの確保は欠かせない。しかし、必要なデータがすべて集まる保証はない。例えば、外気温度に応じた販売動向を、各自動販売機から得ようとしても、自動販売機にそうしたセンサーや通信機器がなければ実現しない。また、地域ごとの気象情報や交通情報は、自社だけでは整備できない。F氏は、自社で集められるデータとそうでないデータを整理し、代替可能なデータがあればそれを入手するよう努め、外部から買えるデータがあれば積極的に活用するよう動いた。そうして、できるだけ多くのデータを集められる仕組を作り上げ、そのうえで具体的なデータ分析基盤を整備した。

施策5（硬直的な人事制度の壁に対応）「データ分析の専門組織の確立」

　F氏がデジタル技術で実現したかった一番のことは、GPSやジオデータを組み合わせた店舗販売・在庫情報のリアルタイム分析である。これには、デー

タ収集・分析プラットフォーム（デジタル活用基盤）を駆使し、仮説に基づき試行錯誤を繰り返す専門チームの整備が欠かせなかった。残念ながら、当時の社内にはそうした専門組織や有識者はいなかった。そこでF氏は、社長経由で人事担当役員を説得し、既存の給与テーブルとは異なる新しい処遇体系の整備に着手した。そのうえで有識者を社外から招き入れ、データ分析のスペシャリスト集団を作り上げた。

こうした活動が功を奏し、当時抱えていた問題（「売上予測が立たない」「不良在庫が多い」「インベントリーセンターが多過ぎる」「配送関連の人件費が高い」など）は、ビジネススピードを落とすことなく解決に向かった。

5-2 デジタル化推進に必要となる組織機能・体制

5-2-1　デジタル化の進展度合いに合わせた組織機能実装

デジタル化推進に必要な組織機能

　本書で述べてきた「デジタルビジョン構想力」「デジタル事業創発力」「デジタル実践力」「デジタルアーキテクチャー・デザイン力」という4つのデジタルケイパビリティ（組織能力）を発揮するには、組織として具体的にどのような機能を持つべきなのか。**図表5-2**に基づいて説明しよう。

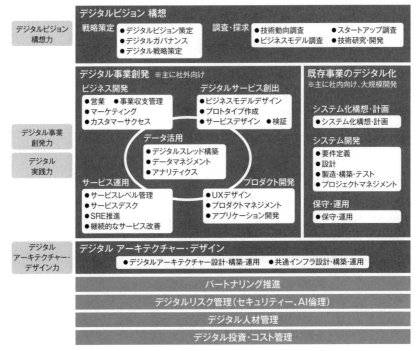

図表5-2　デジタルケイパビリティを発揮するために必要な組織機能
出所：NRI

「デジタルビジョン構想力」のために実現しなければならない機能は、「調査・探求機能」と「戦略策定機能」である。デジタル技術やデジタルビジネスモデルなど、自社に影響を与え得る大きな動向や予兆を察知し、デジタルビジョンを描いてデジタル戦略を策定する。

「デジタル事業創発力」と「デジタル実践力」に必要な機能は、デジタル事業創発と既存事業のデジタル化に分かれる。

デジタル事業創発には、「ビジネス開発」「デジタルサービス創出」「プロダクト開発」「サービス運用」「データ活用」の5つの機能が必要となる。営業やマーケティング活動を踏まえ、長期的な視点で自社が社会や生活者に提供できる価値を考え、デジタルサービスを企画する。そして、そのサービスを実現するためのプロダクトを開発し、サービスを運用していく。このような活動を迅速かつ柔軟に進めていくには、様々なデータの活用が重要な役割を果たす。

既存事業のデジタル化には、「システム化構想・計画」「システム開発」「保守・運用」の3つの機能が必要である。業務のデジタル化によって、既存事業の効率や品質を大幅に向上させるための機能である。一般的に、このようなデジタル化はIT部門が担当している領域であり、主に社内に対して適正な品質・コストで、可用性が確保されたITサービスを提供する。

「デジタルアーキテクチャー・デザイン力」に必要な機能は、デジタルサービスを支えるアーキテクチャーの設計・構築・運用である。事業のスピードを向上したり、データ活用をしやすくしたりする。企業全体で共通して活用している機能は共通インフラとして設計・構築・運用することで、コストと品質の最適化を図る。

組織機能はデジタル化の進展を見据えて拡充する

本書で繰り返し述べてきたように、デジタル化もしくはDXは不確実性が高い状況において、自律分散型のチームがそれぞれで仮説検証を繰り返す。そのため、全社レベルで「組織は戦略に従う」を前提とした組織設計は本質的に難しく、デジタル化やDXを手探りの状態で進めながら組織設計を行う

ことも実態として多い。そうした状態で、「大きなデジタル投資をする」「組織編成を変える」「自社にはいない人材を大量に獲得する」といった決断は難しく、デジタル戦略を策定し、デジタル化推進組織を新たに設置した後に、具体的な実施事項を決めるという企業も少なくない。一方で、デジタル戦略がなくても、デジタル化の取り組みを現場の有志が集まって進めているうちにサービスやプロダクトが徐々に洗練され、いよいよ本格的な事業展開をするために改めて戦略を考える、というケースもあり得る。本書を手に取った読者の多くは、このような「不確実性の高さを前提とした組織設計」に苦慮している状況にいるのではないだろうか。

　結論から言えば、図表5-2で示したすべての機能を、最初から等しく備える必要はない。経営資源（予算や人材など）が限られている以上、デジタル化施策の状況に合わせて、どの組織機能を、どれだけ強化するかを考える必要がある。中核事業の業務効率化を狙うのであれば、蓄積した膨大なデータを活用するための「データ活用」機能であるし、デジタル事業創発を狙うのであれば「デジタルサービス創出」機能を優先的に強化すべきである。

デジタルビジネスが成功に至るまでの３つのフェーズ

　デジタルビジネスを成功させるためには、最終的にはすべての機能が必要になる。そこで以下では、デジタルビジネスが成功に至るまでの「３つのフェーズ」を示し、どのように組織機能を整備していくのかについて述べる。

　「(1) デジタル戦略策定フェーズ」では、将来不確実性が高く先が見通せない状況において今後進むべき方向性についての戦略を策定する。「(2) デジタルサービス構築フェーズ」で実際に顧客に提供するデジタルサービスを構築し、「(3) デジタルサービス提供フェーズ」で定常的にデジタルサービスを提供する。各フェーズにおいて、企業がどういった組織機能を実装しているか、特徴的な事例を通して説明しよう。なお、デジタルビジネスを進めるに当たっては、(1) (2) (3) と時系列に並ぶことは少なく、(1) がなかったり、(2) (3) を繰り返しながら (1) に戻ったりと、様々なケースがあるが、以降の説明では単純化して記載する。

(1) デジタル戦略策定フェーズ：「調査・探求機能」に注力すべし

　デジタル戦略策定フェーズでは、「調査・探求機能」と「戦略策定機能」が必要である。戦略策定機能は、デジタルビジョン（1-1節参照）やデジタル戦略（1-2節参照）を策定する機能である。これを策定するには、自社を取り巻く将来を含めた事業環境の把握が大前提となる。特に、デジタルビジネス領域では事業環境の変化が激しいため、自社に影響を与え得る大きな動向や予兆を察知する調査・探求機能の強化が重要になる。調査の対象としては、社会や生活者の動向、デジタル技術進化の展望、今後登場するディスラプター（創造的破壊者）、自社のビジネスモデルの優位性、他社の先進的な取り組み、先進的な技術やサービスを提供しようとしているスタートアップ企業の動向などがある。

　Y社は、2017年からデジタル化に本格的に取り組んでおり、今ではデジタル化先進企業の一つとなっている。Y社は、デジタル技術の急速な進化など、自社を取り巻く環境が急速に変化していることに気付いた。それをきっかけにデジタル戦略を策定し始め、また並行して具体的なビジネスのアイデア出しを行っていた。しかし、今ある組織機能を前提として、既存のビジネスを中心に考えると、どうしてもアイデアが深まらなかった。1年間検討したものの、「デジタル化の方向性をどうすべきか」について答えが出せないままでいた。

　そこでY社は、アイデアの深掘りには、調査・探求機能が不可欠と考えた。具体的には、国内外の先端技術を探索する「技術動向調査チーム」と、デジタル技術に秀でたスタートアップ企業を探索する「スタートアップ調査チーム」を発足した。スタートアップ調査では、単に調査するだけでなく、スタートアップ企業との関係構築や、アライアンスを進めるためのプロセスも確立した。このように、調査・探求機能を強化した結果、Y社でのデジタル戦略の方向性が明確になり、ビジネスのアイデア出しから、次の段階に進められる件数が大幅にアップした。

　デジタル化を検討し始めた段階では、他社に先駆けてデジタルサービスを作り出すことに注力してしまいがちである。個々のデジタルサービスがデジ

タルビジョンや戦略の方向性と合致していなければ、企業としての競争力は高まらない。そうならないためには、常態的に調査・探求を行い、その結果もインプットとして活用してデジタル戦略を立て、個々のデジタルサービスを創出・展開する。

(2) デジタルサービス構築フェーズ：「デジタルアーキテクチャー・デザイン機能」を後手に回さない

　デジタルサービス構築フェーズでは、MVP（Minimum Viable Product：実用最小限のプロダクト）を開発し、ユーザーからのフィードバックを得つつ、サービス提供のためのプロダクトを改善していく。そのため「ビジネス開発機能」「デジタルサービス創出機能」「プロダクト開発機能」が中心的な役割を果たす。しかし、ビジネスモデルやサービスが成立するかコンセプトを検証する段階や、サービスを具体化する段階を過ぎ、本格的なビジネス展開やサービス展開を目指す段階になると、「デジタルアーキテクチャー・デザイン機能」の重要性が増してくる。

　デジタルサービスの構築に当たっては、ユーザーからのフィードバックに基づき改善する。このプロセスを繰り返しながらプロダクトとして成長させるため、UX（User Experience）や、ユーザーの目に見える箇所の開発に注力しがちである。しかし、サービス開始後にユーザーが快適にサービスを利用できなくなってしまう状況は避けなければならない。そのためにはユーザー数が急激に増加しても拡張可能で、頻繁な機能のリリースを実現できるデジタルアーキテクチャーをデザインしておく必要がある。

　P社は、一般消費者向けビジネスでデジタル化を進め、新しい顧客向けサービスを次々と生み出し、売上高を急拡大している。サービス開発も自社の要員で内製し、素早く進めるなど力を入れている。一方で、サービス開発・提供を優先したため、サービス提供後のシステム運用が人手を介すなど煩雑になってしまい、サービス拡大の障害になるという懸念も出てきている。消費者向けサービスは一旦開始してしまうと、サービス停止することは困難なため、P社は、煩雑な運用を行いながら少しずつ改善している。P社では今後

こうした事態を防ぐために、新たにサービスを検討する際は、サービス開始後の運用業務の整理や、サービス拡大の見通しを踏まえて、デジタルアーキテクチャー拡張の計画作りを必ず行うようになった。

P社の事例のように、「デジタルアーキテクチャー・デザイン機能」が後手に回ってしまう話をよく聞く。サービスのコンセプトやデザインがいくら優れていても、スマホアプリの反応が悪かったり、頻繁にシステムメンテナンスがあったりすると、顧客体験を損ねてしまう。SNSで一気に評判を落としたり、他社サービスへ乗り換えられたりするかもしれない。特に事業部門が主体でデジタルサービスを検討している場合は、「サービス開始直前になってデジタルサービスの可用性について相談された」といったIT部門の話も聞く。デジタルアーキテクチャー・デザイン機能をIT部門に任せる場合は、サービス検討段階で参画してもらうべきである。

(3) デジタルサービス提供フェーズ：カスタマーサクセス（ビジネス開発機能）の重要性を認識すべし

デジタルサービス提供フェーズでは、サービスによる顧客体験の提供と収益最大化を目的として、「データ活用機能」「サービス運用機能」「ビジネス開発機能」のカスタマーサクセス機能を整備する。特に、顧客がサービスを快適に活用できているかサポートするカスタマーサクセス機能が重要である。消費者向けサービスであれば、ユーザー数の拡大やサービスの利用時間、どの時点でユーザーがサービスから離脱してしまうかなどのデータに基づいて検証する。また、法人向けサービスであれば、自社のデジタルサービスを使い続けてもらうための顧客サポートが重要となる。顧客から要望がなくとも、顧客の課題解決につながっているかについて、積極的に顧客に働きかける企業も出ている。

Sansanは、法人向けクラウド名刺管理サービス「Sansan」、および個人向け名刺アプリ「Eight」を開発・提供している。2012年にカスタマーサクセス部門を創設し、顧客の期待に応えるような価値を届け、ライフタイムバリュー（LTV）の最大化を実現する目標を掲げている。カスタマーサクセス

部門は、従来のカスタマーサポートとは異なる。他部門と密にコミュニケーションを図り、データ分析の結果などを踏まえて能動的に顧客に働きかけ、売上向上、解約率の減少などの具体的な成果を求められるプロフィットセンターとして位置付けられている。

　例えば、名刺管理サービス上での週次の活動状況、格納された名刺データの量、ユーザーの利用開始率などのデータを活用し、顧客向けに利用状況を見える化した成績表を提供している。Sansanは顧客にとっての価値を提供し続けることにより、2017年度から2019年度までの過去3年で契約件数は伸び続け、月平均解約率も下がり続けている。

　カスタマーサクセスは、契約後の導入支援や活用動向のモニタリングなどにより、顧客がサービスを活用する中で生じる課題を先回りして解決していく。顧客が成果を上げ続けることで自社のビジネスも成功につながり、顧客に契約を更新・継続してもらうことで自社の収益基盤を強固にする。従来のカスタマーサポートのような効率的、受動的な対応だけではない点が重要である。

　デジタルサービスにおいては、改善のための絶え間ないサービス開発・運用とその短サイクル化を実現しなければならない。そのため、「ビジネス開発機能」「デジタルサービス創出機能」「プロダクト開発機能」「データ活用機能」「サービス運用機能」を別組織とせず、同一組織内でそれらの機能を持つプロダクトチームの形態を選択する企業も増えている。なお、こうした考え方は社外向けのサービスでは普及しているが、社内向けのサービスでも適用可能である。

5-2-2　自社の置かれている状況によって変わる組織形態

デジタル化推進組織の5つの型

　前項で示したデジタル化推進のための機能を、実際の組織にどのように配置するかは、経営の重要な役割である。機能配置の形態として「(1) 社長直下集約型」「(2) 各事業分散型」「(3) IT部門内在型」「(4) プロダクトチーム

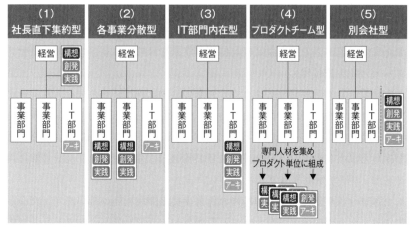

図表5-3　デジタル化推進組織の5つの型
出所：NRI

型」「（5）別会社型」の5つの型に分かれる（**図表5-3**）。機能配置の形態は、経営層の危機意識、デジタル戦略の方向性、ケイパビリティの有無、これまでの組織変遷の歴史、キーパーソンが所属している部門、各部門の関係性など、様々な要素が絡み合うため企業ごとに異なる。また、どれか一つの型でなく、複数の型を組み合わせた場合も多い。以下、それぞれの型について説明し、その型を選択している企業について紹介する。

（1）社長直下集約型　危機意識が高い社長の下、変革を推進する
社長直下で従来の事業にはない目線で考え、全社的な変革の推進力を高める

　「社長直下集約型」は、社長直下や全社横断組織としてデジタル化推進組織を設置する型である。「社長直下集約型」は、デジタル化の遅れや、既存ビジネスへのディスラプトに対する経営層の危機意識が総じて高く、デジタル技術を活用して自社の事業を変革するという意思の表れともいえる。会社全体を変革しようとする場合、組織や制度、業務などに加えて、価値観すらも変える必要があるので、社長のリーダーシップの下、変革を推進できるように、デジタル化推進組織を社長直下に置いている。

　SOMPOホールディングスは、自動車保険市場の縮小に危機感を抱き、2016年に社長直下のデジタル戦略部を立ち上げた。既存事業のデジタル化と、新しいサービスを含めた事業の創出が狙いである。事業会社ではなくホールディングスに組織を立ち上げた理由は、ホールディングスの経営層が危機感を抱いたこともあるが、デジタル戦略部がデジタル化予算を持って、グループ企業を支援する仕組みを作りたかったからである。同社では、デジタル戦略部が中心となって、事業横断の企画や、既存事業を超えた視点から顧客体験価値を向上させる商品やサービスを立案している。またサイバーセキュリティー事業に参入するなど、従来とは全く異なるビジネスへの参入も果たしている。SOMPOホールディングスのように、社長直下の推進組織をつくり、従来の組織や事業にはなかった視点で考えることが重要である。

デジタル事業創発力、デジタル実践力は事業部門と協業すべし

　デジタル化推進組織を社長直下に設置し、各部門に分散している経営資源を集約することで、デジタル化推進に必要な機能を実現する。そうすることで、経営資源が不足しているデジタル化プロジェクトに資源を投入しやすくなり、煩雑な社内調整にかかる時間と労力を省くことによって、意思決定も迅速に行える。その結果、会社全体としてのデジタル化の推進力が高まる。部門個別に進められているデジタル化に対して、全社観点でのデジタルガバナンスをかける際の事務局を担うこともある（1-3節参照）。

　しかし、既存事業のデジタル化を、デジタル化推進組織単独で進めることはできない。現行の業務プロセスや手順を変更するなどの検討は事業部門の協力が不可欠である。また、何らかの情報システムを構築・導入する場合、現行システムとのデータ連携や本番稼働後のシステム運用においてはIT部門の協力も必要になる。社長直下集約型の組織が構想や計画を作り、PoC実施まで順調に進み、いざ本格展開というときにつまずく理由はここにある。途中まで進めた後に事業部門に引き渡すだけでは決してうまくいかない。検討当初から事業部門を巻き込み、デジタル化推進組織が事業部門主体で進むよう協力するなど、工夫が重要である。

事業部門を巻き込む方法

　事業部門を巻き込む方法の好事例として、Y社の取り組みを3つ見てみよう。1つ目は、事業部門に当事者意識を持ってもらった取り組みである。PoCで成果が出た案件であっても、本番サービス起案で止まるケースがあった。理由は、事業部門の意思決定者との議論が十分になされないまま、デジタル化推進組織がデジタル化施策を主導したためである。PoCが一通り完了した時点においても、事業部門の意思決定者は、デジタル化施策の内容の認識が浅かった。対応策として、案件開始段階で、デジタル化推進組織と事業部門の意思決定者同士による確認会を設けた。それを通じて、サービス後は事業部門が主体となって運営する企画であることを認識合わせし、事業部側に当事者意識を持ってもらった。

　2つ目は、本気で実施するために事業部門にも費用負担してもらった取り組みである。従来は人的リソースや費用のほとんどをデジタル化推進組織が負担しており、事業部門は進めやすい仕組みだった。半面、事業部門からすると費用負担しているわけではなく責任もないため、PoCをやめても特段問題が発生せず、多忙になると既存業務を優先してしまっていた。対応策として、事業部門から担当者として参画してもらい、規模の大きい案件については事業部門にも費用負担するよう交渉した。

　3つ目は、対応を早くした取り組みである。PoC案件が多く、デジタル化推進組織の担当者が複数掛け持ちしており、案件の優先度についての共通認識がなく、優先度の高い案件であっても、検討が思うように進捗していないことがあった。対応策として、事業部門の意思決定者と協議のうえ、案件を絞り込み、優先度の高い案件の検討スピードを向上させた。

デジタル化推進組織が事業部門に協力する方法

　デジタルサービスの開発ではリソース不足になるケースが多いので、デジタル化推進組織が予算や人材、ノウハウなどのリソースを提供すると効果的である。上述Y社の2つ目の取り組みでも、初期のPoCなどの活動はデジタル化推進組織が費用を負担していた。

　M社では担当者がリリースまで協力する体制をとっている。デジタル化推進組織がMVP（実用最小限のプロダクト）を作り上げると、通常は事業部門に引き渡すが、M社ではMVPまでを担当した人が事業部門と共にリリースまで協力する。人事評価の仕組みやリソース調整などの課題はあるものの、責任を持って最後までやり遂げられるため、担当者のモチベーションは高く、事業部門からの評判もよい。

(2) 各事業分散型　事業部門の現場に密着支援する

　既存事業の製品やサービスの強化をデジタル戦略として掲げ、各事業部門での取り組みが中心となる「各事業分散型」をとっている企業もある。既存事業を大きく変革する必要性を感じていない企業や、既に事業部門が個別にデジタル化やDXの取り組みを進めている企業が多く該当する。事業戦略に沿って事業部門内でデジタル化についての意思決定を行うため、デジタル化の進展も早く、IT部門よりもノウハウを持っている場合もある。

　しかし、既存業務の枠内でのデジタル化になってしまうので、従来の価値観を変えるのはなかなか難しい。歴史的経緯から現状の組織を変えるのが難しく、意図的というより、結果的に「各事業分散型」になっている企業もある。経営層の危機意識を醸成しつつ、事業部門をうまく巻き込んだK社の事例を紹介する。

　K社は「デジタル化によって既存事業が破壊されることはない」と考える経営層が多数を占めていたため、部門ごとにデジタル化に取り組むにとどまっていた。だが経営企画部門は危機感を持ち、いつ登場するか分からないディスラプターに対応するため、全社的なデジタル化の必要性を感じていた。経営企画部門がまず実施したことは、経営層の危機意識の醸成だった。各事業部門の役員を交えた委員会を四半期に1度開催する仕組みを作り、外部講師を招いて「デジタル化社会の変遷」について十分に理解してもらったうえで、自社の価値観をどう変えていくかという議論の場を設けた。経営企画部門は委員会事務局として、デジタル化が進展した場合の自社への影響と内部の強みと弱みを整理し、自社の目指す方向性を検討したほか、デジタル化を

推進するために必要な資源の確保や配分について整理した。議論の場を設けたことで経営層にも徐々に危機意識が生まれ、今後の方向性や必要資源を委員会で議論し、事業部門のデジタル化との整合性を図るようになってきた。さらに委員会事務局は、個別に事業部門の役員を訪問し、事業部門が今困っていること、今後の変化の中で困りそうなことについてヒアリングし、事業部門に対する理解を深めた。委員会事務局は、ある事業部門のデジタル化の方向性を議論する場の事務局も担当するなど、積極的に関与していった。

「各事業分散型」の場合、K社の経営企画部門が実践したように、部門任せにしないことが重要である。各部門が個々にデジタル化推進をしているといえども、全社の経営資源を利用する必要が出てくる。その際、それら組織を束ねる横串の機能が必要となる。ただし、横串機能が事業部門に対して統制・管理しようとすると、横串機能と事業部門との間に摩擦が起きて、デジタル化の取り組みが難航する。横串機能は、各事業部門の情報を吸い上げて、彼らの活動を支援する役割を担うことが重要である。具体的には、以下のような役割である。

- 外部講師を招いて勉強会を開催するなどで経営層の危機意識を醸成する
- 各事業部門のトップ層を交えて、デジタル化に関する議論の機会を設ける
- 世の中のデジタル化動向、最新技術動向を各事業部門のトップ層と共有する
- 事業部門の現在の課題、将来予想される問題について、理解を深める
- デジタル化を推進するための必要資源（ヒト・モノ・カネ・データ）の確保・配分方針を整理する
- 全社のデジタル戦略と事業部門のデジタル戦略の整合性を確保する

(3) IT部門内在型　技術の専門部隊に任せる

「IT部門内在型」は、従来のITと同様に、IT部門が主導するパターンである。AI（Artificial Intelligence：人工知能）やIoT（Internet of Things）などのデジタル技術は、これまでIT部門が扱ってきた情報技術の範囲であるため、「餅は餅屋」という発想である。IT部門が事業部門と協力しながら事業

変革や業務改善などを進めてきた場合や、IT部門に先端技術への関心の高い人材が多い場合、この組織形態をとる。

「IT部門内在型」の利点は、先端のデジタル技術に関する知見を集約でき、既存システムとの連携や共通基盤の構築、セキュリティー対応なども含めて、全社最適化を図れる点である。しかし、業務知識が十分ではなく事業部門の課題を把握できていない、現行システムの機能改修対応や維持・運用業務に忙殺され新たなことに取り組めないなど、事業部門との協働がうまく進まないという声もよく聞く。また、事業部門のデジタル化に対する意識が薄い場合、IT部門がデジタル技術を活用して事業創出や業務改善をしようと思っても、事業部門の協力が得られず、IT部門内に閉じた活動になってしまい、うまくいかない。

従来のIT化では、ユーザー要件を忠実に実現することが求められる。それに対しデジタル化では、新しい技術やデータを活用しながらイノベーションに挑戦し、柔軟性やスピード、試行錯誤が重視される。両者は必要なスキルや業務の進め方、価値観が異なり、IT部門内で異なる2つの文化を両立させなければならず、難しいかじ取りが必要になる。

(4) プロダクトチーム型　プロダクト単位で一体となって取り組む

デジタルサービスは提供開始後、継続的な改善を行うことで、顧客体験の向上を目指すのが一般的である。プラットフォーマーやデジタルネイティブ企業はサービスを日々アップデートするのが当たり前であり、従来の情報システムのように数カ月から年単位で機能改修するといった時間軸とは全く異なる。そのような開発スピードを実現するには、サービスの関係者が一堂に会していることが望ましく、それを実現するのがプロダクトチーム型である。

米国で大手スーパーマーケットを展開するTargetの事例を紹介する。2000年過ぎには小売最大手Walmartの攻勢に遭っており、経営層は危機感を抱いていた。2015年当時、Targetのシステムは複雑に入り組んだ状態にあり、IT部門は協力会社に開発・運用を丸投げし、組織と人材に関する課題が顕在化していた。それを解決するための一つの改革として、プロダクトチームを

核とする組織改革を実行した。「プロダクト」とは、ビジネスおよびシステムをシンプルに扱う単位であり、お客様に価値をもたらす独立したサービス・機能である。Targetでは、利用者視点の「サービスプロダクト」と、処理機能視点の「機能プロダクト」に区分した。サービスプロダクトは「実店舗」「スマホ」「Webサイト」などが該当し、機能プロダクトは「価格」「商品」などが該当する。

「価格」を例にとると、従来は店舗（リアルもオンラインも）ごとに設定され、場合によっては店舗ごとにも異なる価格が設定されていた。そこで「プロダクト」の考えを導入し、どの店舗（リアルもオンラインも）でもできるだけ同一商品・同一価格として扱うことで、現場での価格管理に関わる煩わしい業務を見直した。Targetではプロダクト単位でシステム機能を実現し、類似機能や処理を排除することにより、シンプルなシステム構成を実現した。プロダクトの考えを導入することで、業務・システムがシンプルになり、改善の単位と効果が明確化され、システム構造が疎結合となり、迅速なサービス実現につながった。

さらにTargetは、疎結合なシステムを実現したうえで、事業部門とIT部門がプロダクト単位で一体となって取り組んだ。プロダクト単位でビジネスおよびシステムを考えるために、既存の組織からマーケティングやデザイン、ITなど各分野の専門人材を集め、組織横断のプロダクトチームを編成し、自律性を持たせた。従来のプロジェクトベースのチーム構成の場合、本番運用に入るとメンバーは解散してしまうため、新たな改善を行おうとすると、再度体制確保や業務およびシステムの理解といった、準備のための時間とパワーを要してしまう。それに対してプロダクトチームは、同様の体制で継続的に開発を続けるので、継続的なサービス改善を実現できる。

プロダクトチームは、プロダクトの改修や変更をチーム内で完結するための組織である。Targetの事例では、プロダクトチームはバーチャル組織であったが、プラットフォーマーやITサービス企業では、デジタルサービスを提供する組織（伝統企業における事業部門と同様）の中にプロダクトチームが多数存在する構成が一般的である。

(5) 別会社型　新しい企業文化を創ることができる

　新しいデジタルビジネスを創出したい場合、デジタル専業会社を立ち上げるケースもある。メリットは、既存の判断基準や承認プロセス、人事制度、価値観に縛られずに、新しい企業文化を創れる点である。多くの企業では既存事業を成長させてきた考え方が文化として根付いているが、そうした文化は新規事業の創出に当たり障壁となってしまうことがある。新規事業の収益性や事業規模は不確定なので、既存事業と同様の基準で判断してしまうと、その将来性を見誤ることになる。また意思決定にかかる時間も伝統企業では長くなりがちで、早く動くことが必要な新規事業には合わないことも多い。そうした伝統企業のしがらみからある程度解放されることは利点である。

　また、事業会社本体と切り離すことで、異なる人事制度や処遇も採用できる。昨今、デジタル人材を獲得しようにも、処遇などの条件やキャリア形成の考え方が折り合わず、獲得を断念するケースも出ているが、デジタル専業会社の場合はそうした問題への対応はしやすい。ただし、別会社を設立しても、人材を獲得できるかどうかは、人事制度や処遇だけではなく、ビジョンや事業内容など企業としての魅力次第である。事業収益が当分見込めない段階では、本体からの事業投資に頼らざるを得なく、固定費を抑えるために限られた要員で対応せざるを得ないことも考慮すべきである。

　別会社型の事例としては、Japan Digital Designとランドログがある。Japan Digital Designは2017年に三菱UFJフィナンシャル・グループ（MUFG）から生まれた会社である。もともとはFinTech事業の開発を狙って2016年にMUFG内で立ち上げた。従来の銀行にはないプロジェクトを立ち上げ、様々な業界から多様性のある人材を採用している。ランドログは、土木・建設業界の顧客を数多く抱えるコマツがパートナーと共に設立した会社で、建設生産プロセスの情報を収集・蓄積・解析して施工現場の生産性を高めることを目指している。最近では、協働するパートナーからのコミットメントを高めるため、パートナーからの出資を受けてデジタル専門会社を設立するケースも出てきている。

データ活用機能の別組織化

　前述した組織形態によらず、企業特性に応じて個別の組織形態を選択する企業もある。データ活用機能をデジタル化推進組織とは別に組織化するケースもある。

　O社は、不動産、金融、自動車など事業が多岐にわたっており、会社全体のデータを統合・活用したビジネスを早々に立ち上げようと考えていた。そのため、デジタル化推進組織とは別にデータマネジメント専門の組織を構築した。権限を最大限発揮するために社長直下に設置している。役割は、各事業部門のデータ活用支援が中心で、データ活用企画の審査も実施している。2019年に3人で立ち上げた組織は、わずか3カ月で15人体制へと拡充された。O社では、事業部門から事業アナリストを招き入れ、中途採用中心のデータサイエンティストと組み、データ活用シナリオを検討している。組織横断のデータ活用を進めたい場合、データ活用機能の別組織化も選択肢の一つである。

5-2-3　手の内化の重要性

デジタル化推進に必要な「手の内化」志向

　デジタル化施策を素早く企画、開発、リリースするための機能を「手の内化」する企業が増えつつある。「手の内化」とは、デジタル化施策の企画・開発・リリースに関して、いざというときには自社のみで対応できるケイパビリティを保持している状態を指す。

　欧米と比較すると、日本ではITサービス企業に所属するITエンジニアの割合が高く、ユーザー企業はITエンジニアを自社に抱えず、外部委託することが一般的である。本来、外部委託は、自社でケイパビリティを保持しているが、自社で実施するよりも委託した方が安い、もしくは、早く実施できる場合に行うべきである。そうでないと、委託先の管理や、成果物の品質管理などを正しくできないからである。しかし、ITの世界ではいつの間にか自社でケイパビリティを持たない場合でも、外部委託してシステム開発することが当たり前となった。その結果、小規模なシステム機能改修であっても外部

に頼らざるを得なくなり、時間もコストもかかるようになってしまった。

　このような状態では、短いサイクルでサービスを企画、開発、リリースすることは不可能である。ただ、自社要員だけで開発する内製にこだわってしまうと、多くの案件に対応できなくなるので、外部リソースの活用は現実的である。その際、ソフトウエアの仕様やコードを自ら把握し、自身でも開発できる「手の内化」の状態にしておくことが重要である。

手の内化の前提となる「内製化」

　「手の内化」すべき機能は、競争優位の源泉に関わるかどうかや、業務の固有性や特殊性の有無などから判断する。デジタルビジネスにおいては、システム開発は事業そのものといってもよく、技術進化に追随し、事業としての競争力を維持・強化するために内製するのがふさわしい。そのほか、これまでの業務プロセスとは異なる、ステークホルダー（関係者・部署）が異なるなど、迅速かつ柔軟な対応が必要なことからも、内製化するのが基本的な考え方である。

　5-2-1で説明した機能は、自社で主導権を持ち、戦略的に意思決定すべき機能なので、内製化すべきである。NRIが実施している「ユーザ企業におけるIT活用実態調査2019」によると、顧客向けWeb／スマホアプリなどのアプリケーションは、自社または情報子会社にシフトしていく「内製化」の指向が見られた。デジタル化プロジェクトでは外部委託先に要件を提示して開発するやり方ではなく、プロダクト開発機能を内製化してケイパビリティを高める企業が増えている。

　内製化が定着している企業を紹介しよう。「タイムズ」ブランドで駐車場サービス、レンタカーサービス、カーシェアサービスなどを提供しているパーク２４は、新たなデジタルサービスを提供し続けている。例えば、空いている土地スペースを有効活用したい地主と、外出先などで確実に駐車したいドライバーをマッチングする会員制の駐車場シェアリングサービスがある。

　パーク２４は、2003年に駐車場オンライン監視システムを稼働させ、駐車場利用データ、車両のGPSや走行データ、車両利用データ、予約データ、会

員データなどのコアデータを一元的に管理している。保持しているデータは、駐車場の稼働率分析、車の入出庫状況分析、交渉の履歴分析などに活用している。パーク２４が新たなデジタルサービスを提供し続けることができている理由の一つが内製化である。社長自身が「ITは自社開発」との方針を掲げ、2017年時点で150人を超えるIT部員を抱えている。内製化を貫く理由は、①新しいサービスでは条件に合うハードウエアやソフトウエアがないこと、②リリース後の改修スピードを高めること、③前例のないものを作ることで生みの苦しみを体感して組織として強くなること、の3点を掲げている。パーク２４では、世の中にないサービスの開発を外部に頼らず社員自身が取り組んで経験を積むことで、組織のケイパビリティを高めている。

　デジタル化を進める企業は、デジタルケイパビリティを高める手段として内製化に取り組むべきである。ただし、自社内で準備できるリソース量には限りがあるため、内製化する領域を見極めることが欠かせない。内製化の効果が発揮されるのは、ノウハウを内部蓄積したい領域や、顧客接点サービスを中心とした改修頻度の高い領域である。例えば、顧客向けWebや、スマホアプリなどの顧客が利用するアプリケーション、営業支援／顧客分析などのフロント系アプリケーションである。自社システムの特性を踏まえて、内製化するべき領域を決定しよう。

内製化のケイパビリティ確保

　内製化の組織体制は、どのように拡充していけばいいのだろうか。事例を基に、時系列に追ってみよう。

　2017年、デンソーはデジタルイノベーション室を立ち上げた。当初はメンバー２人であったが、社内公募、中途採用により社員を徐々に拡充。1年半後の2018年時点では、社員25人（中途採用15人ほか）、常駐パートナー40人まで拡大した。同室は、事業部門のニーズを発掘するチーム、内製によるシステム開発チーム、基盤開発／技術開発チームなどで構成されている。組織を拡大する際、自らやりたいと思う意欲ある人材のみを受け入れ、事業部門の需要発掘のために面倒な開発を含めて何でもやるスタンスをとった。

　別の企業の例では、当初内製化チームは3人であったが、4年間で約100人になった。発足当初は外部から招き入れたエンジニアの力も借りて、プログラミングなどの基本を一から学んだ。現在は、アジャイル開発についての講義や定期セミナーの開催、実際の開発現場の見学など、開発ノウハウを様々な形で法人顧客に提供している。

　2つの事例に共通しているのは、当初は少人数で、次に外部のエンジニアの力を借りて短期間で内製化チームを立ち上げていることだ。基本的に自社のみで実行できるケイパビリティを確保したうえで、不足するときは準委任契約や派遣にて人的リソースを調達するのが現実的である。

技術的なハードルが下がってきた内製化

　AI民主化ツールを導入すれば、専門的な統計・分析の知識がなくても高度な分析を行うことが可能となる。AI民主化ツールのほかにも、ノーコード開発ツールやローコード開発ツールが登場し、テクノロジー全般の民主化が広がっている。ノーコード開発ツールはプログラミングすることなくシステム開発できるツール、ローコード開発ツールは部分的にプログラミングしつつシステム開発できるツールである。メリットは、コードエラーが最小限に抑えられ開発期間が短くなる点と、プログラミングのスキルやITの知識が十分でない人材でもアプリ開発が可能な点である。

　2020年に入ってから、GoogleがノーコードのリーディングカンパニーAppSheetを買収し、Appleの子会社Clarisがノーコード開発ツールClaris Connectをリリース、さらにAmazon.comがノーコード開発環境のAmazon Honeycodeをリリースしている。大手プラットフォーマーがこのように動くことでスタートアップの動きも活発化し、技術の進化に拍車がかかる。その結果、ノーコード開発やローコード開発の手法を採用する企業も増えてくると考えられる。先に述べた通り、内製化ではソフトウエアの仕様やコードを自ら把握することが重要なので、テクノロジー全般の民主化が進むと内製に対する技術的なハードルは下がっていく。

内製化における情報子会社の位置付け

　情報子会社を設立すると、これまでIT部門が内製化していた領域を情報子会社に移管するケースがほとんどであった。技術に関する高度な専門人材を集約することで、知見の集積やより高い技術力の確保を狙ったためである。ところが、技術のオープン化、パッケージシステムの導入拡大など、技術や製品の変化や多様化に対して多くの情報子会社は十分に対応できなかった。設立当初の狙いや期待に対して限定的にしか応えられず、外部ベンダーにシステム開発を任せる割合が高まっている情報子会社も少なくない。前述した通り、内製化の効果が発揮される領域は、差異化領域として外部に頼らずノウハウを内部蓄積したい領域である。設立当時の期待に応えるためにも、情報子会社が差異化領域のエンジニアリングを内製で担うべきであろう。

　事業と一体となったサービス開発を支えるエンジニア集団としてあり続けることを奨励し、そのための企業文化・組織・制度を築いているリクルートテクノロジーズを紹介する。リクルートテクノロジーズは2012年にリクルートがホールディング制に移行する際、リクルートのIT部門が分社化してできた機能子会社である。多様性や先進性、個の尊重と協働、技術的な視点での専門性を高めることを重視している。例えば、エンジニアによる技術的取り組みの社外発信や、与えられたミッションのレベルに応じた給与・賞与体系を整備している。

　リクルートテクノロジーズの例に見る通り、情報子会社に新たな役割を付与するだけでは機能しない。企業文化、組織、体制を併せてつくりあげていくことが重要である。

5-3 パートナリング

5-3-1 DX推進に必要不可欠な外部パートナリング

　近年、デジタル化推進に必要なデジタル技術そのものや、ビジネスへの活用アイデアの探索手法として、外部組織（ほかの企業や大学など）とのパートナリングが注目されている。前節では内製化の必要性を述べたが、ケイパビリティやリソースが不足している状態ではデジタル技術を活用した新しいビジネスの立ち上げは難しい。**図表5-4**に示す通り、日本国内の企業ではDX推進において外部組織とのパートナリングの必要性を感じる企業は非常に多い。一方で、必要性は認識されているものの、パートナリングを実現している企業は半数程度にとどまっている。

　日本の大企業が外部組織とのパートナリングを必要とする背景の一つは、ITへの期待の変化が挙げられる。従来のITは業務プロセスの効率化が求め

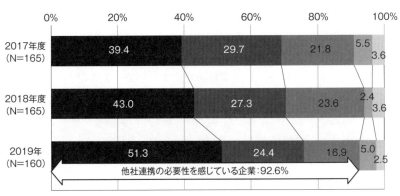

Q：デジタルビジネスを推進するに当たり、他社との連携の必要性を感じますか。

図表5-4　デジタルビジネス推進に当たり他社と連携して進めている企業の割合
出所：JUASとNRI「デジタル化の取り組みに関する調査2020」

られていたが、近年はデジタル技術を活用した既存ビジネスの付加価値向上や全く新しいビジネスの創発が求められている。企業内の研究開発は自社の本業に焦点を当てることが多いので、効果のはっきりしないデジタル分野に、限られた予算や人員を割くのは難しい判断となる。また、デジタル技術の進化は速く、企業の内部資源だけで網羅的に追いきることは難しい。そのため、ビジネスの早期立ち上げに必要な技術を特定し、その技術を保有する外部組織とのパートナリングが効果的な手段となり得る。

　もう一つの背景は、DX推進に必要なスキルを持った人材が、IT部門および事業部門の双方に不足している点である。DXを推進してビジネスの成果につなげるには、ビジネスにデジタル技術を組み合わせ、IT部門と事業部門の連携や外部パートナーとの連携を取りまとめることのできる人材が必要となる。このようなスキルを持った人材が社内にいなければ、外部パートナリングの活用が必要となる。

5-3-2　パートナーの類型

　パートナーとなる企業には様々な種類があるほか、単一企業との連携の場合があれば、複数企業と連携してエコシステムを形成するケースもある。効果的な外部連携を実現するには、各パートナーの特徴を把握することが第一歩となる。従来のIT化におけるパートナリングでは、請負型の業務委託でシステム開発および保守・運用業務を発注する形態が主流であったが、DX推進のためのパートナリングでは、様々な連携形態を個々のケースに合わせて選択することが必要になる。以下、パートナーの類型と、パートナリング形態の類型について解説する。

パートナーの類型1　ビジネスパートナー

　ユーザーニーズを起点として新ビジネスを立ち上げるには、自社の得意分野だけでは実現が難しいことが多々ある。その際に有力な外部連携先が、ビジネスパートナーとしての異業種企業である。それぞれの得意領域を持ち寄

り、エコシステムの構築を狙う動きが加速している。

　一例を挙げると、ダイキン工業が2018年に発表した空気・空間のデータを活用した協創プラットフォーム「CRESNECT」では、未来のオフィス空間作りを目指してオカムラ、ソフトバンク、東京海上日動火災保険、三井物産、ライオンなどと連携している[1]。このパートナリングは拡大し続けており、2019年には会員型コワーキングスペースである「point 0 marunouchi」を立ち上げ[2]、さらに連携企業が増え続けている[3]。

---

[1] https://www.daikin.co.jp/press/2018/20180221/
[2] https://www.daikin.co.jp/press/2019/20190423/
[3] https://www.daikin.co.jp/press/2019/20190708/

　このような大企業同士の連携は大きなインパクトをもたらす一方で、デジタル技術そのものはさらなるパートナリングが必要となる場合が多い。

パートナーの類型2　サービス提供パートナー

　DX推進にはデジタル技術の高度な活用が必要で、企業内に十分なスキルがなければ、そうしたサービスを提供する外部パートナーとの連携が有効な手段となる。このような「サービス提供パートナー」の主な候補となるのは、①スタートアップ企業と、②デジタルプラットフォーマーである。

①スタートアップ企業

　スタートアップ企業とは、「新しいビジネスモデルを開発し、ごく短時間のうちに急激な成長とイグジットを狙う事で一獲千金を狙う人々の一時的な集合体」と定義され[1]、イノベーションを通じて社会を変えることを目指す企業である。そのため、最新デジタル技術に常に注目をしており、デジタル技術に関するスキルが非常に高い。

---

[1] https://blog.btrax.com/jp/startup-2/

一方で、企業として経験が浅いので、ビジネスモデルが確立されていないことが多い。スタートアップ企業は国内・国外に無数に存在するが玉石混交であり、パートナーを探す側に高い目利き力が求められる。

②デジタルプラットフォーマー

デジタルプラットフォーマーとは、「検索サービス、電子商取引、SNS、アプリケーションマーケット、シェアリングエコノミーといったICTやデータを活用して第三者に場をサービスする企業」である[1]。高い企業価値やその成長などが注目されており、その活動は社会・経済の姿を大きく変えている。

[1] 総務省　令和元年版情報通信白書
https://www.soumu.go.jp/johotsusintokei/whitepaper/ja/r01/html/nd113100.html

大企業側から見ると、大規模なデジタルサービスと多数の利用者を保有したパートナーであり、効率的な顧客網の獲得や製品展開が可能になるメリットがある。一方で、デジタルプラットフォーマーが提供するサービスの利用は容易であっても、自社の都合に合わせてもらえないというデメリットもある。将来的には、利用する立場ではなくデジタルプラットフォームを提供する立場を目指す、もしくは、対等な関係でのパートナリングを目指す企業が増えるとの調査結果もある[1]。

[1] JUAS・NRI 「デジタル化の取り組みに関する調査2020」

日本の大企業と大規模プラットフォーマーの連携事例としては、トヨタとライドシェア企業の自動運転分野における業務提携が挙げられる。米国のUber Technologies、東南アジアのGrab、中国の滴滴出行などである。トヨタ自動車にとってライドシェアのプラットフォーマーは、大きな顧客基盤となるだけでなく、自動運転システムの提供やライドシェア専用車の開発を通じて車両業界の基盤部分を占めることが目的であるほか、トヨタ自身が開発するモビリティーサービス・プラットフォームへのデータ蓄積やサービス開

発への応用も視野に入っているという[1]。大企業側がデジタルプラットフォーマーを敵対視するのではなく、対等な関係での提携や自社プラットフォームのために利用する動きも出てきている。

---

[1] https://bizgate.nikkei.co.jp/article/DGXMZO55930950021022020000000/

パートナーの類型3　リソース提供パートナー

　DX推進には、自社要員の立場で動く、デジタルスキルに長じた人材が必要である。新しい社内の仕組み作りには、DX推進の方法論や考え方を理解するとともに、スタートアップ企業をはじめとする外部企業の文化や考え方を理解した人材が必要になる。しかし、そうした人材が、伝統的な大企業の従来の育成・評価の仕組みから出てくることは難しい。そこで、自社要員の立場で動いてくれる人材を外部調達するのが「リソース提供パートナー」である。次に挙げるパートナーは、日本企業の文化を十分理解しているので、連携のハードルは低いと考えられる。従来のIT部門ではなじみが薄いパートナーも挙げているが、それぞれに強みがあり、リソース提供パートナーとして有力である。

SIer（システムインテグレーター）

　SIerは情報システムの構築や運用などを請け負う事業を行っており、日本の大企業にとってIT関連では最も関係性が深い。得意領域は従来のITに期待されていた業務効率化の実現だが、顧客のDXに対する期待と要求の変化を受け、アジャイルやDevOpsといったデジタル活用に必要な方法論を蓄積し、従来のITと似た形態でデジタルサービスの一部を構築している。また、先進性で劣る点はあるが、デジタル技術を用いたサービス提供をする企業も出てきている。

　SIerが大企業とのパートナリングで果たす役割の例の一つは、従来のITでも大きな役割を担っていたネットワークやセキュリティーなどのインフラ関連である。既存インフラ環境を最適な形でデジタルサービスに対応した形

に移行させる役割を担うことが多い。もう一つは、サービス提供パートナーのサービスには不足している機能（例えば、既存サービスとの連携や統合など）を補い、顧客が求めるアプリやシステムを最終的に作る役割である。

コンサルティングファーム

コンサルティングファームも、日本の大企業と関係性の深い企業である。ビジネスとデジタル技術は切り離せないので、DX推進の要素を取り入れたコンサルティングサービスを充実させる動きが活発化している。一部の分野ではデジタル技術自体を提供し、PoCを支援する企業も出てきている。

NRIの場合、デジタル戦略の策定・推進、デジタル組織の支援、イノベーション創出の仕組みの構築、ビジネスITの構想・計画・推進など、DX推進を支援するメニューを提供している。また、コンサルティングファームによるデジタルビジネス専門会社の設立も活発で、NRIの場合、NRIデジタルを設立してDX領域の支援体制を拡大している。

大学などの学術機関

特にAIやビッグデータ解析などの分野では、学術機関が積極的に研究しているため、学術機関との産学連携は有力な選択肢となる。大企業にとって学術機関は、対象分野の高度な専門知識やスキルを持った人材を有している点が魅力的である。学術機関から見ると、大企業は研究対象となる大量のデータやユースケースを保有している点が魅力である。

富士フイルムはFUJIFILM Creative AI Center「Brain(s)」を立ち上げ、理化学研究所や東京大学と連携して次世代AIの技術開発を進めている[1]。また、ABEJAは創業当初よりAI関連で大学の教員陣と連携してディープラーニング技術の研究を行っており、近年では量子コンピューティングの分野でも東北大学から技術顧問を迎えている[2]。

---

[1] 富士フイルム Brain(s) ホームページ
[2] ABEJA プレスリリース　2018/11/15　https://abejainc.com/ja/news/article/20181115-2308

フリーランスエンジニア・仲介サービス

　デジタル技術を駆使するエンジニアの需要が高まっていることから、スキルアップや給与などの待遇面の向上を求めて、有能な人材がフリーランスエンジニアとして活動するケースが増えている。大企業としても見逃せないパートナーで、的確に必要なスキルを持った人材を採用できる点や、短期間でパートナリングを行える点が大きなメリットとなる。

　一般に大企業がフリーランスエンジニアとコンタクトをとる際、仲介サービスを活用する。ギークスジョブ、ミッドワークス、ビッグデータナビといった数多くの仲介サービスがある。企業側は求めるスキルを明確にして、仲介サービスを選定して連携することが重要となる。

アクセラレーター・コワーキングスペースの調査・紹介サービス企業

　アクセラレーターとはスタートアップ企業のビジネス拡大のための資金や運営のサポートを行う企業であり、コワーキングスペースとは企業や個人向けに共同利用型のオフィススペースを提供する企業である。双方ともに大企業よりもスタートアップ企業に近い文化や働き方をしており、直接スタートアップ企業向けにサービスを提供するため、ネットワークも非常に強固である。その強みを生かして、大企業向けにスタートアップ企業の調査や紹介といった仲介サービスを提供している企業が多くある。大企業にとっては、スタートアップ企業との関係構築の第一歩を代わりに行ってくれるというメリットがある。例えば第一生命は、スタートアップ企業の探索において、2019年にPlug and Playというベンチャーキャピタル・アクセラレーターと業務提携を結んでいる。

5-3-3　パートナリング形態の類型

　パートナリングの形態は大きく、「企業買収」「投資」「業務提携」「業務委託」の4種類に分類できる。目的によって最適なものを選択する必要がある。この形態の選択を誤ると、期待していた効果が得られないばかりか、デメリッ

トだけが大きくなる可能性もあるので慎重に検討する必要がある。

パートナリング形態1　企業買収

　主には外部企業の発行済み株式の過半数を取得し、経営権を獲得する方法である。大企業によるスタートアップ企業の買収は近年頻繁に耳にするようになった。

　買収を行う企業側の最も大きなメリットは、短期間で必要なデジタル技術を獲得して活用できることである。スタートアップ企業の経営者にとっては、売却益を得て新たな事業に取り組めるというメリットがあり、特に欧米では事業売却をイグジットとして計画するスタートアップ経営者が増加している。

　「アクハイア」と呼ばれる買収形態もある。デジタル技術やサービスではなく人材を目的とした企業買収であり、大企業にとっては内部で育成するよりも早くデジタルスキルを持った人材を確保することが可能である。

　買収する企業側のデメリットとしては、予想外の債務リスクとそのリスク低減に必要なデューデリジェンスにかかる労力、および、それに伴うスピードの低下、制度面や社内風土の不一致による経営トラブルなどの可能性が挙げられる。

パートナリング形態2　投資

　株式投資などを通じて外部パートナーに資金を出し、利益の配当や会社の経営に参加する権利を得ることである。スタートアップ企業向けではベンチャーキャピタルへの出資やコーポレート・ベンチャー・キャピタルなどを通じた投資を行うケース、大企業同士であれば互いに出資して会社を設立するといったケースがある。

　大企業側には、短期間でのデジタル技術の獲得や自社へのスキル獲得といった点に加えて、買収よりも低いコストでパートナリングを行えるメリットがある。デメリットとしては出資先の事業失敗リスクがあり、特にスタートアップ企業を対象とする場合は成長途上段階の企業を対象とすることが多くなるため、ハイリスク・ハイリターンとなる場合がある。

パートナリング形態3　業務提携

　複数の企業が研究開発・購買・製造・販売などについて協力し合うことを業務提携と呼び、相互に独立性を保つ点が買収や出資と異なる。大企業同士が得意分野を持ち寄って新ビジネスを立ち上げるケースや、大企業がスタートアップ企業と提携して新ビジネスを立ち上げるケースなどがあり、1対1だけでなく複数企業で業務提携を行う場合もある。

　比較的緩やかな協力関係の中で既にあるものを提供し合うパートナリングとなるため、コストやリスクを抑えることができ、かつ短期間で結果を期待できる点がメリットとなる。一方で関係解消が容易なことや、シナジー効果が比較的薄くなる可能性などがデメリットとして挙げられる。

パートナリング形態4　業務委託

　日本のIT業界において最も行われている外部パートナリングが業務委託であり、自社の業務を外部企業に発注する委託者とその業務を引き受ける受託者の関係となる。受託者が成果物の完成責任を負う請負契約と、完成責任を負わない準委任契約があり、従来のITにおいては大企業が委託者となる請負契約が主流である。

　請負契約のメリットは受託者に成果物の完成責任を負わせることができること、また成果物に不備がある場合には契約不適合の責任を負わせることができる点である。ただし、契約締結時に成果物を定義する必要があり、デジタル技術を活用した新サービス開発の場合、開始前に成果物を明確に定義するのは難しいため、準委任契約を行い大企業側も並走することが適している。

パートナリングは対等であり変化する

　パートナリングでまず必要なことは、外部組織とパートナリングを行う目的を明確にすることである。目的に沿ってパートナーの相手を選択し、形態を協議することが望ましい。社会的インパクトを重視する場合は大企業同士のビジネスパートナリング、デジタル技術やサービスそのものを獲得・活用する場合はサービス提供パートナー、DX推進にかかわる内部要員の代替と

なるリソースやノウハウを獲得する場合はリソース提供パートナーを対象とするのが効果的と考える。

　また、パートナリング形態はパートナーと対等の立場での合意が必要であり、自社の都合のみでは決まらない。もちろん、ビジネスパートナーやスタートアップ企業に業務委託といった形は適切ではないし、相手先企業の規模によっては企業買収など不可能なケースもある。また、パートナリング形態は事業に合わせて変化する可能性があり、特にスタートアップ企業とは資金調達やイグジットのタイミングなどで変化することが多い。関係性の変化への対応としては、出向や出向受け入れという形で新たな契約を結び、人材を移動させることで連携を強化する方法がある。従来のIT部門においてSIerやコンサルティングファームから出向者を受け入れているケースもあるが、同様に文化の共有や浸透、テーマ推進の加速といった効果が見込める。

5-3-4　スタートアップ連携に関する国内外の事例

　5-3-2で取り上げたパートナーの中で、日本の大企業から見て最も新しく、かつなじみの薄いのがスタートアップ企業であろう。一方で、スタートアップ企業はデジタル技術に秀でており、テクノロジー面での主役となり得る企業であり、連携の機会を増やすことでDX推進を爆発的に加速させる可能性がある。そこで本項ではスタートアップ企業に着目し、国内外の事例を通じたパートナリングのポイントを考察する。

Siemens＋LO3 Energy（＋丸紅、京セラなどの日本企業）

　Siemens（シーメンス）は、製造業におけるDXの大きな潮流であるIndustry4.0を推進する主要企業の一つであり、いち早く先進的な取り組みを行ってきた企業である。同社は2016年にスタートアップ企業とのパートナリング機能を強化するためにNext47（ネクスト47）という子会社を設立した。大企業であるSiemensから独立した組織とすることで、よりスタートアップ企業との距離感を縮める狙いがあったと考えられる。SiemensがNext47を

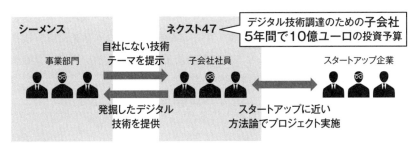

図表5-5　Siemensとスタートアップ企業の連携組織イメージ
出所：シーメンス　「next47 Standard presentation」（https://assets.new.siemens.com/siemens/assets/api/uuid:2cbd0d3f-19db-40b7-9e75-3c59a3cbcce0/presentation-next47-e.pdf）よりNRI作成

通じて実現を目指した連携イメージを**図表5-5**に示す。

　当初、Next47は5年間で10億ユーロという巨額の予算を持って設立され[1]、対象領域は電力配給技術、AI、ブロックチェーンといった、本業のコア製品に新しい価値を与える技術や、工場をより効率化する可能性がある技術、Siemens本体が行うにはリスクが高くビジネスへの成果が未知数の新しい技術に注目する傾向にあった。

---

[1] Siemens　「next47 Standard presentation」
https://assets.new.siemens.com/siemens/assets/api/uuid:2cbd0d3f-19db-40b7-9e75-3c59a3cbcce0/presentation-next47-e.pdf

　Next47が行った外部パートナリングには様々なものがある。大企業であればAirbusグループおよびRolls-Royceとの電気飛行機の共同開発[1]、スタートアップ企業であれば貨物輸送のプラットフォームを提供するSennder[2]やライドシェア事業用プラットフォームを開発しているrideOSへの出資などがある。スタートアップ企業とのパートナリング効果を生んでいるのは、米国のLO3 Energyへの投資である[3]。LO3 Energyはブロックチェーン技術を活用した個人間での電力取引サービスを開発しており、Siemensは電力配給技術とブロックチェーンという2種類の技術に注目して連携した。Siemensは当時デジタルグリッド・ビジネスユニットを組織し、マイクログ

リッド管理システムを構築していた。そのマイクログリッド管理システムに
「LO3 Energyが開発しているエネルギー市場向けのブロックチェーン技術
を組み合わせることに大きなビジネス機会を感じる」と、デジタル・グリッ
ド・ビジネス・ユニットのCEOが述べている[4]。

[1] https://press.siemens.com/global/en/feature/major-joint-project-towards-electrification-aviation
[2] https://www.eu-startups.com/2019/07/berlin-based-digital-road-freight-platform-sennder-raises-e62-4-million-to-modernize-the-trucking-industry/
[3] https://microgridknowledge.com/blockchain-siemens-lo3-energy/
[4] https://www.utilitydive.com/news/siemens-lo3-energy-teams-up-for-blockchain-powered-microgrid-in-brooklyn/430884/

　LO3 Energyは米国ニューヨーク州で「ブルックリン・マイクログリッド」
というプロジェクトを開始した。これはブルックリン地区を中心とした地域
内で電力の供給と消費を行う、マイクログリッドと呼ばれるインフラを構築
するプロジェクトである。LO3 Energyは事業を拡大し続けており、その過
程でSiemensおよびNext47との関係性もより強固になっている。電力の個
人間取引の領域では世界的に注目されており、ドイツやオーストラリアでも
実証実験を行っている。日本の大企業もLO3 Energyに注目しており、2019
年には、丸紅がLO3 Energyが開発したブロックチェーン機能搭載メーター
を利用した電力取引に関する共同実験を行う業務提携を結び[1]、京セラが
LO3 Energyのプラットフォームを活用して再生エネルギーを分配するシス
テムの実証実験に関する業務提携を行っている[2]。同じく2019年には住友
商事やシェル・ベンチャーズなども出資を行っている[3]。

[1] 丸紅　2019/2/20ニュースリリース
https://www.marubeni.com/jp/news/2019/release/20190220J.pdf
[2] 京セラ　2019/2/25ニュースリリース　https://www.kyocera.co.jp/news/2019/0206_vppv.html
[3] LO3 Energy 2019/7/10ニュースリリース
https://lo3energy.com/shell-and-sumitomo-corporation-invest-in-lo3-energy-to-develop-blockchain-based-community-energy-platform/

第一生命＋Neurotrack

　既存のビジネス領域にデジタル技術を活用して新ビジネスを生み出すことを、X-Tech（クロステック）と呼んでいる。保険業界ではInsTech（インステック）が高い注目を集めており、第一生命は2015年よりInsTechイノベーションチームというInsTech推進のための組織をつくり、早くからDXを推進し続けている [1]。2018年より認知症保険加入者およびその家族向けに提供しているスマートフォン用アプリである、「健康第一 – 認知症予防アプリ」にもスタートアップ企業とのパートナリングが生かされている。このアプリに搭載されている、目の動きをAIが分析して脳の健康状態や認知機能の状態把握を行う機能は米国のスタートアップ企業であるNeurotrackが提供している [2]。NeurotrackのCEOであるエリー・キャプラン氏は祖父母をアルツハイマーで亡くしたことがきっかけで、症状が表れる前に予兆を見つけ早期に対処を開始して問題を解決したいという意思を持ってこの企業を設立し [3]、ユーザーが自ら認知機能をチェックして継続的にモニタリングするツールなどを提供している [4]。

---

[1] 第一生命　2016/1/12ニュースリリース
https://www.dai-ichi-life.co.jp/company/news/pdf/2015_076.pdf
[2] 第一生命ホールディングス　2018/11/12ニュースリリース
https://www.dai-ichi-life-hd.com/newsroom/newsrelease/2018/pdf/index_021.pdf
[3] https://techblitz.com/neurotrack/
[4] https://neurotrack.com/jp/company-1

　この業務提携のきっかけは、第一生命の役員自らがスタートアップ企業の集まるイベントへ参加したことであった。イベント会場でNeurotrackに注目し、声をかけて業務提携を提案したが、Neurotrack側は設立の思いとは逆に「保険に加入させないために使われるのではないか」と疑念を持ち交渉は難航した。第一生命は役員自らが健康増進サービスの提供という同じ目的のためのパートナリングを目指していると根気強く交渉を続けた。

　第一生命は以前から健康増進が重要なミッションであると位置付けている。2019年の第一生命ホールディングスの稲垣精二社長のメッセージでは、事業を通じた提供価値の領域を、従来の「保障」に加えて本格的に拡大していく

領域の一つとして「健康増進」を挙げている。またテクノロジーの進化を味方につけて、「さらなる価値向上によるお客様や社会への貢献を目指す」と述べている[1]。2017年に同氏は第一生命の社長就任時のメッセージの中でも「お客様」の健康増進に言及しており[2]、第一生命にとってお客様の健康増進は以前から続く大きなミッションであったことが分かる。

---

[1] https://www.dai-ichi-life-hd.com/about/president/message.html
[2] https://www.dai-ichi-life.co.jp/company/info/message_assumption.html

健康増進という価値を世の中に提供したいという思いへの共感とともに粘り強く交渉を続けた結果、最終的には業務提携を結ぶこととなった。スマートフォン用アプリ開発を通じて第一生命とNeurotrackは信頼関係を深め、2019年には第一生命がNeurotrackの資金調達に参加して出資を行うなど関係性もより強固になっている[1]。

---

[1] https://thebridge.jp/2019/06/cognitive-health-assessment-startup-neurotrack-raises-21m-series-c-pickupnews

5-3-5 事例から見る連携のポイント

前項で紹介したスタートアップ企業とのパートナリング事例などを基に、本項では日本の大企業が連携時に留意すべきポイントを整理する。

接点創出にも外部活用

スタートアップ企業は従来のIT関連企業とは異なり、大企業側に売り込みに来ることはほぼない。第一生命の例においても、役員自らがスタートアップ企業側に自社を売り込んでいる。しかしながら、スタートアップ企業とネットワークを持ち、スタートアップ企業の文化を理解して交渉できる人材が企業内部にいることはまれである。また、スタートアップ企業側は、対企業というよりも、自分たちの技術を理解してくれるスタッフ個人と働きたがる傾向があるため、企業の内部人材だけでスタートアップ企業との接点を創出す

ることは難しい。そのため、スタートアップ企業とのネットワークを持っていて、文化も熟知している外部パートナーを活用することが効率および速度において有効である。

　また、経営トップの動きも非常に重要になってくる、三菱ケミカルホールディングスでは2017年に先端技術・事業開発室を立ち上げ、統括責任者として元シャープ米国法人トップの人材をチーフ・イノベーション・オフィサー兼チーフ・テクノロジー・オフィサーとして登用するなどして、デジタル技術、外部組織との連携に強い人材を集めて体制を整えるなどを行っている[1]。外部の組織を活用する場合でも、Plug and Playのような大企業とスタートアップ企業のマッチングをサービスとして提供している企業や、NineSigmaのようなWeb型のマッチングサービスの活用も有効となる。これらのマッチングサービスは、日本の大企業がなじみの深いSIerやコンサルティングファームが既にパートナリングを行っているケースもあり、それらを通じて活用する方法もある。NRIでも、欧米のスタートアップ企業の情報収集を目的としてRunwayと、中国のスタートアップ企業の情報収集を目的として36Krとのパートナリングを行っている。

---

[1] https://newswitch.jp/p/10183

　短期的には外部企業を活用して素早く接点を構築し、中長期的にはその活動を通じて内部人材を育成し、スタートアップ企業との接点を組織的に整備することが重要となる。

対等な関係性の構築

　5-3-4の事例でも見られる通り、スタートアップ企業は大企業に声をかけてもらっても手放しに受け入れるわけではない。スタートアップ企業の目的や解決したい課題と合わない場合は破談に終わることも少なくない。企業の規模は関係なく、スタートアップ企業からも対等に値踏みされているということを大企業側は忘れてはならない。

日本の大企業は、スタートアップ企業側の提案待ちや、仕様やスペックの確認に終始してしまう傾向があり、スタートアップ企業側の値踏みに耐えらないケースがある [1]。大企業は連携を通じて何を成し遂げたいかというビジョンと、スタートアップ企業のサービスに関する理解（共感と言えるかもしれない）、ビジョン実現のために大企業側が提供できる価値、これらを対等の立場から伝える必要がある。

[1] ニューズピックス記事　https://newspicks.com/news/4951078/body/

対等な契約と知的財産権の確認

　契約面でも対等な契約が必要となる。従来のIT分野では請負型の業務委託契約が多く、明確に発注者と受注者という関係性があり、発注者側が有利な契約を結ぶケースも少なくない。大企業の法務部門は、自社のリスクを最小化して自社の権利を最大化する契約を結ぼうと考えるのが通常であり、スタートアップ企業と対等な関係の契約を許容できないケースが多い。そこで、Siemensのように子会社を設立し、スタートアップ企業と対等契約を締結して連携を加速する方法もある。

　スタートアップ企業と契約する際は、知的財産権に注意が必要である。スタートアップ企業の売りは独創的な技術やアイデアであり、知的財産権の保護が重要で、特許庁もスタートアップ企業向けのWebサイト [1] や「IP BASE」というスタートアップ企業と知財専門家とのコミュニティー形成促進のためのポータルサイトを立ち上げている [2]。しかしながら、知的財産権が確立されていない場合もあり、そのようなスタートアップ企業と契約を結んだ場合には、大企業側にも知的財産権侵害のリスクが発生する。そのため、事前に知的財産デューデリジェンスを行ってリスクを回避することが重要になる。特許庁は大企業向けにもスタートアップ企業と契約する際の「知的財産デュー・デリジェンス標準手順書及び解説」を発行して推奨している [3]。

[1] https://www.jpo.go.jp/support/startup/index.html

[2] https://ipbase.go.jp/news/2018/12/02254de987448479af8788278108d0298d
d4f83a.php
[3] 特許庁　平成30年　知的財産デュー・デリジェンス標準手順書及び解説
https://www.jpo.go.jp/support/startup/document/index/2017_06_kaisetsu.pdf

それぞれの得意領域を意識した役割分担

　スタートアップ企業は特化したデジタル技術については有能であるが、対象外のサービスや機能については不得意なこともあり、スタートアップ企業が提供するサービスだけではビジネスとして成り立たないケースが多い。ただそうしたサービスや機能は大企業側が得意としているケースが多く、スタートアップ企業が持つ技術と大企業が持つサービスをお互いに提供し合うことで、新サービスを立ち上げることはよくある。前述したSiemensもそうした例である。また、スタートアップ企業は、経営面や法務面などの運営機能や、最終的な製品やサービスの市場への展開方法などの面で劣っていることも多い。サービス面と同様に、大企業側がそれらを補完することでスタートアップ企業の価値をさらに高めることが可能になる。

　スタートアップ企業には明確な得意領域があり、幅広い機能や活動を求めるのではなく、得意領域の価値を最大限に高める方法を考えることが重要である。市場に投入する新たなサービスモデルの全体像や展開方法の企画、スタートアップ企業をはじめとする複数の企業や自社の既存サービス部門の取りまとめ役、法務面や制度面への対応など、大企業にしかできない役割、果たすべき役割が存在するため、大企業とスタートアップ企業が相互に得意領域を理解し、適切に役割分担することが成功への重要なポイントとなる。

　DX推進には外部組織、特にデジタル技術において重要な位置を占めるスタートアップ企業とのパートナリングが必要不可欠である。経験のない企業も現時点では数多くあるが、内部人材による活動だけではなく、スタートアップ企業の文化に詳しい外部人材や、スタートアップ企業と既に関係がある外部企業を積極的に活用し、パートナリングを立ち上げていくべきである。中長期的には経験と実績を積み重ねて組織的に連携プロセスを整備していくことが望ましい。

大企業はスタートアップ企業を待つ姿勢ではなく、新しいビジネスモデルを企画し、自らネットワークを活用して、熱意を持ってスタートアップ企業へ会いに行ってほしい。デジタル技術分野の主役であるスタートアップ企業を最大限に活用し、ビジネスを急速かつ革新的に成長させるDXの推進につなげていただきたい。

5-4 デジタル人材

5-4-1 デジタル人材確保は喫緊の課題

　多くの企業ではデジタル化を推進するための人材（デジタル人材）を十分に確保できていると言えず、経営層は頭を悩ませている。IPA（独立行政法人 情報処理推進機構）の調査結果では、従業員1001人以上の企業において「特定の技術を持つIT人材」を「確保できていない」もしくは「やや確保できていない」と回答した企業は52.4%であり、半数以上の企業が人材確保に何らかの課題意識を持っている。また、経済産業省は、2025年には約36万人の先端IT人材が不足すると推計しており、今後もデジタル人材不足は深刻な課題であり続けることが予測される。

　そもそも、デジタル人材とはどのような人材なのか。デジタル戦略の推進に必要となる役割やスキルを基に分類すると、ビジネス系とテクノロジー系の人材に大別することができる（**図表5-6**）。

ビジネス系デジタル人材

　ビジネス系デジタル人材は、デジタル技術を活用したビジネスモデルの創出や顧客接点の強化、社内業務プロセスの変革を主導する。「ビジネスプロデューサー」や「ユーザー体験デザイナー」「カスタマーサクセスマネジャー」など、これまで「ビジネス」や「デザイン」の領域に属していた人材がITの領域で議論されることは多くはなかった。しかし、デジタル技術を活用して価値を創出するには、ビジネスや顧客を理解している人材の参加が必須である。そうした背景から、デジタル技術の活用力も兼ね備えた「ビジネス系デジタル人材」に対する需要が高まっている。

テクノロジー系デジタル人材

　テクノロジー系デジタル人材は、新ビジネスの創出や業務プロセス改革な

人材		役割	スキル・経験要素
ビジネス系	ビジネスプロデューサー	●市場・顧客への深い観察により潜在的価値・ニーズを発見 ●事業を立ち上げ、事業化の責任者となる	●戦略策定・マネタイズ力 ●事業の企画・立ち上げ・運営経験 ●他者とのパートナーシップ構築力
	プロダクトマネジャー	●発見された価値・ニーズを実現するプロダクトやサービスコンセプト策定、開発管理、コンセプトキープを実施	●デザイン思考 ●サービス全体のコンセプト策定力 ●コンセプトをキープするハンドリング力
	ユーザー体験デザイナー	●人間中心設計のアプローチを活用し、ビジネスと顧客の体験価値を結び付ける	●デザイン思考 ●人間中心設計
	カスタマーサクセスマネジャー	●サービスの利用状況を分析し、顧客の離反を防いだり、アップセル・クロスセルを促進したりする施策を打つ	●データ分析力 ●顧客とのリレーションシップ構築力 ●コンサルティング力
テクノロジー系	データサイエンティスト	●各種データ収集・分析・考察から得られたビジネス上の課題整理・提言をする	●ビジネス課題整理、解決力 ●情報処理、統計学、人工知能エンジニアリング
	IT アーキテクト	●ビジネスモデルを実現するための最適技術、開発技法の選択、システム全体の構造をデザインする	●アプリ／インフラ全般のデザイン力・検証・実装力 ●データマネジメント、分析基盤技術
	アジャイル開発マネジャー（スクラムマスター）	●アジャイル開発（スクラム）の手法や行動原理に基づき、開発をマネジメントし、サービスやシステム構築を迅速に実現する	●アジャイル（スクラム）開発手法 ●開発チームマネジメント
	AI エンジニア	●機械学習、自然言語処理等の AI 技術を用いながら、データ分析やモデルの設計・実装を行う	●AI 技術を用いたシステムの実装力 ●推測統計、機械学習理論等への理解
	フルスタックエンジニア	●複数技術領域に対するスキルを有し、新技術やクラウドサービスを組み合わせながら、迅速にシステム開発を行う	●機能（開発～運用）と技術要素（アプリ～インフラ）の幅広い実装力 ●開発手法の活用（アジャイル等）
	SRE エンジニア (Site Reliability Engineering)	●システム構築・運用や障害対応を自動化するとともに、サービス全体のパフォーマンスや信頼性、スケーラビリティを向上させる	●アプリ／インフラ運用 ●非機能要件やそれを実現するアーキテクチャー設計

図表5-6　デジタル人材の役割とスキル・経験要素
出所：NRI

どを実現するための「技術の適用」「システムの開発・運用」を担当する。従来、IT人材と呼ばれていたプロジェクトマネジャー、アプリケーションエンジニアと共通するスキルや経験も重要であるが、デジタル化の推進においては、特に、迅速なシステム構築やデータ・AI技術の活用が欠かせない。そうしたことから、これらを素早く実装するための開発を主導する「アジャイル

開発マネジャー（スクラムマスター）」や新技術や複数のサービスを結び付け、素早く形にできる「フルスタックエンジニア」、データ分析やAI領域の専門家である「AIエンジニア」に注目が集まっている。また、システムの信頼性や成長するビジネスの安定運用を支える「SREエンジニア」への需要も高まっている。

高待遇で人材を獲得する動きが加速

　こうした動きを受け、先進的な企業ではデジタル人材を獲得するために様々な取り組みを行っている。海外の先進的なITサービス企業では、職種によっては年収数千万円で人材を獲得していることも珍しくなく、国内IT大手企業でも、新たな人事制度を導入し、高い専門性を持つ人材には従来の給与水準を大きく超える高待遇で雇用している。

　ITサービス企業はもちろん、非ITサービス企業でも、デジタル人材を獲得する動きが活発化している。保険業界の新卒採用はこれまで総合職での一括採用だったが、日本生命保険と明治安田生命保険は2019年4月から専門人材採用枠としてIT人材コースを新設した。三井住友海上火災保険では、2021年入社の新卒採用にテックビジネス枠（あらかじめ特定の部署へ配属が決まっているジョブ型採用枠の一つ）を設けることを発表した。同社は、企業側から学生に直接アプローチして応募を促すスカウト型採用も導入した。

　このように、デジタル人材獲得に対して取り組みを強化している企業は増えている。本節では、デジタル人材獲得に向けた取り組みの指針となる「デジタル人材戦略」と、「採用」「育成」「評価・処遇」などの具体的施策について述べる。加えて、デジタル化を進めるに当たって特に重要な「デジタルリーダーの育成」と「全社員のデジタルリテラシー向上」のための取り組みについても説明する。

5-4-2　デジタル人材戦略の必要性

デジタルケイパビリティを内製化するための「デジタル人材戦略」

　短期的には不足するデジタル人材を外部企業から調達するのは現実的な方法だが、デジタル人材が果たす役割、すなわちデジタルケイパビリティは、企業が将来の生き残りをかけて確保すべき組織能力である。そのため、外部に依存し続けると、競争力向上の観点からはリスクとなってしまう。従って、デジタル人材を獲得・育成し、デジタル化に必要な機能（デジタルケイパビリティ）を自社の中に持つ（内製化する）ことは必須といえる。

　デジタル人材の獲得・育成は、短期間でできるものではない。検討に当たってまず必要なのは、「自社のデジタル化を遂行するには、どのような役割を担い、どのような能力や経験を有した人材が必要なのか」という人材像を定義すること。そして「どのように獲得するか」（社内での発掘・異動、外部からの採用）、「どう育成し、自社に根付かせ、高いパフォーマンスを発揮してもらうか」（育成・制度）など、様々なことを総合的に検討し、一貫性を持たせることが重要である。

　そうした、デジタル人材確保に向けた一連の活動や計画を取りまとめたものが「デジタル人材戦略」である。以下、4つのポイントをまとめる。

デジタル人材戦略1　人材像を描く

　自社のデジタル戦略を遂行していくに当たり、どのような役割を担う人材が必要か、その役割を担うためにはどのようなスキル・知識・経験・コンピテンシー（行動特性）を持っていることが望ましいかを整理する。自社のデジタル化の遂行に役立つ人材であることが重要である。

　AI活用についての報道が増えるにつれ、「我が社も高待遇でAI人材を獲得しよう」といった方針が経営層から唐突に出る場合があるが、自社のデジタルビジョンやデジタル戦略と照らして、どういう人材が必要かを冷静に判断すべきである（戦略自体がない場合はなおさらである）。例えば、AIを活用した新規事業を目指しているならAI人材の獲得は自然であろう。しかし、

既存事業のサプライチェーン効率化や営業力強化を目指しているなら、必ず
しもAI人材の獲得は最優先ではない。

　AI人材を確保する場合でも、ひとくくりにするのでなく、具体的にどのよ
うなスキルや経験を求めるかを明確にする。画像認識に強いエンジニアや自
然言語処理に強いエンジニアなど、AI人材の幅は広い。また、デジタル人材
が中長期的に必要か、どのように育成し、活躍してもらうかについても考え
ておかなければならない。一時的に必要ならば外部を活用した方がよい。

　デジタル人材像を定義する場合、能力や経験に加え、行動特性も重視すべ
きである。能力や知識は経験を積んでいくうちに獲得できるが、行動特性は
長年の生活や仕事の中で培われるものであり、変えるには時間がかかる。常
に最新の技術を学び、取り入れる好奇心はあるか、不確実性や変化を楽しめ
るか、メンバーの多様性を尊重して協働することができるかなど、デジタル
化の推進に合った行動特性も人材像に組み込むべきである。デジタル化推進
に必要な人材像を定義することにより、デジタル人材戦略のゴールを決める
ことができる。

デジタル人材戦略2　人材計画を立てる

　いつ、どのようなデジタル人材がどの程度必要となるかを明らかにして、
人材計画を作成する。新たなデジタル投資だけでなく、従来のITに関わる
投資、維持・運用などのシステムライフサイクルも考慮し、計画を検討する。
デジタル人材をゼロから集めるより、既存の人材からの転換やスキル拡充に
より確保する方が効率的なので、候補者の現在の仕事がいつごろなら収束し
そうかを考慮に入れる必要がある。

　作成した人材計画に対し、現状どのようなデジタル人材が何人不足してい
るか（候補者含む）を明らかにする。人員の量的な不足だけでなく、質的な
不足も考慮すべきである。また、人数だけを見ると足りているようでも、実
は外部パートナーに社内常駐してもらい戦力としていることも少なくない。
そうした状況を、人材確保に責任を持つマネジャーは認識しているが、自社
人材を増やす手段がないため、見て見ぬふりをしていることも多い。人材計

画を作成するに当たっては、外部人材への依存状況に対しても直視すべきである。

デジタル人材戦略3　デジタル人材の不足を解消する

不足している人材を確保するために、どのような方法で人材を増やすかを検討する。新たに獲得する場合は、新卒採用や中途採用、社内異動、自社の人材を育成する場合は、経験を積むためにどのような機会を提供するか、どのようにしてスキル・知識を身に付けさせるか、組織的に育成するにはどのような制度が必要かなどの育成の枠組みを検討する。必要な時期までに人材獲得が間に合わない場合や、必要な人材の種類や数が中長期的に変動するために自社に常時抱えておけない人材は、外部パートナーとの連携を検討する（パートナリングについては5-3節参照）。

デジタル人材戦略4　評価・処遇の仕組みを整える

デジタル人材が高いパフォーマンスを発揮し、かつ、自社に根付くようにするには、適切な評価を行うことが前提となる。評価とは、目標の達成度合いについて評価者と被評価者の認識を合わせ、さらなる成長を促すためのフィードバックの提供や、活躍に見合う処遇をするために行う。多くの企業で目標管理制度（MBO）が採用されており、半期に1回など上司と面談していると思うが、そうした従来の方法で適切な評価が行えるか、改めて考えてみてほしい。処遇についても、人事部が定めた全社の規定・基準に従うのがこれまで一般的であったが、先に述べた事例のように、デジタル人材に対して、特別な制度を設けている企業も出てきており、従来の制度にとらわれずに最適な方法を追求してもいいのではないだろうか。

5-4-3　デジタル人材を確保・育成し、そして活躍させる

デジタル人材の「発掘・獲得（採用・異動）」「育成」「制度（評価・処遇）設計」のポイントを解説する。最初に理解してほしいことは、デジタル人材

は仕事に対して従来のIT人材とは異なる考え方や姿勢を持っているということだ。

デジタル人材の意識調査

　NRIが実施した「ワークモチベーション調査」で、デジタル人材と非デジタル人材の「モチベーションの源泉」について調査した。その結果によると、「経営理念・ビジョン等に関する共感」「組織風土・マネジメントスタイル等」を挙げる非デジタル人材は多くはない（それぞれ2.2％、2.0％）。一方で、デジタル人材ではそれぞれ12.6％、10.0％で、一定程度重視していることが明らかになった（**図表5-7**）。

　また、転職理由について調査した『IT人材白書2020』（IPA）によると、デジタル人材の転職理由は「自分のやりたい仕事ができなかったから」（34.8％）、「クリエイティブな仕事ができなかったから」（17.9％）、「先進的な仕事ができなかったから」（13.2％）であったのに対し、非デジタル人材はそれぞれ25.4％、8.3％、3.7％であり、両者の異なる考え方が明らかになっている（**図表5-8**）。

　デジタル人材の確保に向けた制度や仕組みを設計していく際には、こうした従来の人材との特性の違いを念頭に置いたうえで、彼ら・彼女らにとって

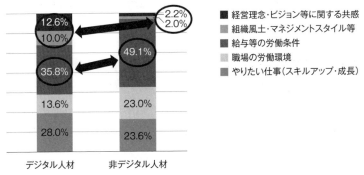

図表5-7　デジタル人材と非デジタル人材のモチベーションの源泉
出所：NRIが実施した「ワークモチベーション調査」

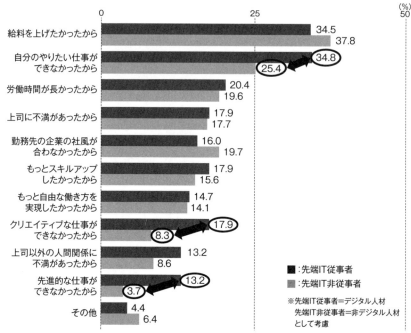

図表5-8　IT従事者の転職理由
出所：IPA『IT人材白書2020』

魅力的な仕組みや制度を設計していくことが重要となる。

　以下、社外・社内からデジタル人材候補を発掘・獲得する際のポイントや、獲得した人材を育て、適切に評価・処遇する制度について説明する。

デジタル人材候補を発掘・獲得する　社外（新卒／中途）編

　デジタル人材の獲得方法として、「社外からの獲得」は主要な手段である。『IT人材白書2019』（IPA）によると、1001人以上のユーザー企業において、デジタル化に関わる人材を最も多く獲得・確保できた手法は、1位が「中途採用」（31.2%）、3位が「新卒採用」（18.2%）となっている。

　ただ、社外人材を獲得するための工夫を十分に実施できているとは言い難い。同調査で「デジタル化に携わる人材を採用するうえでの工夫」について

獲得方法	具体的な手法	概要	留意点
採用 — 待ちの採用	メディア活用	就職情報誌、新聞などの紙面、自社サイトや就職・転職サイトなどの求人媒体やFacebookやTwitterなどのSNSを使う方法	●特にSNSを使う場合は、情報発信のガイドラインの制定が必要(炎上の未然防止)
採用 — 待ちの採用	エージェント活用	転職エージェントのサービスを利用する方法。人材紹介会社に「こういう人材を採用したい」と条件を伝え、紹介してもらう	●エージェントにより紹介者に対して、ESや面接など万全の対策が施されていることに留意が必要
採用 — 攻めの採用	ダイレクトリクルーティング	有望な人材に対して、企業から積極的に声をかけたり、スカウトしたりする採用方法。Linkedinの活用やOSS開発への参加などを通して、人材を探索する	●候補者へのアプローチ方法(チャネル、選定基準等)やコミュニケーション方法、自社の魅力の伝え方など試行錯誤が必要
採用 — 攻めの採用	リファラルリクルーティング	社員が持っている人脈やネットワークを基に、人材を紹介してもらう方法	●社員へのインセンティブの検討が必要 ●報酬を支払う場合は就業規則、賃金規定への記載等が必要
採用 — 攻めの採用	イベント研修開催	エンジニアの養成を目的に、社内外(社会人、学生)を教育するが、同時に優秀な人材の採用の手段としても活用	●イベント・研修に集まった人材が求職目的ではないことに留意が必要
採用 — 攻めの採用	大学コミュニティ連携	大学に出向き、情報学科との共同講座や研究室との共同研究を通して、コネクションを築き上げ、優秀な学生をリクルーティングする方法	●長期育成対象の採用であることに留意が必要
買収	企業買収	企業買収を通じて、買収先の人材を獲得する方法	●買収後にキーマンを流出させないための契約条項が必要
異動	社内/グループ内異動 社内/グループ内公募	社内イントラや掲示板等で社内公募を行い、人材を獲得する方法。 社員の異動希望により、人材を獲得する方法	●関係各所(社員の所属部署等)との調整が必要
パートナー活用	パートナーから出向 パートナーとのJV設立	パートナー企業の人材が出向することにより、人材を獲得する方法。JVを設立し、パートナー企業からも人材を出向させることにより、人材を獲得する方法	●パートナー企業と長期にわたる継続的なパートナーシップを築いていけることが前提

図表5-9 デジタル人材を社外から獲得する方法
出所：NRI

聞いたところ、「特に何もしていない」(61.8%)が最も多い。獲得競争が熾烈で、従来の人材とは異なるアプローチが必要であるにもかかわらず、何の工夫もしていない企業が半数以上を占める。デジタル人材を社外から獲得するには工夫が必要だ。

社外人材を獲得する方法

　「社外から獲得する」には、どのような方法があるのだろうか（**図表5-9**）。

　希少性の高いデジタル人材を採用するには「待ち」の採用ではなく、有望な人材に直接声をかけるダイレクトリクルーティングや、社員の人脈を生かしたリファラルリクルーティングなど「攻め」の採用が必要である。ただし、優秀な人材ならば誰でもよいわけではない。採用した人材が短期間で離職しないようにすることや、本来持つ高い能力を発揮してもらうためにも、自社に合う人材かどうかを見極める必要がある。

　デジタル人材側も、この企業は入るべき企業なのかを見極めようとする。すなわち、デジタル人材に自社を選んでもらわないと、優秀なデジタル人材を獲得できない。デジタル人材が企業を判断するときの基準としては年俸数千万円といった高い処遇も重要であるが、共感できる企業のビジョンや組織文化か、自分が成長できる環境であるかなどが重要である。

自社の目指すビジョンを訴え、共感を得る

　「自社は何を達成しようとしているのか」を訴え、候補者の共感を得る。「最先端の取り組みを行っている」や、「世の中に大きなインパクトを与えられる」など、自社の魅力を伝えてデジタル人材にワクワク感を与えることが重要である。

　メルカリでは『メルカリの「人」を伝える』をコンセプトに、社員全員が発信できるコンテンツプラットフォーム「mercan」を運営している。ブログ形式で社員のインタビューや事業内容、働き方、働くうえでの価値観などを紹介し、同社のミッション（「新たな価値を生みだす世界的なマーケットプレイスを創る」）や3つのバリュー（「Go Bold」「All for One」「Be a Pro」）にのっとってチャレンジを繰り広げる社員の姿が多彩に描かれている。また、同社のエンジニア向けポータルサイト「Mercari engineering」では、エンジニアチームの文化や技術情報などを、同社の最新の取り組みと共に、社外のエンジニア向けに公開している。こうした活動は、エンジニアがどのような技術的な取り組みをしているか、どのような組織文化なのかを生々しく伝えてお

り、優秀な人材の呼び込みや獲得に貢献している。採用に当たっては、同社の３つのバリューに共感するかどうかを重視しており、どれだけ優秀な人材でも、価値観が合わないと採用しない方針を打ち出している。

成長できる環境があることをアピールし、魅力を感じてもらう

　デジタル人材はスキルアップや自身のスキルが陳腐化することへの意識が高い（『IT人材白書2020』より）ので、「業務を通じて自身を成長させることができるか」「成長を促してくれる上司・先輩がいるか」を重視する。そのため、採用後の配属部署での業務を実際に見せたり、共に働くことになる人との交流の機会を設けたりすることは、入社後のミスマッチを防ぐうえで効果的な取り組みである。

　コニカミノルタでは学生向けハッカソン（アイデアや成果を競い合う開発イベント）のメンター（指導・助言する役）として現場の人材を配置し、メンターを通じて、自社の仕事や人材の魅力を伝えている。

　ここまで、デジタル人材の採用ポイントを述べたが、リモートワークが当たり前となっている昨今、対象人材を自社オフィスに出勤できる人材に限定する必要はない。リモートワークを前提とすれば、遠隔地、もしくは海外の人材も候補となり、選択肢が広がる。人材候補の裾野を広げられれば、より優秀な人材と出会える可能性が高まる。「自社オフィスに出勤できる距離に在住していること」などの従来の暗黙の前提事項も改めて見直すべきだろう。

デジタル人材候補を発掘・獲得する　社内人材の異動

　社内人材を発掘し、デジタル化を推進する部署やポジションに異動させる場合、公募でやる気のある人材を集める方法もあるが、ある程度の能力や経験、人脈が求められるポジションの場合は、適性人材を選抜した方がよい。

　ある大手金融機関はデジタル人材を選抜するために、デジタル技術を体験しつつ新ビジネスや業務改革アイデアを考案するワークショップを開催し、そこでの参加者の振る舞いを観察した。「デジタル技術に興味を持ち、主体的に取り組んでいるか」「チームでの検討・議論に主体的に参加し、リード

しているか」など、複数の観点で参加者を評価し、候補選びの材料とした。

　最近では、デジタル人材候補者のアセスメントを行う企業もある。住友生命保険は、デジタル人材に求められる資質や能力を洗い出し、適性のある人材を見極める方法を確立できないかを検討した。目を付けたのは人間の性格・性質などに関する外部の人材アセスメントの活用だった。好奇心や独創性といったイノベーティブな人材に求められる資質を評価するアセスメントである。「新しいものが好きか」「現状を良しとしていないか」「独創的な志向があるか」といったことを数値として可視化する。また、仕事の進め方に関する考え方を評価し、実行力や計画力、コミュニケーション力、マネジメント力などを判断するアセスメントも実施している。住友生命はこのようなアセスメント結果も参考にし、デジタル化推進プロジェクトのメンバーを選んでいる。

　獲得したデジタル人材の「育成」はどのようにすればいいのだろうか。NRIでは、デジタル人材を育成するアプローチとして、「点火」（動機付け）、「体験」（OFF-JT）、「実践」（OJT）の3段階と、その後の「成長促進の仕組み」をつくることを奨励している。順番に説明しよう。

デジタル人材を育てる1　点火（動機付け）

　人材流動性が低い日本では、伝統的企業の中に様々な素養を持った人材が埋もれていることも少なくない。デジタル人材としての適性を備えていたとしても、現場業務に忙殺されていたり、本人がデジタル化に関心がなかったりする場合もある。

　彼ら・彼女らの「デジタルマインド」（デジタル化に積極的に取り組む気持ち）に火をともすことが必要である。デジタル化により起こっている変化や、自社にとってのデジタル化を推進する意義、やらなかった場合には企業として生き残れないという危機感など、様々な視点からデジタル化を理解してもらう。そのためには、経営層自らが、デジタル人材がデジタル化の根幹を担う重要人物であるという期待や本気度を伝えていくことが望ましい。デジタル化先進企業やスタートアップ企業の人材との交流の場を設け、そうした人材の熱意や価値観に直接触れる機会を設けることも、デジタルマインド

の醸成には有効である。

デジタル人材を育てる2　体験（OFF-JT）

　デジタルマインドに火のついた人材に対しては、基礎的な知識やスキル習得の機会として、OFF-JT（Off the Job Training）の体験プログラムを提供することが望ましい。研修プログラムは総花的なものではなく、デジタル戦略の遂行に必要とされる能力や特性を習得できるような内容に設計する必要がある。

　研修内容がデジタル戦略の遂行に必要な能力習得に結び付くかどうかが曖昧なまま実施しても、自社に必要な能力獲得につながらないばかりか、資金・時間も無駄になる。適切なプログラムが、社外研修にあれば利用すればよいが、社外にない場合は独自に開発することも必要となる。独自開発すれば、自社の事業や業務で蓄積したノウハウを取り入れることができるので、自社の受講者にとって実践しやすいプログラムになる。講師を自社人材が担当することは、教える側の成長を促すのにも効果的である。

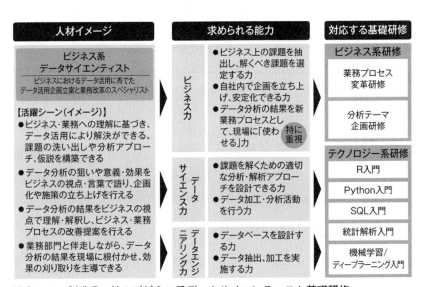

図表5-10　製造業A社のビジネス系データサイエンティスト基礎研修
出所：NRI

製造業A社では、ビジネスでのデータ活用企画の立案と業務改革のスペシャリストを「ビジネス系データサイエンティスト」と呼び、育成の対象とした。期待する能力は、高度なデータ分析能力よりも「基本的なデータ分析手法を理解したうえで、ビジネスプロセス改革の企画立案やそれらを実行すること」としている。つまり、データサイエンティストに求められる能力のうち、「ビジネス力」を特に重要視したのだ（**図表5-10**）。そうした能力を身に付けるために、業務プロセスにおける課題発見から解決策を導き出すまでの「業務プロセス変革研修」や、事業や業務に役立つ分析テーマを見つけ出して企画する「分析テーマ企画研修」を独自で整備している。「テクノロジー系研修」は社外のプログラムを利用しているが、将来的には自社の事業や業務で実際に利用したデータを用いた社内研修を作成する方針だという。

デジタル人材を育てる3　実践（OJT）

次は実践である。素養のある人材は、実際のプロジェクトに積極的に参加させて成長機会を提供する。素養はあるが知識やスキル、経験が不足しているなら、メンターをつけることで成長を加速させる。ただ、プロジェクトによっては社内でメンターを担える人材がいない場合もあるだろう。その場合は、社外のパートナーにプロジェクト支援メンバーとして参加してもらう方法がある。人材の成長に合わせて社外パートナーへの依存度を減らせばよい。

デジタル人材を育てる4　成長促進の仕組み

デジタル化への熱意や成長意欲が高い人材には、研修や社内での実践の場を提供するだけでなく、さらなる成長機会を与える。昨今では社内でハッカソンを開催したり、副業を認めたりして、新たな経験やスキル獲得を奨励する企業があるほか、カンファレンスでの情報発信やOSS（オープンソースソフトウエア）コミュニティーへの参加などを奨励し、社外の人材から刺激を受ける機会を活用する企業もある。いずれの方法でも、業務や研修だけでは得られない経験をすることで、それを本業に生かしてもらうことが狙いである。

サイバーエージェントの技術者向け支援制度「ENERGY（エナジー）」

1. FA権
様々な事業部で活躍する技術者が、自己成長するためのチャレンジ異動を支援する制度。

2. ENERGYコンシェルジュ
技術者が開発に集中できるよう、開発以外の全ての業務（会議手配、事務作業、経費精算など）を代行する担当者を設置。

3. プライベートリモート
育児や介護など私的な理由を基にした在宅勤務。

4. サポリスト
能力向上につながる経費を補助する制度。リストの中から選ぶことが可能。

5. 開発合宿サポートデスク
新規サービス立ち上げ時に集中して開発を行うため、オフィスを離れ、宿泊施設で行う開発合宿の手配をサポート。

6. 全社技術カンファレンス
部署を横断した技術者による技術/クリエイティブカンファレンスの実施。

7. TechCyBAR
各部署で開催された社内勉強会や資料の共有、技術者インタビューの掲載、コード共有など行う技術者向けのイントラ限定社内報。

図表5-11　サイバーエージェントの技術者支援制度「ENERGY」
出所：https://www.cyberagent.co.jp/way/info/detail/id=20356

　サイバーエージェントでは、技術者が常に自身の能力向上を図り、開発に集中できる環境をつくるための制度である「ENERGY（エナジー）」を制定している（**図表5-11**）。

　いくつか紹介しよう。長年同じ業務に従事していると、自身の成長や新たなワクワク感をあまり抱かなくなる。また上司の立場では、優秀な人材を手放したくないという思いがあるため、社内における人材の流動化が進まない。そのような場合、技術者がチャレンジできる新天地を求めて退職するケースは少なくない。「1.FA権」は、そうしたミスマッチにより優秀な人材の社外流出を防ぐのに有効である。「6.全社技術カンファレンス」と「7.TechCyBAR」は、自組織で閉じがちな人材ネットワークを広げ、プロジェクトの情報・ノウハウを全社に共有することで、技術者のさらなる成長を促す取り組みである。「新規事業立ち上げの歴史」や「重大障害の原因と乗り越え方」など、社外には公開できない生々しい情報を含めて共有することは、技術者にとって貴重な教材となる。

　これらの制度は多数の技術者へのヒアリングなどを通じて考えられたもの

である。2006年ごろの同社は技術者が10人程度であったが、現在では技術者の数が増え、単独で1600人程度いる社員の約34%（2019年時点）を占めるようになった。同社ではこの仕組みが形骸化することなく活用され、さらに活性化するように、専任の人材を配置している。

　非IT企業からすると、技術者にだけこうした制度を設けるのは過剰ではないかと思うかもしれないが、デジタル人材の争奪はますます激しくなっており、デジタル人材が自社のデジタル化の根幹を担うことを考慮すれば、非IT企業でもこうした制度を検討する余地はあるだろう。

デジタル人材に適した評価・処遇

　獲得・育成したデジタル人材の退職を防止し、彼ら・彼女らが高い成果を出し続ける環境を提供するためにも、評価・処遇は重要である。評価・処遇では、デジタル人材としての働きを適正に評価することや、デジタル人材の成長を促すためのフィードバック（指導や助言）を適切な頻度で行う必要がある。重要な観点は以下の4つである。順番に説明しよう。

- 誰が評価するか（評価者）
- 何を評価するか（評価項目）
- いつ評価するか（評価頻度）
- 何を提供するか（処遇）

図表5-12　アフラック生命保険の評価制度
出所：NRI

評価・処遇の観点1　誰が評価するか（評価者）

　デジタル人材は、特定領域の専門性が高く、組織の垣根を越えてチームを形成することが多い。所属組織の上司に評価を一任する仕組みでは、能力や働きを適正に評価できない可能性がある。そのような場合、評価項目により評価者を代えるなど、思い切った取り組みが必要である。

　アフラック生命保険では、デジタル人材の専門家を集めて育成するための「部門」があるが、実際の仕事は「プロジェクトチーム」のメンバーとして働くことになる。評価項目は、「業績貢献」（MBO）と「行動評価」を併用している。業績貢献は日々の働きを見ているプロジェクトチームの責任者が「プロジェクトへの貢献度」を評価するが、行動評価は専門家を束ねる部門の責任者が「技術者としての専門性」を評価する（**図表5-12**）。こうすることで、デジタル人材の日々の働きと能力の両面を適正に評価している。

評価・処遇の観点2　何を評価するか（評価項目）

　企業が期待しているのはチームとしての成果である。個人の業績だけで評価すると、チームメンバー同士の協働体制を構築しづらいこともある。場合によってはメンバーがお互いの足を引っ張り合うことにもなりかねない。

　フランスの通信事業者であるOrangeはチームメンバー同士のあつれきをなくし、チームとしてのパフォーマンスを最大化するため、「個人の専門能力」

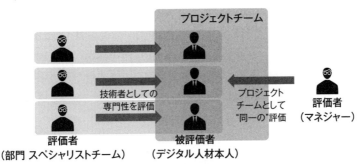

図表5-13　フランスの通信事業者Orangeの評価制度
出所：NRI

と「チームの成果」を組み合わせて評価する新たな評価体系をつくった（**図表5-13**）。個人の能力は、同じ専門性を持ち、メンバーの能力を正当に評価することができるスペシャリストチームのリーダーが評価する。チーム評価は、プロジェクトを管轄するマネジャーがチームの成果を評価し、同じチームのメンバーは同一の評価としている。そうすることにより、プロジェクトチームのメンバーが積極的に助け合うなど、チームの業績を向上させるための前向きな行動を促すことに成功している。

評価・処遇の観点3　いつ評価するか（評価頻度）

　多くの企業で行われている半期に1度の評価では、評価したい（もしくは改善を促したい）行動を当人にフィードバックするまでにタイムラグが発生する。最も効果的なのは、タイムラグのないフィードバックである。

　General Electric（GE）はデジタル事業を推進するために、従来用いてきた人事評価制度を廃止し、社員の能力やモチベーションを引き出す手法である「Performance Development（PD）」を導入した。従来の制度では、1年に1度、マネジャーが部下を業績と生み出した価値（バリュー）の2つの指標で評価していたが、従業員への調査によって、2つの問題が明らかになった。一つは、従業員が自らの成長にとって必要なフィードバックを受けていない点。もう一つは、評価上位20%はモチベーションが上がるが、残りの80%は強い不安を感じていたことである。かつてのGEは「下位10%を解雇する」という慣習があったためと思われる。

　そうした2点を解決するために、新しい制度では従業員の能力開発に重点を置いた。マネジャーが部下の日常業務における行動を見て、すぐにPCやスマートフォンでフィードバックできる仕組みを導入した。こうしたリアルタイムのフィードバック以外のほか、ノーレイティング（被評価者に「S」「A」「B」などのランク付けをしない人事評価制度）や、リーダーとメンバーの1対1のミーティングなどがある。こうした制度改定によって、失敗に対しても前向きな姿勢になるような雰囲気をつくり出すことにつながっている。

評価・処遇の観点4　何を提供するか（処遇）

人材紹介企業のヘイズによると、日本国内のデータサイエンティストの年俸は1200万円（国内転職の成約実績ベース）であるが、中国では1600万円で33％も高い。このような現状を踏まえ、年俸数千万円の高待遇を提示する企業も出始めている。

NRIでは、外部労働市場で価値の高い人材に対しては「外部市場価値連動型」処遇制度の必要性を提唱している。職務遂行能力や事業への貢献度などの「社内市場価値」の評価（年功的）に基づいて処遇を決めるのではなく、世の中のニーズや最新技術動向などの社外の基準に基づいて処遇を決めるというものである。多くの企業で用いられている総合職と一般職というような職種を役割ごとに細分化（データサイエンティスト、セキュリティスペシャリストなど）するとともに、その役割に応じた評価制度や外部市場価値に基づいた処遇を設定する考え方である（『デジタル時代の人材マネジメント』（内藤琢磨 著）参照）。

5-4-4　デジタル戦略を現場で主導する「デジタルリーダー」

デジタルビジネスの創発や業務のデジタル化、組織変革を遂行するに当たっては、図表5-6に示したような特定領域のスペシャリストを集めるだけでは不十分である。こうしたスペシャリスト人材や社内の関係者（経営層、業務部門、経理、法務など）を巻き込みつつ、現場で実際にデジタル化やDXを推し進めていくリーダー人材が必要である。NRIではそうした人材を「デジタルリーダー」と定義し、デジタル化推進上の重要人材と位置付けている（**図表5-14**）。

デジタルリーダーの活動範囲は特定の事業やプロジェクトに限定せず、自社のデジタル戦略の実行・推進に関わる活動全般である（組織変革や制度・ルールの変更、人材育成なども含まれる）。そのため、ビジネスプロデューサーやプロダクトマネジャーよりも広い範囲が活動の対象となる。

NRIではデジタルリーダーの要件として、図表5-14の内側に示した「ビジネス」「テクノロジー」「ヒューマン」の3領域を定義している。それぞれの領域の視点を順番に説明しよう。

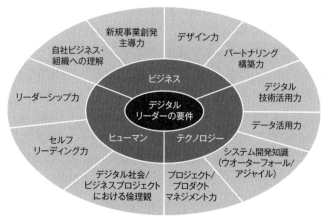

図表5-14　デジタルリーダーの要件
出所：NRI

デジタルリーダーの視点1　ビジネス

自社ビジネス・組織への理解

　デジタルリーダーは、自社の事業や組織について十分理解しておかなければならない。既存事業やサービスの内容、業務プロセス、競合と比較した強みと弱みなどの事業についての理解に加え、企業活動を形作っている制度やルール、文化など組織についての理解も重要である。特に、企業文化は社内で暗黙的に共有されているもので、理解するのは難しい面もあるが、様々な活動や社員の行動に影響を及ぼしている重要な要素である。デジタルリーダーは、デジタル戦略推進のために必要であれば、事業や組織、さらには企業文化まで変革することが求められるので、まずはそれらを理解すべきである。

新規事業創発主導力

　「事業モデル・プロセス設計力」とは、新規事業の創発プロセスにおいて、サービスデザインで作成したコンセプトを事業として具体化し、ビジネスモデルおよび業務プロセスの設計や法務・技術などの観点でフィージビリ

ティー確保を精査する「本格検証」を主導する能力である。「デザイン力」と
同様、既存事業の業務プロセス改革でも同様の能力が必要となる。デジタル
リーダーは一連のプロセスで様々なスペシャリストと協業していくためにも、
基本的な手法やツールの使い方に加え、各プロセスにおけるポイント・陥り
がちな失敗事例などを理解しておく必要がある。

デザイン力

　「デザイン力」とは、新規事業の創発プロセスにおいて、デジタルサービス
の初期コンセプトをつくり、それを検証する「サービスデザイン」を主導す
る力である。サービスをデザインする際は、ユーザーがどのような体験を望
んでいるかを調査し、ユーザーの気持ちに共感しながらあるべきユーザー体
験をデザインする。そういうサービスデザイン力を持っていなければならな
い。また、社内の業務プロセスを改革する場合も、新事業の創発と同様であ
るのは言うまでもない。サービスデザインでは、必要に応じてUXデザイナー
と協業する。その場合、デジタルリーダーは「デザイン」の基本知識を持ち、
デザイナーのマインドや手法を理解した上で能力を発揮してもらうようにす
る。そうすれば、より良いサービスを作ることができる。

パートナリング構築力

　デジタル化やDXには他社とのパートナリングが不可欠である。デジタル
リーダーは効果的なパートナリングの形態や契約の在り方、役割分担などを
理解したうえで、自社とパートナーのどちらにも利益があるような関係性を
築いていくことが求められる。

デジタルリーダーの視点2　テクノロジー
デジタル技術活用力

　AIやIoT、ブロックチェーンなど、昨今のデジタル技術の進化のスピード
は加速しており、かつての最新技術は今や誰もが利用できる身近なものとし
て普及しつつある。デジタルリーダーは技術の環境変化を的確に捉え、自社

のビジネスに適用できそうなものは積極的に取り入れる姿勢と、技術に対する目利き力が求められる。一方で、デジタルリーダーがそれらを実装できる必要はない。それぞれの技術分野のスペシャリストと協力し、実装フェーズを主導できるだけの知識があれば十分である。様々な技術が他社や他業界でどのように活用されているか、技術活用をどういうプロセスで進めればよいか、などを押さえておくことが重要である。

データ活用力

「デジタル技術活用力」と同様、デジタルリーダー自身がデータサイエンティストと同じレベルのデータ分析スキルを持つ必要はないが、データサイエンティストと協力しながら仮説構築と検証を繰り返すため、ビジネスにおけるデータ活用の適用事例や、データアナリティクスプロセスへの理解が求められる。

システム開発知識（ウオーターフォール／アジャイル）

デジタル化推進プロジェクトの多くはシステム構築が必要となることから、基本的な開発手法であるウオーターフォールやアジャイル開発のプロセスとそのポイントを理解しておくことが望ましい。

プロジェクト／プロダクトマネジメント力

デジタルリーダーは各活動において「現場の意思決定者」として振る舞うことが期待されている。例えば、システム開発をウオーターフォールで進めるなら、ビジネス要件やシステム要件の決定者であり、アジャイル開発であればＰＯ（プロダクトオーナー）となる場合が多い。そうした観点から、「システム開発知識」にあげたウオーターフォールとアジャイルへの理解に加え、「現場の意思決定者」として、各活動の目的を達成するための適切なプロジェクト／プロダクトマネジメントの手法を理解しておくことが重要である。

デジタルリーダーの視点 3　ヒューマン
リーダーシップ力

　デジタルリーダーは、多様性のあるメンバーをまとめ上げ、チームの成果を最大化させることが求められる。そのためには、チームのメンバーが自ら考え、行動する、自律的なチーム作りが欠かせない。自律的なチーム作りのアプローチの一つとしては、マサチューセッツ工科大学のダニエル・キム元教授が提唱した「成功循環モデル」が有名である。メンバーが互いに尊重する「関係の質」の向上を起点に、思考・行動の質を高め、結果（成果）の質を高めるアプローチである。デジタルリーダーは自らの思い・ビジョンを熱く語り、メンバーを鼓舞すると同時に、彼ら・彼女らとの信頼関係を構築するとともに、内発的動機を呼び覚まし、高いパフォーマンスを発揮してもらうための素地を整えなければならない。

セルフリーディング力

　デジタルリーダーは過去の常識や社内のしがらみにとらわれることなく、常に新しい変革を起こさなければならない。そのため、前例がないことへの不安や、抵抗勢力など、多くの逆境に立ち向かう必要がある。そうした逆境に打ち勝ち、変革を推し進めるには、自身の目指したいビジョンや目標への熱量を常に高く保つとともに、新しいことへの好奇心、そして、困難や不確実性に立ち向かう精神力が求められる。

デジタル社会／ビジネスプロジェクトにおける倫理観

　近年では法制度上の問題はないものの、ユーザーや社会から道徳的に受け入れられず、問題となった事例も存在する。これらは次々と生まれる新たなビジネスに対して、法制度の整備が追い付いていないということもあるが、デジタルリーダーはそうした法制度だけでは判断できない領域における正しさ（社会に受け入れられるか否か）を判断できる倫理観も重要である。

　また、AI領域では、AIの健全な社会便益の増進への活用とリスクの抑制を目的とした「AI利活用ガイドライン」が総務省より公表されており、AI利

用者の「倫理観」を求めている。AIの活用はビジネスに不可欠であり、デジタルリーダーはその中心人物として、正しくAIを活用するための健全な判断力を養っていかなければならない。

5-4-5　デジタルリーダーは自社で育成すべし

　デジタルリーダーには自社の組織やビジネス、製品、マーケットなどを理解したうえで、関係者の様々な利害を調整し、デジタル戦略を実行することが求められる。故に、デジタルリーダーは自社内での経験が必須であり、自社内で計画的に人材を育成し確保していくことが求められる。

　デジタルリーダーの育成についても、デジタル人材と同様に「点火（動機付け）」「体験（OFF-JT）」「実践（OJT）」の3段階で行うのがよい。

デジタルリーダーを育てる1　点火（動機付け）

　点火では、デジタル化に積極的に取り組む気持ち（デジタルマインド）に火をともして、デジタル化に対する関心を高め、やる気を起こさせる。デジタルリーダーの候補者は既存事業で成功を収めてきた人材であることが多い。そのため、デジタル化という新しい取り組みに対して関心や意欲が低く、場合によっては否定的な考えを持っていることもある。そうした人材のデジタルマインドに点火するには、「デジタル化を進めなければ、どうなってしまうか」を理解させることが早道である。自身が関わる事業領域において、デジタル化によってどんな新事業が生まれており、それが既存の事業をどれだけ脅かすかを知れば、危機感が生まれる。危機感が、デジタル化への関心や意欲に変わるだろう。

　また、デジタル化に関わる人材が社会で求められており、人材市場での価値が高騰していることや、デジタル化への貢献が社内でも求められており、結果昇給・昇格につながるなど、デジタル化への取り組みが自身の価値に直結すると理解すれば、デジタル化をより自分事と考えることができるはずだ。

　空調機メーカーのダイキン工業では、すべての管理職に対してAI・IoTの

知識を必須とする新制度を制定し、管理職に対してデジタル化への理解や自身のスキル・知識の見直しを求めている。

デジタルリーダーを育てる2　体験 (OFF-JT)

体験では、デジタルリーダーに求められる要件を満たすために必要な知識やスキルを習得させる。デジタルリーダーは、多様なスペシャリストと協力する必要があるため、幅広い分野の知識を持つことが求められる。各領域の基礎的な知識を短時間で学べる研修を受けさせた後、重要な分野については実践的な知識やスキルを修得できる研修プログラムを提供するとよい。幅広い分野の知識と、実践的な深い知識やスキルの両方の習得を可能にする仕組みを構築する必要がある。

また、研修の一環として、実際に新事業の立ち上げや業務改革を企画するような体験プログラムを提供するのも効果的である。既存事業や業界共通の課題に対し、それらを解決できるアイデアを出し、企画・実施の模擬体験を行えば、より実践に近い体験が得られる。そこで生まれた企画を経営や事業部門に提案し、優秀なものを評価するなど、関係者を巻き込みながら企画・立案プロセスを短期間で凝縮して体験させることが重要である。

デジタルリーダーを育てる3　実践 (OJT)

実践では、デジタルリーダーとしての素養がある人材に実際のプロジェクトに参加させ、実践の場での経験を通じての成長を促す。その際にはデジタルリーダー候補者のスキルや経験のレベルに応じてメンターを配置するなど、その場が有意義な育成の場となるような仕組みを設計することが重要である。

5-4-6　全社員のデジタルリテラシー向上に向けた取り組み

デジタル化は、個々の事業やプロジェクトに閉じた活動ではなく、ビジネスモデルや働き方、社内風土など、全社を変革の対象とした取り組みである。従って、デジタル化はすべての社員が関わる活動と言える。必ずしもすべて

の社員が取り組みに参画するわけではないが、社員一人ひとりが、自分の階層や役割に応じた「デジタル化を推進するための適切な判断や行動」をとることが求められる。

経営層、管理職層のデジタルリテラシー向上

　経営層や管理職層は、企業や組織のかじ取り役として意思決定する。その際、は、以下の３つの領域（守備、管理、戦略）において正しい理解や最新のトレンドを把握したうえで、適切な判断を行うことが求められる。

- 守備：サイバーリスク、データプライバシー、システム障害、コンプライアンス、法規制など
- 管理：デジタル化プロジェクトのモニタリング・意思決定、実行後の評価など
- 戦略：デジタルビジョンやデジタル戦略策定、新規デジタルビジネス創出、組織構造改革、組織文化改革など

経営層・管理職層が関与すべき領域

戦略	デジタルビジョン・デジタル戦略策定、新規デジタルビジネス創出、組織構造改革、組織文化改革 等
管理	デジタル化プロジェクトのモニタリング・意思決定、実行後の評価 等
守備	サイバーリスク、データプライバシー、システム障害、コンプライアンス、法規制 等

経営層・管理職向け研修プログラム

テーマ	主な内容
マクロ視点で見るデジタル化（各テーマの前提となる社会・デジタルトレンドの理解）	● デジタル化に伴う社会・ビジネスの変化 ● 技術動向および先進活用事例
デジタル時代の事業経営	● デジタル時代の新たなビジネスモデル ● 経営・デジタル・IT 戦略の考え方 ● デジタル時代のマネジメント
デジタル /IT プロジェクトマネジメント	● デジタル /IT プロジェクトを管理するときのポイント ● プロジェクトリスクの種類とその要因
デジタル時代の経営リスク	● サイバーセキュリティー ● デジタルビジネス /AI と倫理

図表5-15　経営層・管理者向け研修プログラム
出所：NRI

　各領域で正しい判断を下すには、デジタル化について最低限の知識を持つ必要がある。一通りの知識を短期間で獲得する方法として、研修プログラムは効果的である。NRIでは、「戦略」「管理」「守備」のそれぞれの領域について、経営層や管理職層が理解しておくべき知識を半日の座学で学習できる研修プログラムを提供している（**図表5-15**）。

　その研修プログラムでは、まず前提となる社会・デジタル化のトレンド理解を目的として、デジタル化が世の中をどう変えているのか、それらを受けて、他社ではどのような取り組みがなされているのかなどを説明する。

　次の「戦略」セッションでは、自社がデジタル化とどう向き合うべきかを考察するとともに、投資や組織体制についてほかの企業がどのように取り組んでいるかを解説する。

　続く「管理」セッションでは、デジタル化投資の意思決定者として理解するべきプロジェクト管理について説明する。最後に「守備」のセッションでは、サイバーセキュリティーやデジタルビジネス・AI活用における「リスク」について理解してもらう。

　資生堂では、経営層のデジタルリテラシーを高める取り組みとして、若手社員が役員を教育する「リバースメンター制度」を導入している。この制度は、若手社員が異なる事業領域の役員のメンター（指導・助言する役）となり、マンツーマンでITツールの知識や使い方を教えるものだ。2週間に1回程度、社内で活用を推進しているITツールや、同社の主要顧客が多く利用しているInstagram、TwitterなどのSNSの使い方を若手社員が教える。役員自身がITツールの利便性やその効果を体感することで、トップダウンでITツールの活用が進み、役員がビジネスにおけるデジタル技術の活用に積極的になるなど、デジタル化を推進しようという風土の醸成につながっている。また、メンターとなる若手社員から役員に現場の生の状況を伝えられることや、事業領域の異なるメンター同士の交流が生まれるなど、副次的な効果もあるという。

	Session1 点火	Session2 体験	Session3 実践
ゴール	デジタル技術により世の中で何が起きているのか、なぜ自分たちはデジタル化に取り組まなければならないか、基本的な知識習得と、デジタル化への動機付け（心のトリガーを引く）	実体験を通じた、デジタル技術の可能性や面白さ（ワクワク感）体感と、デジタル技術の利用イメージの具体化	自身の業務への影響や適用箇所を考察し、アウトプットすることによる知識・体験の腹落ち感の促進と自分事意識の醸成
プログラム	デジタル基本研修（座学） 30分程度 イントロ（10分） ●当日の流れを説明、ゴールの確認 ●グループ分け、事項紹介 座学（20分） ●近年のデジタル技術変化 ●注目のデジタル技術と差別化 ●デジタル化とどう向き合うべきか？	デジタル技術体験 80分程度 グループでデジタル技術を体験 	デジタル技術活用ディスカッション 90分程度 自社活用アイデア出し（20分） アイデア絞り込み（20分） アイデア具体化（20分） アイデア共有・発表（20分） クロージング（10分） 

図表5-16　デジタルマインドを培うためのワークショップ「DiMiX」
出所：NRI

一般社員のデジタルリテラシー向上

　自社のデジタル化を加速するには、大多数を占める一般社員の理解と協力は欠かせない。彼ら・彼女らは主要メンバーとしてプロジェクトを実行する立場ではないものの、プロジェクトを支援するサポーターとして、サービスコンセプトを検証する際のテストや、業務に導入されたデジタルツールを活用することになる。特にデータ収集が鍵を握るプロジェクトの場合、いかに現場社員に協力してもらえるかが重要となる。デジタル化を受け身ではなく、自分自身の業務課題をデジタル化で解決しようと試みるレベルにまで意識が高まれば、企業の変革はより一層進む。

　一般社員のデジタル化に対する意識を変える取り組みとしても、社内教育は欠かせない。NRIでは非ITサービス企業の社員がデジタル化を自分事として捉え、デジタルマインドを培うためのワークショップとして「DiMiX」

（Digital Mind Transformation）を開発・提供している（**図表5-16**）。ワークショップは、Session1 ～ Session3の３つのパートならなる。

　「Session1 点火」では、デジタル化の理解や危機感の醸成を目的に、世界の潮流や各社の事例などを説明する。「Session2 体験」では、VR（Virtual Reality：仮想現実）や3Dプリンター、AIなどの最新のデジタル技術を体験し、デジタル技術の可能性や面白さ（ワクワク感）に触れる。「Session1 点火」パートで理解したことを実際に体験することで、よりデジタル化やデジタル技術について理解を深める。「Session3 実践」では、理解、体験したものを基に、自身の事業や業務がデジタル化により受ける影響や、デジタル技術を活用した「ありたい姿」についてグループで討議し、発表する。自身の身近な領域について自分で考える機会やチームメンバーの考えに触れることで、デジタル化を自分事化してもらうことが狙いである。

5-5 組織文化の変革

5-5-1 組織文化の変革はDXの障壁

　本書ではこれまで、デジタル化・DXは技術的な取り組みにとどまらず、新たな価値を生むこと、仕事のやり方を変えること、従来のIT化とは別のスキル・知識を身に付けることなどを述べてきた。これらを実行することは「企業変革」と言えよう。デジタル化・DXを進めるうえで多くの経営者の口から課題として挙がるのが「企業文化」である。ハーバード・ビジネス・レビューによると、「DXに向けた自社の取り組みにおいて、重大な阻害要因／課題である」と回答した割合は55%であり、技術（30%）やプロセス（43%）を上回った（**図表5-17**）。

　デジタル化やDXは企業変革の取り組みであるため、一部の経営者や管理職だけで実施するものではなく、従業員全体で取り組むべきものである。しかし、急に経営者から「計画よりも実行重視で素早く動こう！」とか「失敗してもいいから挑戦しよう！」と言われても、現場の社員はどうしていいか分からず、混乱が生じることは容易に想像できる。

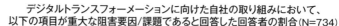

デジタルトランスフォーメーションに向けた自社の取り組みにおいて、
以下の項目が重大な阻害要因/課題であると回答した回答者の割合(N=734)

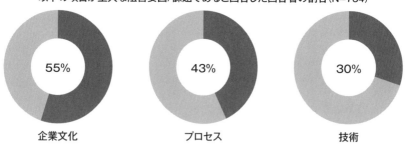

図表5-17　「デジタルプラットフォーメーションへの障壁」の調査結果
出所：ハーバード・ビジネス・レビュー・アナリティクス・サービスによる調査、2018年7月

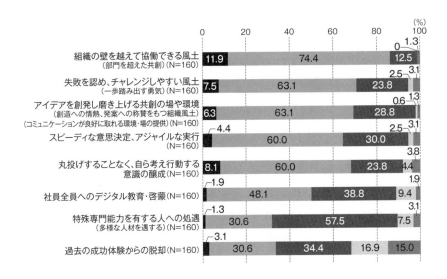

図表5-18　**デジタル化を推進していく上で、組織・制度・風土・意識の面で必要と考えられる取り組み**
出所：JUASとNRI

　別の組織文化に関する調査結果（JUAS・NRI「デジタル化の取り組みに関する調査2020」）を見てみよう（**図表5-18**）。この調査ではスタートアップ企業やデジタル化先進企業に見られる文化・風土的特徴（「チャレンジしやすい」「アジャイルな実行」など）を並べ、それらの取り組み状況を伝統企業に尋ねている。調査結果が示すのは、列挙された項目の大半について、『ほとんどの企業が必要と認識し、実際に取り組んでいる企業も多いが、「できている」と回答している企業は1割にも満たない』ということだ。取り組みの必要性を感じているにもかかわらず成果が出ていないのは、組織文化は目に見えず捉えにくいため、どのようなアプローチを取ればいいのかが分かりにくく、取り組んでも成果が出るまで時間を要するからだろう。

5-5-2　組織文化とは何か？

　では、実態の捉えにくい「組織文化」とはそもそも何か。組織文化・風土とは、従業員の間で特に意識することなく共有しているものである。ピーター・ドラッカー氏は「Culture eats strategy for breakfast（文化が戦略を食う）」と言った。組織文化によっては、素晴らしい戦略を策定しても機能しないということだ。後ほど触れるが、組織文化とは戦略や仕組みと一体であり、いずれが欠けても機能しないのである。

　組織文化・風土の解釈は様々あるが、本書では「組織で共有している理念・価値観」を組織文化とし、組織風土は「組織文化を育むうえでの土壌であり、より暗黙的に共有している様々な前提」と捉えている。理念・価値観とは、組織が何を大切と考えているかを象徴したものであり、どのような考えや行動をとるべきかの判断基準になるものだ。サントリーの「やってみなはれ」、トヨタ自動車の「三現主義（現場・現物・現実）」などは有名だろう。「ウェイ」とか「バリュー」といった言葉で表現している企業もある。また、そうした理念・価値観を明文化していない企業であっても、「うちの会社は何かを提案するとリスクばかり指摘される」「違う部署の人へ相談するときは部長同士で依頼してからでないと進められない」など、社員間で認識が共通化されているような組織文化はきっとあるはずだ。

組織文化の形成に影響する4分類

　組織文化の形成に影響を与えるものを分類した（**図表5-19**）。

　左上の象限は文書などで明文化され、意識されることが多いものである。本書で言及している内容は、おおむねこの象限に該当する。自社がどのような姿を目指しているか、そのために今後何を実施するかを示した戦略や計画、自社が提供している商品やサービス、および、それらに対する顧客からの感謝や不満などだ。自社の存在意義といえるものである。

　左下の象限は、組織に所属する人は知っているが、日々改めて意識することはなく、暗黙的に共有しているものである。具体的には、創業以来の沿革、

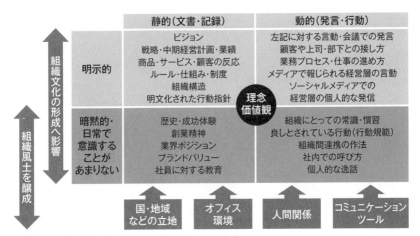

図表5-19　組織文化の形成に影響を与える要素
出所：NRI

成長時のストーリー、自社ブランドが社会や顧客へどのような価値を提供しているかなどである。それらは確実に組織文化に影響を与える。

　左側の象限は文書や記録などに残る静的なものであるが、右側の象限は発言や行動などによって形成される動的なものである。特に経営層や管理職などの組織内の上級職の人物の影響が大きい。

　組織風土の醸成は、下象限の暗黙的なものに加え、仕事をする際の環境的な要素にも影響される。拠点がどのような国や地域にあるかにより、その土地の文化や風土に影響を受ける。また、職場内の人間関係（親密度、協調性など）やオフィスの作り（フリーアドレス制、個室）、コミュニケーションツール（チャット、メッセージング）など、多くの組織で自分たちが自ら決めたというより、特定の人・組織の決定に従い、あるのが当たり前になっているものだ。

　組織文化の形成に影響を与える個々の要素を一つひとつ見てみると、マネジメントできるものである。そのため、それらを変えられれば、文化も変えることができる。短期的に変えることは難しいが、戦略として打ち出し、その実行を支えるルールや制度などの仕組みを変更することで、社員の価値観が変わり、働き方も徐々に変わっていくはずだ。

5-5-3　組織文化を形成するうえで大切なこと

　組織文化・風土は戦略や仕組みと密接なため、「失敗を恐れず挑戦しよう！」といったスローガンで変わるものではない。組織文化を形成するうえで大切なことは次の2つである（**図表5-20**）。

- 一貫性を保つ（戦略と仕組みの一貫性、戦略と言動の一貫性）
- 見える・意識できるようにする（暗黙的な要素を減らす）

組織文化・風土を変える1　一貫性を保つ

　組織文化は、全社で一律というわけではない。特定の組織内での事業戦略・目標や、業務上の慣行は存在するし、業務上接することが多い経営層や管理職の発言・行動が当該組織の文化形成に大きく影響する。経営層が配慮しなくてはならないのは、全社として共有すべき理念・価値観が何かを示し、それらがローカルな理念・価値観によって上書きされないように一貫性を保つことである。一貫性を保つということは、図表5-20左上象限にある要素（ビジョン、戦略、商品、ルールなど）内での一貫性（「戦略と仕組みの一貫性」

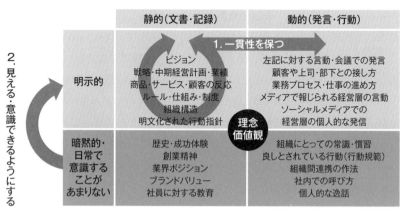

図表5-20　組織文化を形成するのに大切なこと
出所：NRI

と呼ぶ）と、左上象限と右上象限の一貫性（「戦略と言動の一貫性」と呼ぶ）が必要だ。この2つの一貫性を説明する。

戦略と仕組みの一貫性

　戦略と仕組みの一貫性がないと、戦略そのものが有効に機能しない。一貫性があるのが当たり前のように思えるが、現実には各要素の検討主体や検討時期が異なり、アップデートもされていないことが多いため、一貫していないことも珍しくはない。戦略では新たな事業領域への挑戦を掲げているのに、売上重視を評価していれば、事業部門は手堅い既存事業での売上確保を優先し、新たな領域への挑戦を後回しにしてしまうだろう。同様に、行動指針で掲げている行動が人事評価の際に重視されていなければ、誰も行動指針を重視しなくなってしまう。

　GEの事例を見てみよう。GEは2015年に、「2020年までにソフトウエア企業のトップ10に入る」という野心的な目標を掲げ、GE Digitalを設立し、産業用のクラウドサービス「Predix」の展開に注力した。この目標は2018年に早くも軌道修正せざるを得ない結果になってしまい、これをもって「GEのDXは失敗に終わった」などと言われることも多い。しかし、デジタル事業をゼロから立ち上げ10億ドル以上の売上規模にまで成長させた状況は、デジタルビジネスの事業化もままならない日本企業にとって参考になる。

　GEの当時のジェフ・イメルトCEOは、早い時点で文化の変革の必要性を感じていた。新興企業が取り入れているリーンスタートアップにならい、GEならではの仕事の進め方を「ファストワークス」として定めた。それまでのGEでは「失敗は許されない」文化であったが、「ファストワークス」では最小限の製品を素早く作り、顧客に試してもらい、フィードバックを得ることで学ぶ。学びが得られれば失敗も尊重されるという、真逆の考え方であった。従来と全く考え方の違う手法を取り入れるため、GEが行ったことは、社訓と人事制度を変えることだった。社訓を変えることで会社として重視する理念を変え、その理念の実現を後押しするために、人事制度も変えたのである。社訓は忘れてしまう社員も多いと思われるが、そこに示されている考え

変更前 変更後

	変更前	変更後
社訓	【GEバリュー】 ●外部志向(External Focus) ●明確で分かりやすい思考 　(Clear Thinker) ●想像力と勇気 　(Imagination & Courage) ●包容力(Inclusiveness) ●専門性(Expertise)	【GEビリーフス】 ●お客様に選ばれる存在であり続ける 　(Customers Determine Our Success) ●より速く、だからシンプルに 　(Stay Lean to Go Fast) ●試すことで学び勝利につなげる 　(Learn and Adapt to Win) ●信頼して任せ、互いに高め合う 　(Empower and Inspire Each Other) ●どんな環境でも、勝ちにこだわる 　(Deliver Results in an Uncertain World)
人事制度	【9ブロックス】 ●パフォーマンスとバリューの2軸 　で社員を9分類に評価 ●年1回評価を実施 ●マネジャーとの面談は多くて年2 　回	【パフォーマンスディベロップメント】 ●能力開発を重視 ●部下が業務完了の都度、マネジャーはフィードバックを実施 ●管理職にはコーチング研修の受講を義務付け ●2週間に1回程度の1on1ミーティング

図表5-21　文化変革のためのGEの取り組み
出所：公知情報よりNRI作成

方を業務で実践しているか、日々マネジャーからフィードバックされる制度と仕組みを導入したのである。こうして、「顧客の成果にフォーカスして動く」というファストワークスの考えを「GEビリーフス」と呼ぶ社訓と、働き方への実践を重視する人事制度・仕組に反映し（戦略と仕組みの一貫性）、同社のデジタル事業は拡大したのである（**図表5-21**）。

戦略と言動の一貫性

　戦略と言動の一貫性も、当たり前のように聞こえるが、現実には徹底されていないことが多い。戦略や年度計画を経営層が発信しても「業務の現場には浸透していない」といった悩みはよく聞く。理由としては、先に述べた戦略と仕組みの一貫性の欠如や、経営層から発信された内容が現場まで届かない、具体的な行動レベルにまで落とせないなど、いろいろと考えられるが、現場での行動を促すような状態になっていないからではないだろうか。新たな事業領域への進出を図る際、実現性やリスクばかりを指摘されるようでは、当事者はやる気をそがれてしまう。顧客を大切にすることをうたっておきな

がら、管理職が顧客動向について部下からの報告を受けるだけ、営業状況を管理しているだけなど、自ら顧客ニーズや課題を把握していなかったら、顧客と真剣に向き合っているとは言えない。戦略や年度計画などは毎日見返すものではないが、そうした上級職の発言や行動は日々社員たちにインプットされる。発言した当事者は意識していないかもしれないが、それらを受け止める部下には少しずつ蓄積し、理念・価値観の形成に影響を与える。

　パナソニック コネクティッドソリューションズ（以下CNS）の改革事例を見よう。松下電器産業から複数の外資系企業社を経て再び伝統企業の社長として戻ってきた樋口泰行氏は、アナログかつ内向的な業務が常態化している働き方にがくぜんとした。ミーティングするにしても事前ミーティングが多く、分厚い資料準備も当たり前であった。しかも、ミーティングでは一方通行の言い合いになり、何も決まらない場も多かったようだ。

　そこで、カルチャー＆マインド改革を最重要テーマとし、ICTを活用して働き方を変えることにした。まず、全社員に対して社長自らの口で、ICTを活用し、働き方を変えることの必要性を、メールやカンファレンスで直接繰り返し訴えた。社員が働き方を変えることのインセンティブ付けを行うため、業績評価の評価項目へ落とし込み、加点要素とした。当時アナログな働き方が当たり前だったCNSでは、テレワーク制度はあったが、活用されていなかった。それを半ば強制的にでも実施させ、働き方を変えるために、「オンライン会議の実施割合」といった項目も評価項目に含めた。制度・仕組みの働きかけでなく、現場でのオンライン会議ツールの利用を促進するために、アンバサダーと呼ぶ役割を設け、職場ごとに支援・普及活動を行った。アンバサダーはボランティアではなく、業務の30％稼働で実施するようアサインし、全役員が現場のトップと合意の下で活動した。社員30人に対しアンバサダー1人程度を配置する手厚さであり、これにより工場なども含むCNSの社員全員がオンライン会議ツールを使える状態にすることを目指した。

　樋口社長はアンバサダーと直接話す機会を設けるとともに、そこで聞いた成果を全社員に対して何度も発信した。そうすることでアンバサダーはモチベートされ、さらに意欲的に活動することになる。CNSではこの活動の結果、

活動背景・目的
- 2017年4月パナソニックのB2B事業を担うCNS社（コネクティッドソリューションズ）の社長に樋口氏が就任
- 会議のための会議、大量の紙資料作成、一方通行の議論など、**内向きな業務が常態化**していた
- 業務のスピードアップ、組織間連携、顧客密着を狙い、自社のビジネストランスフォーメーションを断行
- その中で、風土改革（カルチャー＆マインド）を最重要テーマに設定

取り組み内容

CNS社の変革の方向性		風土改革への取り組み
3階 事業立地 改革	選択と集中の実践	①社長自ら社員へ発信 ● 改革の狙いや経営のコミットメントを社員へ発信 ● 部門ごとの達成状況を見える化し共有
2階 Bizモデル 改革	ソリューションシフト／レイヤーアップ	②各現場に働き方改革推進者を正式にアサイン ● 働き方改革を推進する担当者を、アンバサダーとしてアサイン ● 担当者には業務工数を割り当て、現場での働き方改革を促進 ● アンバサダーは社長と対応する機会を設け、働き方について意見交換
1階 風土改革	カルチャー＆マインド （働き方改革）	③評価制度への組み込み ● 働き方改革への取り組み目標を各社員が設定 ● 目標達成度合いに応じ、業績評価における加算評価とした

結果・効果

CNS社の変革の方向性
- オンライン会議ツールを利用した情報共有、会議を実施
- 事前準備＆ミーティングにかける時間の削減
- メール作成・閲覧時間の減少
- テレワークが当たり前の状態に

図表5-22　パナソニック コネクティッドソリューションズ社の取り組み
出所：公知情報よりNRI作成

月20回以上オンライン会議ツールを利用している社員比率が93%となった（2020年4月時点）。コロナ禍によりテレワークを余儀なくされる状況に陥ったときも、テレワークが浸透していた同社は問題なく全面テレワークに移行できたようだ。CNSの事例では、樋口社長自らが率先して改革の必要性を発信していること（戦略と言動の一貫性）、現場の社員に対して行動に関する具体なKPIを設定し（戦略と仕組みの一貫性）、行動を促していること（戦略と言動の一貫性）、現場社員を支援するアンバサダー制度を設けたこと（戦略と仕組みの一貫性）、がポイントと言えるだろう（**図表5-22**）。

　なお、伝統企業においては歴史のある事業が複数存在していることも多く、デジタル化やDXがいくら重要課題であったとしても、「企業文化を大きく変える必要があるのか？」という声や、「従来の企業文化を維持しつつ新し

いことへ挑戦する企業文化を併存させたい」といった声も聞く。一貫性の観点から、異なる文化を併存させることは難しい。しかし、別組織化（別会社化）することや、異なるスペースや拠点を設け物理的な距離を置く、既存事業とは異なる仕組み・マネジメント手法を用いるなど、異なる文化を併存させようと工夫している企業は存在する。

組織文化・風土を変える2　見える・意識できるようにする

　2点目の「見える・意識できるようにする」とは、図表5-20下象限の暗黙的なことや、日常意識しなくなっている無意識的なことを意識できる状態へ変えることである。日本は昔から、「あうんの呼吸」「以心伝心」「空気を読む」といった言葉・行為がある通り、互いの意図を言葉に発しなくとも察し合うことのできる、ハイコンテクストな文化を持っている。そうしたコミュニケーションスタイルは、日本人同士なら通じるが、日本以外では全く通じないと思った方がよい。

　海外拠点を増やしている企業が自社の組織文化を「○○ウェイ」「○○バリュー」といった言語化しているのは、そうしないと現地拠点の人に考え方が通じないからである。また、昨今では日本人同士であっても世代が異なると、通じない価値観もある。「仕事が終わらないので徹夜で頑張る」といった考え方・価値観は、現在であればパワハラと言われてしまう。従って、当たり前と思っていることや無意識に前提としていることを、できるだけ言語化し、日々の業務の中で意識するような仕掛けが重要になってくる。理念や考えを職場の壁に貼るという昔ながらの方法もあれば、社員皆がアクセスするポータルサイトにいつでも参照できるようにする方法もある。

　また、いくら言語化しても人によって解釈には幅が出てしまうので、具体的なケースを基に議論することで価値観の共有を図ることも大事だ。ユニクロを展開するファーストリテイリングでは価値観・判断基準を共有するためだけの研修を実施している。ファーストリテイリングでは店舗数が拡大する中、店舗を管轄する役割であるスーパーバイザー職に権限を委譲するため、権限を正しく行使する際の前提となる価値観と判断基準を共有する必要が

あった。

そこで、対象者が集まって5〜7人のグループを作り、過去に行ったこと、今起こっていることを、ファーストリテイリングだったらどう考えて判断し、対処するのが望ましいかをグループで話し合うという研修を実施した。ファーストリテイリング（FR）では「FR WAY」を定め、自社のミッション、価値観、行動規範を明示しており、それらに照らして、どう考え、判断するのかを各自が考えて議論するのだ。

例えば、「商品の欠品にどのように対応したか」などである。最初はグループ内で議論し、最後には経営トップにも参加してもらい議論する。過去の事例であれば、経営トップが当時どのように考えて判断したのか、また、現在起きていることであれば、どう判断することがファーストリテイリングらしいかを経営トップに話を聴き、グループでの結論との違う点をぶつけ、ファーストリテイリングとしての考え方を学ぶ。こうした研修の実施は、忙しい経営層やスーパーバイザーにとって負担になる。だがパワーをかけてでも、ファーストリテイリングとしての価値観と判断基準を身に付けさせることを重視しているのである（『人間心理を徹底的に考え抜いた「強い会社」に変わる仕組み』（松岡保昌 著）参照）。

デジタル化やDXを進めるか否かに関係なく、組織文化の形成は、戦略実行や企業の持続的成長を支えるものとなる。デジタルビジョンやデジタル戦略の内容次第で、そもそも組織文化を変えなくてはいけないのか、あるいは、もともと組織として大切にしていた考えを改めて社員に再認識してもらうのかなど、アプローチは企業により様々である。次の項では、DXを進めることと並行して、組織文化の変革に取り組んだ事例を紹介する。

5-5-4　DXを実践しながら組織文化を変える

（1）スタートアップ企業と仕事をすることで彼らの文化を学ぶ

米国のスーパーマーケットチェーンであるTargetは1902年創業の小売老舗企業である。同社は1950年代に米国初の屋内モールをオープンし、

Walmartとの差異化のために有力デザイナーと提携して限定商品を販売するなど、絶えず実験を繰り返す文化を備えていた。しかし、ブライアン・コーネル氏が初めて社外から起用されたCEOとして就任した2014年の時点では、WalmartやAmazon.comとの競争に負け、売上低迷、海外事業の失敗、大規模ハッキング被害など苦しい状況に陥っていた。

コーネル氏はTargetが掲げている経営理念「すべての家族が日常の喜びを発見できるように（原文：To help all families discover the joy of everyday life.）」に沿って、会社を改革することを決意する。都市部への小型店舗の出店、既存ブランドの打ち切りと新規ブランドの立ち上げ、社外からスペシャリストを経営層に登用してサプライチェーンを改革するなど、次々と課題解決に取り組んだ。だが、デジタルテクノロジーによるディスラプションが起きている中、もっと起業家型の、素早いペースで新しい取り組みを実施することを求めていた。

そこで、スタートアップ企業とのパートナーシップに前向きになり、スタートアップ企業のビジネス拡大のための資金や運営のサポートを行う有力アクセラレーターのTechstarsと組むことで小売業対象のアクセラレーターを立ち上げた。第1弾として、スタートアップ企業500社の応募の中から11社を選考し、1社当たり2万ドルの資金提供をするとともに、14週間Targetの本社で活動し、自社幹部とスタートアップ企業の創業者たちを交流させた。スタートアップ企業は、Targetの幹部や、様々な分野の企業のリーダーから指導や助言を受けながら事業アイデアを磨き、「デモ・デイ」と呼ぶ、デモンストレーションに備える。そこでTargetの幹部やメンター、投資家、地元の起業家などから支持が得られれば、数百万ドルの資金獲得と一定期間Target本社内に拠点を置き、プロダクトを開発することができた。

また、Targetは同時期に「Open House」と呼ぶラボ兼店舗を開設し、IoT製品を展示して生活者の反応を学ぶなど、実験的な試みを行っている。「Open House」に地元企業家を招待し、スタートアップ企業との接点を作り、重要なトレンド、アイデア、人物との出会いを模索したのである。

このような取り組みに対しコーネル氏は「自分たちはアイデアにケチをつけ、自社にふさわしくない理由ばかりを探すような企業文化を育んでいた。

		Old	New
システム	狙い	効率化	差別化
	システム開発	プロジェクトベース	プロダクトベース
	プロセス	段取り・手続き重視	サービスイン重視
組織	文化	上意下達	One Team コーチングとエンパワメント
	チーム組成	ビジネス・システム人材で責任分担 流動的なメンバー、コミット不在	ビジネス・システム人材合わせて責任 固定メンバーでフルコミット
人材	評価	開発生産性、品質	チームのビジネス貢献
	スキル	管理能力	ビジネス・システムの専門能力
	気質	品質重視の気質	チャレンジ気質

図表5-23　Targetのシステム改革
出所：NRI

スタートアップ企業のリーダーたちと会話し、『もし〜だったら、どうなるだろう？』という前向きな発想で話を目の当たりにすると、やる気と元気が湧いてきた」と述べている（『会社は何度でも蘇る』(ジム・ステンゲル＆トム・ポスト) 参照)。

(2) 自社のシステム・組織・人材の改革を進めながら文化を変える

　コーネル氏はスタートアップ企業との新たな取り組みと並行し、自社のビジネスを支えている情報システムの抜本的な改革にも着手した (**図表5-23**)。

システム

　重厚長大かつ複雑に連携した約3000のシステムを、約80の疎結合な機能 (プロダクトと呼ぶ) に刷新。これによりシステム構造をシンプルにし、従来の小規模な機能改修であっても影響が多岐にわたる状態から、プロダクト内で完結する状態に変えた。結果、迅速に機能改修し、新しいサービスを提供することが可能になった。

組織

　数カ月から数年かけて実施する大規模なシステム開発プロジェクトから、

数週間〜数カ月単位の継続的改善を繰り返すプロダクト単位でのチーム編成に変更した。マネジャーの役割を複数のプロジェクトを統括して意思決定する立場から、チーム内の障害を取り除く支援する立場に変えた。

人材

　プロダクトチームとして事業部門・IT部門が協働するため、草の根活動的に実施していたアジャイル開発手法を全社員が習得するための教育を実施した。DOJOと呼ぶ教育機関を社内に設け、スキル、マインドセット、デジタルツール、手法などの教育を経営層が主導した。

　Targetのコーネル氏は「すべての家族が日常の喜びを発見できるように」という目的を果たすため、自分たちとは異なる文化を持つスタートアップ企業と仕事をすることで、自社幹部を刺激し、忘れかけていた同社が大切にしている考え方を再認識させた（「見える・意識できるようにする」）。また、ビジネスを変え、それを支える情報システムや組織体制、人材も合わせて改革した（「戦略と仕組みの一貫性」）。特に、人材の改革では、DOJOを通じて社員のスキルを磨き、心構えを教育することで、アジャイルな働き方を実現している（「戦略と言動の一貫性」）。

　本節を通じて伝えたかったのは、「組織文化は、経営者が変えることができる」という点だ。組織文化である理念・価値観「だけ」を変えることは難しいが、デジタルビジョンの実現を果たすため、デジタル戦略をはじめとする各種取り組みを通じ、結果として変わるのだ。そして、理念・価値観といった考え方が変われば、言動も変わる。この言動の変化は何らかのKPIにより測定が可能であり、測定可能であればマネジメントできるということだ。

　「どのような企業文化にすべきか」というのは、「自社の存在意義は何か」と問うことに等しい。そのため、「こうすればいい」と安易に言えるものではなく、過去・現在・未来を見つめ、経営者自身が言語化しなくてはならない。なお、昨今のデジタル化をリードしているプラットフォーマーは、事業内容は異なるものの企業文化は共通するものもある。自社の企業文化を考えるう

Google

Googleが掲げる10の事実

1. ユーザーに焦点を絞れば、他のものはみな後からついてくる。
2. 1つのことをとことん極めてうまくやるのが一番。
3. 遅いより速いほうがいい。
4. ウェブ上の民主主義は機能する。
5. 情報を探したくなるのはパソコンの前にいるときだけではない。
6. 悪事を働かなくてもお金は稼げる。
7. 世の中にはまだまだ情報があふれている。
8. 情報のニーズはすべての国境を越える。
9. スーツがなくても真剣に仕事はできる。
10. 「すばらしい」では足りない。

https://www.google.com/about/philosophy.html

Microsoft

Culture

1. GROWTH MINDSET（成長する考え方）
2. CUSTOMER OBSESSED（お客様に寄り添う）
3. DIVERSITY AND INCLUSION（ダイバーシティ & インクルージョン）
4. ONE MICROSOFT（ワン・マイクロソフト）
5. MAKING A DIFFERENCE（世界を変える）

https://www.microsoft.com/ja-jp/mscorp/college/msd-company-mv.aspx

Move Fast. Be Bold. Be Yourself.

https://www.facebook.com/careers/facebook-life/

—
明文化されていない模様

amazon

リーダーシッププリンシパル

1. Customer Obsession
2. Ownership
3. Invent and Simplify
4. Are Right, A Lot
5. Learn and Be Curious
6. Hire and Develop the Best
7. Insist on the Highest Standard
8. Think Big
9. Bias for Action
10. Frugality
11. Earn Trust
12. Dive Deep
13. Have Backbone; Disagree and Commit
14. Deliver Result

https://blog.aboutamazon.jp/diversity_leadership_principles

NETFLIX

Netflix Culture

1. 社員一人ひとりの自立した意思決定を促し、尊重する
2. 情報は、広く、オープンかつ積極的に共有する
3. とことん率直に意見を言い合う
4. 優れた人材でチームを構成し続ける
5. ルールをつくらない

https://jobs.netflix.com/culture

図表5-24　プラットフォーマーの企業文化
出所：公知情報よりNRI作成

えで参考になるだろう（**図表5-24**）。

「デジタル組織マネジメント力」の自己診断

問①　デジタル化の推進に責任を負う役員を設置しているか。

- ☐ デジタル化を担当する役員は存在しない、明確でない
- ☐ デジタル化を担当する役員が任命されているが、成果創出には至っていない、もしくは、成果創出の途上である
- ☐ デジタル化を担当する役員が任命されており、成果を上げている

問②　デジタル化を推進するための組織機能を備えているか。

- ☐ デジタル化を推進するための組織機能は存在しない、もしくは、必要な組織機能が明らかでない
- ☐ デジタル化を推進するための組織機能は、主に外部パートナーに依存している
- ☐ デジタル化を推進するための組織機能を実装し、重要と考える機能は自社要員が担っている

問③　デジタル化推進の早期立ち上げや推進力強化のために、有効なパートナリングができているか。

- ☐ 限定的な選択肢からパートナーを選択している
- ☐ 特定分野に限り、有効なパートナリングができている
- ☐ 様々なパートナー候補の情報収集が行われ、領域や分野に応じた有効なパートナリングができている

問 4 デジタル化推進に必要な人材の役割や能力・経験などを定義し、獲得・育成のための仕組みを構築できているか。

☐ 人材像が定義されておらず、場当たり的な人材獲得や育成を行っている

☐ 人材像を定義したうえで人材を獲得しているが、育成はOJTが中心である

☐ 人材像を定義したうえで人材を獲得し、OJT、OFF-JTを含む育成の仕組みを確立している

問 5 デジタル化を推進するために、デジタルビジョンや戦略と整合した組織文化を構築しているか。

☐ デジタル化を推進するうえで、現在の組織文化は阻害要因となっている、または、組織文化を見直すことは実施していない

☐ デジタル化を推進するために、制度やルール、プロセスの見直しや、社員への啓発や教育実施など、新たな組織文化を変える活動も行っている

☐ デジタル化を推進するために、制度やルール、プロセスの見直しや、社員への啓発や教育実施など、組織文化を変える活動も行っており、社員の言動が変わるなど新たな文化が定着し始めている

おわりに

　本書では、既存企業が組織全体でデジタルケイパビリティを向上させることの重要性や、その内容について述べてきた。本書の結びとして、マサチューセッツ工科大学のCISR（Center for Information Research）が実施した「COMPANIES WITH A DIGITALLY SAVVY TOP MANAGEMENT TEAM PERFORM BETTER（デジタルに精通したトップマネジメントを持つ企業における業績の良さ）」という調査を紹介したい。ワールドワイドを対象にしたこの調査によると、「収益30億ドル以上の企業の取締役会メンバーのうち、デジタル化に関する何らかの経験やスキルを保有する人が半数以上いる企業の割合」はわずか7%にすぎない。だがその7％の企業は、「ほかの企業よりも49％高い成長率、16％高い利益率、53％高い企業評価（株価対売上高比率）を受けている」ことを明らかにしている。

　同調査によると、「デジタルに精通した取締役会メンバーの平均割合」は17%、業種別では、DXの波にさらされていると思われる金融や小売り、輸送といった業界においても12%にとどまっているという。「取締役会メンバーの平均人数」は7人という調査結果から、1企業にデジタルに精通している取締役会メンバーは1人いるかどうかという計算になる。興味深いことに、「デジタルに精通しているメンバーが3人の場合、最も財務的なパフォーマンスが高く、それ以上の人数であっても有意な差が無かった」という考察がなされている。

　この調査から推察できることは、日本に限らず、世界中の既存大企業においても、「DXに関する意思決定が十分に機能しているとは言えない」ということであると共に、この人数を増やすための外部からの登用、もしくは既存の意思決定者層に対する教育・啓発が急務であるということである。

　DXの最前線で奮闘されている方々からよく聞く発言は、「経営層が一番DXの重要性を理解していない」である。それは、日本企業の役員の年齢が影響しているかもしれない。上場企業の役員の平均年齢はほぼ60歳である。

だがNRIが2018年に実施した「生活者1万人アンケート」によると、「自分で自由に使えるもの」としてスマートフォンを挙げた割合は、50代が76%、40代が88%、30代が92%であるのに比して、60代は54%と差がある。また、「スマートフォンでインターネットショッピングをした経験がある60代」はわずか7%である。これらの数字だけで判断できることではないが、「DXの重要性を理解していない」というのは、あながち大げさではなく、現場と経営層の間に大きな認識ギャップがあるのではないだろうか。

　本書は、デジタル化、DXに取り組むビジネスパーソンを主な対象にしているので、極力分かりやすい表現を心掛けた。それでも、章によっては「技術的で難解」と感じた箇所があったかもしれないが、DXの推進において必ず求められる知識である。現場でDXを推進する方々と経営層の方々との共通理解のツールとして、各章末に掲載した「デジタルケイパビリティ診断」を活用いただきつつ、改善が必要な領域について、改めて本書を振り返っていただければ幸いである。

　　著者を代表して　システムコンサルティング事業本部　戦略IT研究室長
　　　　　　　　　　　　　　　　　　　　　　　　　　　　松延智彦

付録：デジタルケイパビリティの自己診断

　各章末に掲載した「デジタルケイパビリティ」の自己診断を巻末に再掲載する。また、この自己診断はWeb上で入力すると、自社について診断することもできるので、ぜひ活用してほしい。

http://event.nri.com/questionnaire/scs/202011

「デジタルビジョン構想力」の自己診断

問①　デジタル技術を用いてどのような価値を顧客や生活者、社会に提供するかを、デジタルビジョンとして明文化しているか。

- ☐ 明文化していない
- ☐ 明文化しているが、顧客や生活者、社会に対し、どのような価値を提供するか読み取れない
- ☐ 明文化しており、顧客や生活者、社会の本質課題を踏まえ、デジタル技術を用いてどのような価値を提供するか、自社ならではの言葉になっている

問②　デジタルビジョンを実現するために実施すべきことと、必要な経営資源をデジタル戦略として策定しているか（名称はデジタル戦略でなくとも構わない）。

- ☐ デジタル戦略に相当するものは存在しない、もしくは経営戦略でも言及されていない
- ☐ デジタル戦略に相当するものは存在するが、情報システムなどの手段の話が中心、もしくは具体性の欠けるスローガンレベルにとどまっている
- ☐ デジタル戦略に相当するものが存在し、競争力強化の方針や顧客や社会への提供価値、具体的な施策、ロードマップが明示されている

(問)(3)　デジタル戦略を実行する際に必要となるマネジメントの仕組み（実行状況のモニタリングプロセスやリソース調整の仕組み、会議体など）を構築しているか。

☐ マネジメントの仕組みは存在しない

☐ マネジメントの仕組みは存在するが、形式的、もしくは、問題解決やリソース調整などは個別に実施する必要がある

☐ マネジメントの仕組みが存在し、デジタル戦略の実行にあたって生じる問題の解決やリソース調整等ができている

「デジタル事業創発力」の自己診断

(問)(1)　新規事業創発に取り組むチームが、既存事業の仕事との違いやプロセス上の各ステージの位置付けについて理解しているか。また、各ステージのタスクを4つの行動原則に基づき実行できているか。

行動原理：①賢く、安く、早く失敗する、②必要最小限の人員で進める、③検討する要素は絞り、細かく検証する、④外の意見に惑わされず今やるべきことに集中できる環境を維持する

☐ 新事業創発を行うチームが存在しない、もしくは少ない

☐ 新事業創発チームの大半は既存事業の仕事との違いやプロセス上の各ステージの位置付けについて理解しているが、行動原則に基づいてタスクを実行できていないチームが多い

☐ 新事業創発チームのほとんどが既存事業の仕事との違いやプロセス上の各ステージの位置付けについて理解し、行動原則に基づいてタスクを実行できている

(問)(2)　「新しい世界と新しい自社」の実現に寄与する有望なビジネスアイデアを見極め、リソースを集中させ、推進していく、テーママネジメントの仕組を整備し、以下5つの観点を踏まえた運営ができているか。

観点：①審査対象はあくまでアイデア、②客観的な情報に基づく主観的な判断を行う、③検討メンバーが一番の有識者であると認識する、④ゲートはアイデア継続是非の判断を行う唯一の場とする、⑤検討停止は成果であり、ノウハウとして蓄積する

☐ 仕組みがない、もしくは一部の組織のみが対象となっている

☐ 組織横断的な仕組みを整備しているが、5つの観点を踏まえて運営していない

☐ 組織横断的な仕組みを整備し、5つの観点を踏まえて運営している

「デジタル実践力」の自己診断

問①　データ起点の業務プロセス改革に必要なデータを選別し、業務プロセス改革を実行する手法と体制が確立されているか。

☐ 確立されていない

☐ データ起点の業務プロセス改革を実施できるメンバーはいるが、手法や体制は確立されていない

☐ データ起点の業務プロセス改革を実施するための手法・体制が確立されている

問②　自社の業務にAIを導入するプロセスが確立されているか。また、AIを誰もが活用できるようにするための民主化ツールが活用されているか。

☐ AI導入プロセスが確立されておらず、民主化ツールも活用されていない

☐ AI導入プロセスは確立されているが、民主化ツールは活用されていない

☐ AI導入プロセスは確立されており、民主化ツールも活用されている

問③ データを安心・安全かつ迅速に利活用するためのルール・規定を策定しているか。また、利活用するデータ範囲の変更に伴い、ルール・規定が更新されているか。

- ☐ 策定していない、もしくは一部業務領域（個人情報取り扱いなど）にとどまる
- ☐ 全社大で共通のルール・規定を策定している
- ☐ 全社大で共通のルール・規定を策定しており、かつ、随時更新している

問④ デジタル化の推進において、アジャイル開発を適用するチームを組成し、開発内容や品質に関する意思決定権限を委譲しているか。

- ☐ アジャイルチームを組成していないもしくは、特定少数のアジャイルチームを組成している
- ☐ 多くのデジタル化推進施策においてアジャイルチームを組成し、一部権限を委譲している
- ☐ 多くのデジタル化推進施策においてアジャイルチームを組成し、開発内容や品質に関する権限を委譲している

問⑤ 基幹システムなどの大規模システムにアジャイル開発を適用するための手法とマネジメント体制が確立されているか。

- ☐ 大規模システムにアジャイル開発を適用するための手法も体制もない
- ☐ 基幹システムなどの大規模システムにアジャイル開発を適用するための手法を理解しているが、マネジメント体制は未整備
- ☐ 基幹システムなどの大規模システムにアジャイル開発を適用するための手法を理解しており、マネジメント体制が確立されている

問⑥　アジャイル開発で構築された情報システムに対し、迅速にリリース・運用するための次世代運用の手法と運用体制が確立されているか。

- ☐ 手法も存在せず、体制も有していない
- ☐ 一部のチームで、属人的に次世代運用に取り組んでいる
- ☐ 次世代運用を適用するための手法が確立され、多くのチームで次世代運用体制を有している

「デジタルアーキテクチャー・デザイン力」の自己診断

問①　デジタルビジネス実現に必要となる、デジタルアーキテクチャー全体像を描き、その実現に向けたロードマップを整理しているか。

- ☐ 整理されていない
- ☐ 部分的に整理されている
- ☐ 全体像が整理されている

問②　システム横断的にシステム間を疎結合化する仕組みを整えているか。

- ☐ システム間を疎結合にする仕組みが整備されていない
- ☐ システム間を疎結合化する仕組みが整備されているが、各システムの疎結合化は一部にとどまる
- ☐ 大半のシステムで疎結合化が実現されている

問③ クラウドを安全かつ迅速に利用できるルールが整備されており、クラウドネイティブ化（クラウドの利点を最大限活用したシステム構築・運用）が行われているか。

- ☐ 各部署・プロジェクトで独自にクラウドを活用している
- ☐ クラウドを安全かつ迅速に利用できるルールが定義されているが、クラウドネイティブ化されたシステムは一部にとどまる
- ☐ クラウドを安全かつ迅速に利用できるルールが定義されており、大半のシステムでクラウドネイティブ化が行われている

問④ 社内外のデータを収集・蓄積し、分析・活用するためのデータ活用基盤が整備されているか。

- ☐ データ活用基盤が整備されていない
- ☐ 一部の組織・領域においてデータ活用基盤が整備されている
- ☐ 全社横断のデータを対象にしたデータ活用基盤が整備され、活用されている

問⑤ サービス間連携、コミュニケーション、セキュリティー、運用など、デジタル化における共通機能はシステムごとに個別構築せずに利用できる環境が整っているか。

- ☐ 共通機能を、各システムが個別に構築している
- ☐ 一部の共通機能については、システムごとに個別に構築せずに利用できる環境が整っている
- ☐ 一通りの機能は、システムごとに個別に構築せずに利用できる環境が整っている

「デジタル組織マネジメント力」の自己診断

問 1 デジタル化の推進に責任を負う役員を設置しているか。

- [ ] デジタル化を担当する役員は存在しない、明確でない
- [ ] デジタル化を担当する役員が任命されているが、成果創出には至っていない、もしくは、成果創出の途上である
- [ ] デジタル化を担当する役員が任命されており、成果を上げている

問 2 デジタル化を推進するための組織機能を備えているか。

- [ ] デジタル化を推進するための組織機能は存在しない、もしくは、必要な組織機能が明らかでない
- [ ] デジタル化を推進するための組織機能は、主に外部パートナーに依存している
- [ ] デジタル化を推進するための組織機能を実装し、重要と考える機能は自社要員が担っている

問 3 デジタル化推進の早期立ち上げや推進力強化のために、有効なパートナリングができているか。

- [ ] 限定的な選択肢からパートナーを選択している
- [ ] 特定分野に限り、有効なパートナリングができている
- [ ] 様々なパートナー候補の情報収集が行われ、領域や分野に応じた有効なパートナリングができている

問④　デジタル化推進に必要な人材の役割や能力・経験などを定義し、獲得・育成のための仕組みを構築できているか。

- [ ] 人材像が定義されておらず、場当たり的な人材獲得や育成を行っている
- [ ] 人材像を定義したうえで人材を獲得しているが、育成はOJTが中心である
- [ ] 人材像を定義したうえで人材を獲得し、OJT、OFF-JTを含む育成の仕組みを確立している

問⑤　デジタル化を推進するために、デジタルビジョンや戦略と整合した組織文化を構築しているか。

- [ ] デジタル化を推進するうえで、現在の組織文化は阻害要因となっている、または、組織文化を見直すことは実施していない
- [ ] デジタル化を推進するために、制度やルール、プロセスの見直しや、社員への啓発や教育実施など、新たな組織文化を変える活動も行っている
- [ ] デジタル化を推進するために、制度やルール、プロセスの見直しや、社員への啓発や教育実施など、組織文化を変える活動も行っており、社員の言動が変わるなど新たな文化が定着し始めている

著者紹介

監修・統括

松延　智彦（全体統括）
専門はデジタル/IT戦略、組織変革、人材育成

中澤　貴史（第1章・第5章統括、5-5執筆）
専門はデジタル/IT戦略策定、組織変革、人材育成

栗山　勝宏（第2章統括）
専門はデジタル技術を活用した業務改革・新事業創出の企画・実行支援

沼澤　優（第3章統括）
専門はデータ・AIを活用した業務・組織・IT改革および実行支援

下田　崇嗣（第4章統括）
専門はシステム化構想・計画策定、アーキテクチャデザイン、PMO支援

執筆

秋谷　兼充（1-3）
専門はデジタル/IT投資・コストマネジメント、ベンダーマネジメント

家子　弘彰（3-6）
専門はITサービスマネジメント、運用技術、SMO支援

伊藤　昂祐（3-4）
専門はDX事業企画支援、アジャイル導入/育成支援、アーキテクチャデザイン

稲村　博央（3-2）
専門はAI活用によるビジネス創出支援、データアナリティクス、感性工学

宇津　亮太（2-2）
専門はデジタル技術を活用した業務改革・新事業創出の企画・実行支援

浦田　壮一郎（4-5）
専門はシステム化構想・計画策定、アーキテクチャ標準策定、PMO支援

大井　昭久（2-1）
専門はデジタル技術を活用した新事業サービスデザイン・実行支援

奥川　誠之 (5-1)
専門はデジタル時代のＩＴ組織・人材変革、業務変革、ＩＴガバナンス

小部山　知伸 (1-2)
専門はデジタル/IT戦略・構想、業務・組織改革、新事業創出の企画・実行

齋藤　大 (4-1)
専門はシステム化構想・計画策定、アーキテクチャデザイン、PMO支援

佐伯　吉雄 (5-3)
専門はシステム化構想・計画策定、スタートアップ等の先進デジタル技術探索

佐野　陽子 (3-5)
専門は大規模システムのシステム化構想・計画策定、データ利活用による業務改革支援

塩田　郁実 (5-2)
専門はデジタル/IT戦略、デジタル/IT組織・人材変革、PMO支援

高木　大輔 (1-1)
専門はデジタル/IT戦略、ITガバナンス、サイバーセキュリティ

丹下　雄太 (2-1)
専門はデジタル技術を活用した業務改革・新事業創出の企画・実行支援

鶴田　大樹 (4-2)
専門はシステム化構想・計画策定、アーキテクチャデザイン、PMO支援

中川　裕貴 (5-4)
専門はデジタル/IT戦略、ITガバナンス、デジタル/IT人材戦略策定・育成

中尾　潤一 (4-3)
専門はクラウド活用の戦略立案・実行支援、アーキテクチャ標準策定

野村　敏弘 (4-4)
専門はシステム化構想・計画策定、アーキテクチャデザイン

廣田　壮一郎 (3-1・3-3)
専門はデータ分析による業務改革、DX組織立ち上げ、データマネジメント

村上　俊輔 (3-5)
専門は大規模システムの構想・計画策定、PMO支援、開発標準化、人材育成

デジタルケイパビリティ　DXを成功に導く組織能力

2020年11月24日　第1版第1刷発行	著　　　者	野村総合研究所
2021年 1 月12日　　　　　第2刷発行	発 行 者	吉田 琢也
	発　　　行	日経BP
	発　　　売	日経BPマーケティング 〒105-8308 東京都港区虎ノ門4-3-12
	デザイン	ハナデザイン
	制　　　作	マップス
	編　　　集	松山 貴之
	印刷・製本	図書印刷